Whitney

Whitney

Die Geschichte einer
Mutter über Liebe und Verlust

CISSY HOUSTON
MIT LISA DICKEY

Ich widme dieses Buch meiner engsten Familie,
vor allem meinen Söhnen und meinen Enkelkindern,
und den wunderbaren Fans, die meine Tochter verehrt haben.
Ich habe all meine Liebe in dieses Buch gesteckt,
das euch von meiner Whitney erzählen soll.

»Ich leihe dir für kurze Zeit mein Kind«, sagte Er.
»Um es zu lieben, solange es lebt,
und zu trauern, wenn es stirbt.«

Edgar Guest

INHALT

Dritter Teil

VORWORT
VON DIONNE WARWICK

Ich kenne Cissy Houston schon mein ganzes Leben lang. Sie ist meine Tante – ihre Schwester Lee ist meine Mutter –, aber weil sie nur sieben Jahre älter ist als ich, hat es sich für mich immer so angefühlt, als wäre sie meine Schwester. Als ich aufwuchs, wohnte Cissy sogar eine Weile bei uns in East Orange, und ich lernte sie ziemlich gut kennen. Ich weiß noch, wie sie zu meiner Schwester Dee Dee und mir immer sagte: »Ich bin die Ältere, also tut ihr, was ich sage!« Auch wenn wir sie als unsere Schwester ansahen – sie betonte gerne, dass sie unsere *Tante* war. Sie ist heute immer noch so eine starke Frau wie damals und sehr liebevoll.

Von klein auf sangen wir gemeinsam in der Kirche St. Luke's A.M.E. in Newark; mein Großvater war dort Pfarrer. Als wir später umzogen, schlossen wir uns alle der New Hope Baptist Church an. Meine Schwester Dee Dee und ich sangen im Chor, und Cissy probte mit uns und arrangierte die Stücke. Musik liegt unserer Familie im Blut. Aber zwei Dinge zählten noch mehr als Musik: die Familie und der Glaube.

Als sie Kinder bekam, entdeckte Cissy ihre mütterliche Seite. Die Kinder – Gary, Michael und Nippy – waren das Wichtigste in ihrem Leben, sie wollte immer bei ihnen sein und gab ihnen all ihre Liebe. Unsere ganze Familie war vernarrt in die Kinder. Als sie noch klein waren, nahm ich sie gerne mit auf Tour. Als Solokünstlerin bereiste ich damals die ganze Welt, und in den Sommerferien schlossen sich die Kinder mir einfach an. Sie fanden dabei sehr schnell heraus, was das Wörtchen Zimmerservice bedeutet, und ich konnte sie kaum davon abhalten, alles zu bestellen, was auf der Karte stand.

Wenn Nippy mit mir über ihre Mutter sprach, bekam ich die üblichen Klagen zu hören: »Warum erlaubt sie mir das nicht?«; »Aber andere Kinder dürfen das doch auch!« Später verstand sie diese Dinge besser. Cissy und ich waren auf dieselbe Weise erzogen worden – wir hatten gelernt, Ältere zu respektieren, Gott zu ehren und aufrecht durchs Leben zu gehen. All das wollte Cissy auch ihren Kindern vermitteln. Sie wollte immer nur das Beste für ihre Familie. Stets ermutigte und unterstützte sie andere, und ich habe von ihr viele wertvolle Ratschläge erhalten. Wenn ihr etwas nicht passte, sprach sie es an. Aber während Cissy stark und liebevoll war, blieb Nippy immer das kleine Mädchen, selbst als Erwachsene. Ja, sie war ehrgeizig, und sie hatte verborgene Kräfte. Aber ich bin mir nicht sicher, ob sie sich diese Kräfte wirklich zunutze machen konnte. Wir alle wissen, wie schön Nippy war und was für eine unglaubliche Stimme sie hatte. Cissys Buch erzählt nun von dem kleinen Mädchen, das sich dahinter verbarg.

Es ist eine Ehre, wenn einem ein solcher Einblick in ein fremdes Leben gewährt wird. Die Wahrheit war immer das Wichtigste für Cissy, und ich glaube fest daran, dass auch dieses Buch nichts als die Wahrheit enthält. Die Tatsache, dass Cissy die Stärke gefunden hat, es trotz ihrer unendlichen Trauer zu schreiben, zeugt von ihrem Glauben. Gott hat sie geleitet, damit sie ihre Geschichte und die ihrer Tochter mit uns teilen kann.

Ich hoffe, dass wir alle etwas aus diesem Buch lernen und dass es uns dabei hilft zu verstehen, wer Whitney Houston wirklich war.

Dionne Warwick, November 2012

Erster Teil

KAPITEL 1

DIE NACHT, IN DER DIE MUSIK VERSTUMMTE

An einem Samstag, mitten am Nachmittag, klingelte es an meiner Wohnungstür.

Ich erwartete keinen Besuch, und als ich zur Tür ging, fragte ich mich schon, wer mich da wohl überraschen wollte. Ich öffnete die Tür, aber es stand niemand davor, also schloss ich sie wieder und kümmerte mich nicht weiter darum. Wer sollte auch am helllichten Tag bei mir klingeln und dann einfach verschwinden? Das Haus, in dem meine Wohnung lag, hatte einen Pförtner, und es war ohnehin nicht so, dass andauernd jemand bei mir vorbeischneite.

Kurz darauf klingelte es noch einmal. Ich ging wieder hin, um zu öffnen, jetzt war ich bereits ein wenig genervt. Und auch diesmal stand niemand vor der Tür. Das war nun doch etwas seltsam. Wollte mir etwa jemand einen Streich spielen? Ich rief den Pförtner an.

»Ist jemand für mich nach oben gekommen?«, fragte ich.

»Nein, Mrs. Houston«, sagte er. »Hier ist alles ruhig.«

Aber wer hatte dann bei mir geklingelt?

Etwas später, um sechs oder halb sieben am Abend, schellte das Telefon. Es war mein Sohn Gary, und er klang völlig aufgelöst.

»Oh, Mommy!«, schluchzte er. »Nippy ist ... sie haben Nippy ...«

»Gary, was ist los?«, fragte ich.

»Sie haben Nippy gefunden!«

»Wo gefunden?«

»Oben.« Er weinte. »Im Obergeschoss, aber ich gehe nicht nochmal hoch!«

»Gary, was ist passiert?« Er machte mir Angst. »Du musst mir sagen, was los ist!«

Aber er konnte es mir nicht sagen – vielleicht, weil er nichts Genaueres wusste, vielleicht stand er auch unter Schock. Er murmelte bloß: »Oh Mommy, Mommy, Mommy«, bis ich schließlich fragte: »Gary, ist sie tot?«

Und er sagte: »Ja, Mommy. Sie ist tot.«

Und in diesem Moment brach meine Welt zusammen.

Ich weiß nicht, was ich als Nächstes tat oder sagte. Später erzählte man mir, ich hätte so laut geschrien, dass das ganze Haus es hörte, aber in meinem Kopf gab es nur noch einen einzigen Gedanken: Mein Baby war fort.

Bald kamen Verwandte und Freunde zu mir, meine Nichte Diane war da, das Telefon schellte, es klingelte an der Tür, Menschen brachten Essen vorbei und versuchten, mich zu umarmen. Aber ich saß einfach nur da und weinte. Ich stand unter Schock, und ich weiß immer noch nicht, wie es mir gelang, diesen Abend zu überleben – oder die Tage, die darauf folgten.

Sobald die Öffentlichkeit Bescheid wusste, wurde das Haus umlagert. In der Lobby drängelten sich Reporter, die ihre Fragen loswerden wollten, und völlig Fremde kamen bis vor meine Wohnungstür, um mir ihr Beileid auszusprechen. Die Menschenmenge draußen war so groß, dass die Polizei sich einschalten musste, aber ich bekam nichts davon mit. Ich konnte nur weinen und jammern und klagen. Ich wollte alleine sein, wollte in Ruhe um meine Tochter trauern.

Vor unserer letzten Begegnung hatte ich mich noch ein wenig über Nippy geärgert. Sie war in der Weihnachtszeit zusammen mit meiner Enkeltochter Krissi plötzlich in New York aufgetaucht. Sie lud mich ein, mich ihnen anzuschließen, aber sie hatte das vorher nicht angekündigt, und ich hatte schon andere Pläne. Ich wollte nach Sparta, New Jersey, um Weihnachten mit meiner Freundin Nell zu feiern. Wir hatten diese Verabredung schon lange geplant, und ich wollte sie nicht wieder absagen. Natürlich hätte ich Nippy gerne gesehen – aber ich hätte mir auch gewünscht, dass sie mir in solchen Fällen ein bisschen früher Bescheid gab.

Also fuhr ich nach Sparta und übernachtete dort. Am nächsten Tag rief Nippy mich an und bat mich wieder, nach New York zu kommen. Sie war im New York Palace Hotel, und auch meine Söhne Gary und Michael waren mit ihren Frauen und Kindern angereist, es versprach also, ein schönes Familientreffen zu werden. Voller Vorfreude machte ich mich nun doch nach Manhattan auf, denn es kam äußerst selten vor, dass sich die ganze Familie versammelte.

Nippy hatte gerade die Dreharbeiten zu ihrem neuen Film *Sparkle* beendet, und sie sah fantastisch aus. Sie war den ganzen Tag gut gelaunt – sie lachte und scherzte mit ihren Brüdern, spielte mit den Kindern. Sie hatte immer eine gute Beziehung zu ihren Brüdern gehabt, und sie so ausgelassen zu erleben, erinnerte mich sehr an die alten Zeiten. Wir alle hatten in den letzten Jahren viel durchmachen müssen, aber an diesem Tag fühlte es sich an, als wären wir frei von jeglichen Sorgen und Nöten.

Und dann gab es einen ganz besonderen Moment. Ich saß auf dem Sofa, und Nippy lehnte sich zu mir herüber und legte ihren Kopf auf meinen Schoß. Sie machte das nicht allzu häufig, aber ich genoss es sehr, wenn sie es tat. Wir waren unterschiedlich, Nippy und ich, und wie alle Mütter und Töchter hatten auch wir über die Jahre so unsere Auseinandersetzungen gehabt. Aber wenn Nippy ihren Kopf auf meinen Schoß legte, waren wir ganz eng miteinander verbunden, und solche Augenblicke waren mir mehr wert als alles andere.

Ich wusste, dass Nippy am nächsten Tag wieder nach Atlanta aufbrechen würde, und ich war traurig, dass unser Treffen so kurz gewesen war. Ich bat sie immer wieder, mich doch besuchen zu kommen, denn ich hatte sie in den vergangenen Jahren nicht besonders häufig gesehen. Aber ich hoffte, dass sich das jetzt ändern würde – es schien ihr besser zu gehen, der neue Film war fertig, eine neue Leichtigkeit umgab sie. Bevor ich mich verabschiedete, sprachen Nippy und ich noch einmal kurz miteinander.

»Ich komme bald wieder, Mommy«, sagte sie. »Im Februar muss ich nach L.A. zu den Grammys, aber danach komme ich dich besuchen.«

Es war so lange her, dass meine Tochter das kleine, dünne Mädchen mit der großartigen Stimme gewesen war, das in Newark, New Jersey aufwuchs. Inzwischen hatte sie die ganze Welt bereist, war eine erfahrene, kluge Frau – aber wenn wir zusammen waren, kam immer das Kind in ihr hervor. Wenn ich Nippy anschaute, sah ich das kleine Mädchen, das mit einem Besenstiel als Mikro in unserem Kellerstudio Lieder geschmettert hatte, als würde sie auf der Bühne der Carnegie Hall stehen. Und ich sah das unsichere Mädchen, das von allen geliebt werden wollte, das einfach nur singen wollte, um andere glücklich zu machen – und nicht, um Millionen von Alben zu verkaufen und das Leben eines Superstars zu führen.

Aber so war es gekommen, und ein enormer Druck lastete auf ihr. Sie musste viel ertragen, und sie wurde so gnadenlos kritisiert von Menschen, die sie nicht verstanden – Menschen, die im Grunde nicht wussten, wer sie war. Zu mir hatte sie immer gesagt: »Mommy, ich will einfach nur singen.« Aber das sollte nie genug sein.

Bei allem, was Nippy durchgemacht hatte, mit den Drogen, den Beziehungen, den Fallstricken des Ruhms – in den Wochen vor ihrem Tod schien sie einen Aufschwung zu erleben. Wann immer wir während dieser Wochen miteinander telefonierten, klang es, als würde sie sich so gut fühlen, wie seit Jahren nicht mehr.

Als sie mich Anfang Februar anrief, kurz bevor sie zu der Verleihung der Grammy Awards nach Los Angeles aufbrach, war sie jedoch nicht ganz auf der Höhe. Ihre Stimme hörte sich traurig an. Nippy mochte mir nie von ihren Problemen erzählen, also erfuhr ich auch nicht, was los war. Aber wir haben ja alle unsere Höhen und Tiefen, und ich machte mir keine großen Sorgen. Ich wusste, dass sie in Los Angeles sehr beschäftigt sein würde, mit den Awards und allem Drum und Dran, und ich rechnete nicht damit, von ihr zu hören, während sie dort war.

Aber am Freitag vor der Verleihung meldete sie sich doch bei mir. Sie klang ein bisschen besser, erzählte mir aber immer noch nichts Genaues. Ich erinnere mich nicht mehr im Einzelnen daran, worüber wir sprachen, aber ich weiß noch, was sie als Letztes zu mir sagte. Im Dezember hatte sie mir versprochen, mich nach den Grammys zu besuchen, und bevor sie an diesem Freitag auflegte, wiederholte sie es noch einmal. »Ich komme bald nach Hause, Mommy«, sagte sie. »Ich verspreche es.«

Das waren die letzten Worte, die ich von ihr hören sollte.

Am nächsten Tag starb Nippy. Die Tage darauf lösten sich auf in einem Nebel aus Schmerz und Trauer. Es gab Zeiten, da dachte ich, ich würde den Verlust meiner geliebten Tochter nicht überleben. Ich konnte einfach nicht fassen, dass ich sie nie wieder sehen, nie wieder ihre Stimme hören sollte, jedenfalls nicht in dieser Welt. Ich kann es immer noch nicht fassen.

Aber eins tröstete mich. Ich glaube, dass es Nippy war, die bei mir geklingelt hat – an diesem schrecklichen Samstag, Stunden bevor Gary mich anrief. Meine wunderschöne Nippy hat ihr Wort gehalten und ist nach Hause gekommen, um mich noch einmal zu besuchen, so, wie sie es mir versprochen hatte.

KAPITEL 2

MEINE KINDHEIT IN NEWARK

Nippy wurde in einer heißen Augustnacht des Jahres 1963 geboren. Ich arbeitete zu der Zeit als Backgroundsängerin, und obwohl das Baby längst überfällig und mein Bauch einfach riesig war, hatte ich den ganzen Tag im Studio in Manhattan verbracht. Mein Mann John holte mich ab, und wir fuhren heim nach Newark, New Jersey, aber kaum waren wir in unserer Wohnung, platzte die Fruchtblase – also machten wir gleich wieder kehrt, und John brachte mich ins Presbyterian Hospital.

Von Beginn der Schwangerschaft an hatte ich auf ein Mädchen gehofft. Ich hatte schon zwei Söhne, Gary und Michael, und ich wusste, dass dieses Baby mein letztes Kind sein würde. Ich hatte die Nase voll von den Schwangerschaften, und ich wollte ganz sicher nicht dasselbe durchmachen wie meine Mutter, die mit 30 Jahren schon acht Kinder hatte. Drei waren mir genug, aber ich wollte unbedingt ein Mädchen – gleichzeitig war ich überzeugt davon, dass ich einen weiteren Prachtburschen auf die Welt bringen würde. Damals musste man sich ja noch überraschen lassen. Es gab zwar diese Ammenmärchen, dass man das Geschlecht anhand der Bauchform bestimmen könnte, aber niemand konnte es einem wirklich sagen.

Was allerdings bereits feststand: Das Baby liebte Musik. Während meiner gesamten Schwangerschaft hatte ich gearbeitet – als Backgroundsängerin für Künstler wie Solomon Burke, Wilson Pickett, die Isley Brothers, Aretha Franklin und meine Nichte Dionne Warwick – und die ganze Zeit über hatte das Baby sich in meinem Bauch bewegt, manchmal sogar im Takt der Musik. Eins war also sicher – dieses Kind hatte den Rhythmus im Blut!

Wir erreichten das Krankenhaus rechtzeitig, aber ich erinnere mich kaum noch, was danach geschah. Das Baby war sehr groß, und entsprechend schwer war die Geburt. Nach stundenlangen Schmerzen bekam ich schließlich eine Betäubung, die mich komplett ausschaltete. John saß an meinem Bett, als ich wieder zu mir kam. Er sagte, ich hätte ein Mädchen zur Welt gebracht, aber ich glaubte ihm nicht. Ich dachte, er würde sich einen Scherz erlauben.

»Doch, Cissy, es ist ein Mädchen«, sagte er und lachte.

»Erzähl mir nichts, John! Du lügst.« John zog mich gerne auf, aber danach stand mir in dem Moment wirklich nicht der Sinn.

»Nein, ernsthaft. Wir haben eine Tochter.«

»Und sie ist wundervoll«, zwitscherte eine Krankenschwester, die bei uns war.

Das wollte ich mit eigenen Augen sehen. »Wo ist sie?«, fragte ich.

Es stellte sich heraus, dass die Krankenschwestern sie mitgenommen hatten, um allen zu zeigen, wie hübsch sie war. Sie trugen meine kleine Tochter über die Flure, und die Mitarbeiter und Patienten bewunderten sie – es war gewissermaßen ihr erster großer Auftritt, so kurz nach der Geburt.

Ich war verärgert. Da lag ich erschöpft in meinem Bett und durfte mein eigenes Kind nicht in den Armen halten, weil alle anderen sich nicht an ihr sattsehen konnten. »Du bringst mir jetzt sofort mein Baby!«, sagte ich zu John.

Die Krankenschwester lief los, und ein paar Minuten später war mein Mädchen bei mir. Irgendjemand hatte ihr eine rosafarbene Schleife ins Haar gebunden, und sie war das zauberhafteste Wesen, das ich je gesehen hatte. Ich konnte es einfach nicht glauben. Sie wog 3700 Gramm, und alles an ihr war perfekt – ihre Haare, die Wimpern, die winzigen Fingernägel, einfach alles.

Ich musste weinen vor Aufregung und Glück. Ich nannte sie Whitney Elizabeth – Whitney, so hieß auch eine Figur aus dem Fernsehen, die ich mochte, der Name klang edel und ein bisschen ungewöhnlich, und Elizabeth nach Johns Mutter. Ich war so froh, dass mein Wunsch nach einem Mädchen in Erfüllung gegangen war, und ich wusste gleich, dass Nippy ein besonderes Kind war. Sie war meine Prinzessin, mein kleiner Juwel. Ich wollte sie von Anfang an beschützen und alle Grausamkeiten des Lebens von ihr fernhalten, denn die hatte ich selber leider schon als Kind kennenlernen müssen.

So niedlich Nippy auch war – ich war immer robuster gewesen als sie, schon als Kind. Bei allem, was meiner Familie zugestoßen ist – ich wuchs zu Zeiten der Depression in Newark auf –, ist das aber auch kein Wunder.

Meine Eltern, Nicholas und Delia Mae Drinkard, waren 1923 von Georgia nach Newark gekommen. Die Stadt hatte Mietshäuser bauen lassen, in denen vor allem Schwarze und Einwanderer wohnen sollten, und dort ließen wir uns nieder – im obersten Geschoss eines dreistöckigen Gebäudes mit einer Toilette auf dem Hinterhof. Damals hatten meine Eltern schon drei Kinder, William, Lee und Marie, und in den nächsten zehn Jahren kamen noch fünf dazu: Hank, Anne, Nicky, Larry, und im September 1933 dann ich.

Unsere Wohnung in der 199 Court Street lag in einem ethnisch sehr durchmischten Arbeiterviertel, das seine düsteren Gegenden hatte, aber es gab auch an jeder Ecke eine Kirche. Meine Eltern waren überzeugte Christen, sie gehörten der African Methodist Episcopal Church an und vermittelten uns Kindern ihren Glauben von klein auf.

Meine Mutter war ein sehr häuslicher Mensch, eine Frau mit leiser Stimme, die das Haus nur verließ, um in die Kirche zu gehen, wo sie in der Verwaltung mithalf. Drei Dinge waren ihr wichtig: Gott, ihr Ehemann und ihre Kinder. Ich habe sie nie klagen gehört, obwohl es anstrengend gewesen sein muss, bei acht Kindern Sauberkeit und Ordnung aufrechtzuerhalten. Zu Zeiten der Depression betrug das Gehalt meines Vaters nur 18 Dollar die Woche, und davon mussten wir alle ernährt werden.

Mein Vater leistete Knochenarbeit. Erst besserte er in Newark Straßen aus, dann war er in der Gießerei der Singer-Nähmaschinenfabrik in Elizabeth beschäftigt. Es war ein hartes Leben, aber wie meiner Mutter gab auch ihm der Glaube Halt, und er scheute sich nicht, das zu zeigen. Er war kein großer Sänger, aber in der Kirche summte er immer mit. Er vertraute fest auf Gott und betete die ganze Zeit, offen, ohne je zu zögern oder zu zweifeln. Einmal hat er sich sogar in der Fabrik hingekniet, um für die Mutter eines anderen Arbeiters zu beten.

Mein Vater war eine beeindruckende Erscheinung, und er hatte unerschütterliche Grundsätze. Ein durchdringender Blick aus seinen graublauen Augen reichte, um zu wissen, dass man ihm nichts vormachen konnte. Er war ein aktives Mitglied der Gemeinde, war Sachverwalter der Kirche und brachte uns auch zu Hause alles über den Glauben bei.

Und er konnte sehr streng sein. Er wollte seine Kinder von allen Verderbtheiten und Versuchungen abhalten, also behielt er uns immer im Auge. Wir mussten stets vor Einbruch der Dunkelheit zu Hause sein und vor jedem Essen beten. Meistens sprach er die Gebete, aber hin und wieder durften auch wir das übernehmen. Als meine Schwestern und ich alt genug waren, sorgte er dafür, dass wir in der Sonntagsschule unterrichteten – damit wir, indem wir anderen etwas beibrachten, selber dazulernten. Er wollte, dass alle seine Kinder einen starken christlichen Glauben entwickelten und genauso aufrecht durchs Leben gingen wie er.

Aber so sehr unser Vater sich auch bemühte, uns vor der Welt da draußen zu beschützen – es konnte ihm doch nicht gelingen.

Mein ältester Bruder William, der schon 15 Jahre alt war, als ich geboren wurde, fiel in seinen Jugendjahren der Faszination von Newarks düsteren Seiten zum Opfer. Er trieb sich draußen herum, spielte, trank, prügelte sich. Er war ein Heißsporn, und als unser Vater ihn schließlich zur Rede stellte, provozierte William ihn nur.

Ich war zu jung, um zu verstehen, was genau vor sich ging, aber die beiden gerieten heftig aneinander, und William zog schließlich von zu Hause aus. Unsere Familie hielt eigentlich eng zusammen, und für meine Mutter war es schrecklich, dass ihr ältester Sohn einfach fortging. Damals hatte ich noch keine Ahnung, wie hart es ist, wenn das eigene Kind auf die schiefe Bahn gerät. Viele Jahre später jedoch sollte ich dieses Gefühl in- und auswendig kennen.

Meine Mutter stand bereits unter großer Belastung, sie musste sich ja weiterhin um uns Kinder kümmern. Williams Fortgang tat ihr sehr weh, und ihr Gesundheitszustand verschlechterte sich. Zuvor hatte sie außerdem zweimal hintereinander Zwillinge bei der Geburt verloren. In so kurzer Zeit von vier Babys und dem ältesten Sohn Abschied nehmen zu müssen, war einfach zu viel für sie. Mit 34 Jahren hatte meine Mutter einen Schlaganfall.

Dadurch veränderte sich unser aller Leben. Die rechte Gehirnhälfte meiner Mutter war betroffen, ihr linker Arm war gelähmt, ihr linkes Bein war ebenfalls in Mitleidenschaft gezogen. Ich war erst ein Kind, aber ich bekam ganz genau mit, wie sehr meine Mutter unter den Folgen des Schlaganfalls litt. Meine Schwestern und ich versuchten, sie zu trösten. Wir massierten ihr Bein, um die Blutzirkulation anzuregen. Weil sie sich nur so schwer bewegen konnte, verließ sie die Wohnung lediglich in Notfällen – und um in die Kirche zu gehen. Jeden Sonntag trug mein Vater sie auf seinen Armen die drei Stockwerke hinunter und schob sie dann im Rollstuhl zur Kirche. Und wenn sie zurückkamen, trug er sie die drei Stockwerke wieder hoch. Das Beispiel meiner Eltern zeigte mir, dass man alle Schwierigkeiten überwinden kann, wenn man bloß entschlossen genug ist.

Aber das war nur die erste Lektion von vielen, die ich lernen sollte, denn die harten Zeiten hatten für meine Familie gerade erst begonnen.

Als Nächstes brach in dem Malerladen im Erdgeschoss unseres Mietshauses ein Feuer aus. Es breitete sich rasend schnell aus, aber wir konnten uns alle in Sicherheit bringen. Nur von unseren Habseligkeiten konnten wir nichts retten. Wir versammelten uns draußen auf der Straße, eng aneinandergedrängt und verängstigt, während die Sirenen heulten, die Menschen schrien und die Flammen immer höher schlugen, schnell auch auf die anderen Häuser des Viertels übergriffen.

Mein Vater hielt mich in seinen Armen, und ich sah, dass er weinte. Das Feuer zerstörte beinahe alles, was wir besaßen – unsere Kleider und Bücher, die Familienfotos und unsere wenigen Spielsachen. Die Eltern meines Vaters, die Schwester und Mutter meiner Mutter, etliche Tanten und Onkel wohnten im selben Viertel, und auch ihre Wohnungen brannten aus. Wir mussten uns alle ein neues Zuhause suchen.

Das Feuer verstreute die Drinkards über ganz Newark, aber auf eine seltsame Weise war es auch ein Geschenk Gottes. Meine Eltern hätten noch Jahre sparen müssen, um sich einen Umzug in eine bessere Gegend leisten zu können. Mit dem Geld, das die Stadt uns nach dem Brand zur Verfügung stellte, konnten wir diesen Schritt jetzt schon tun. So, wie der Phönix sich aus der Asche erhebt, kann manchmal etwas Gutes aus etwas Schrecklichem hervorgehen – wieder hatte ich eine Lektion gelernt.

In unserer neuen Nachbarschaft begannen wir, die Kirche St. Luke's A.M.E. zu besuchen. Bereits mit meinen fünf Jahren faszinierte mich die Atmosphäre, die dieser Ort ausstrahlte, und die bestimmt wurde von der Freude und dem Enthusiasmus der Gemeinde. Von der ersten Sekunde an konnte man die Kraft des gemeinsamen Glaubens und der Musik spüren.

Für meine Geschwister und mich war St. Luke's nicht nur der Ort, an dem wir die Sonntagsschule besuchten. Es war der Ort, an dem wir singen lernten.

Ich hatte mich bisher nicht groß dafür interessiert. Aber die Musik in St. Luke's war anders. Neben dem Klavier gab es dort noch weitere Instrumente. Wir lernten, verschiedene Rhythmen zu klatschen, was eine Synkope ist und wie der Off-Beat funktioniert, der so ein wichtiges musikalisches Stilmittel ist. Wir lernten, Tamburin zu spielen – und zwar harmonisch. Ich erlebte Musik dort zum ersten Mal als etwas Spirituelles.

Inspiriert von der Musik in dieser Kirche begannen meine Geschwister und ich gemeinsam zu singen. Und dabei machte irgendetwas Klick. Wir konnten kaum glauben, was unsere Kehlen da hervorbrachten. Meine Familie ist mit einigen wirklich großartigen Sängern gesegnet (nur Hank traf nie die richtigen Töne), und als unser Vater uns singen hörte, waren die sorgenfreien Tage unserer Kindheit gezählt.

Unser Vater hielt uns an, jeden Tag zu üben. Ich hatte darauf keine Lust – ich wollte einfach nur spielen wie jedes andere fünfjährige Kind auch. Manchmal versteckte ich mich in meinem Zimmer oder rannte einfach raus, aber mein Vater drohte mir Prügel an für den Fall, dass ich nicht mitmachte. Mein Vater schlug mich eigentlich nie, weil ich als Jüngste immer noch sein »Baby« war. Aber meine Geschwister bekamen schon mal etwas ab – unser Vater wusste sich eben durchzusetzen.

Meine Schwester Marie, die wir Reebie nannten, brachte uns Lieder bei und leitete uns an, und sie war genauso streng wie unser Vater. Wir lernten die Melodien der Lieder aus dem Gesangbuch, fügten dann die Harmoniestimmen hinzu und improvisierten schließlich. »Stimmt mal was an!«, sagte mein Vater immer, und dann standen wir da, mit einem Besen als Mikrofon, und sangen für ihn.

Ich konnte meinem Vater ansehen, wie stolz er auf uns war, aber das war nicht der Grund, warum er uns so anspornte. Er sah uns als Missionare, als junge Botschafter von Gottes Wort. Er hoffte, dass wir mit unseren Auftritten in Kirchen und später in Konzerthallen einen guten Einfluss auf andere junge Menschen hätten. Wir, das »Drinkard Quartet«, sollten die frohe Botschaft und unseren Familiennamen in die Welt hinaustragen.

Eine Zeit lang lief alles gut. Wir hatten vielleicht nicht viel Geld, aber es reichte aus, und wichtiger war ohnehin, dass wir einander hatten, unseren Glauben, unsere Musik. Aber kaum schien es ein wenig aufwärts zu gehen, hatte meine Mutter einen zweiten Schlaganfall.

Von da an wurden die Krankenhausaufenthalte meiner Mutter Teil unseres Familienlebens. Immer wieder musste sie ins Krankenhaus. Nach einer Weile hörten wir Kinder dann von einem Verwandten oder Nachbarn, dass sie zurückkehren würde, und wir versammelten uns am großen Fenster unserer Wohnung, um zuzusehen, wie meine Eltern die Straße hochkamen, mein Vater zu Fuß und meine Mutter im Rollstuhl.

Wir waren glücklich, wenn unsere Mutter wieder bei uns war, aber nach den Krankenhausaufenthalten brauchte sie Unterstützung bei der Betreuung ihrer drei Jüngsten – das waren Larry, Nicky und ich. Larry und Nicky mussten dann zu Verwandten, die in der Nähe der Court Street wohnten, und ich wurde bei meiner Tante Juanita untergebracht. Ich war nicht gerne bei ihr. Ich vermisste meine Brüder, und Tante Juanita war eine gemeine, böse Frau. Sie war anders als die übrige Verwandtschaft – sie schnupfte Tabak und war einfach fies zu anderen Menschen. Jeden Tag betete ich, dass meine Mutter bald wieder gesund sein würde.

Als es ihr schließlich besser ging, konnten wir alle wieder nach Hause. Es war die glücklichste Zeit meines jungen Lebens. Aber sie dauerte nicht lang. In einer schrecklichen Nacht im Mai 1941 hatte meine Mutter einen Anfall, Blut lief ihr aus dem Mund und der Nase. Mein Vater und meine älteren Schwestern versuchten verzweifelt, ihr zu helfen, aber sie blutete immer noch, als schließlich der Krankenwagen kam und sie abtransportierte. Meine Brüder und ich schliefen und bekamen nichts davon mit.

Erst am nächsten Morgen erfuhren wir, dass unsere Mutter im Krankenhaus war. Später am Tag, als ein Nachbarsjunge uns zurief, dass er unseren Vater die Straße hochkommen sähe, versammelten Larry, Nicky und ich uns wie immer am großen Fenster unserer Wohnung. »Los, geht weg vom Fenster, Kinder!«, schrie unsere böse Tante Juanita da zu uns hoch. »Wisst ihr nicht, dass eure Mutter tot ist?«

Ihre Worte waren noch gar nicht richtig bei mir angekommen, als ich meinen Vater erblickte. Er ließ seinen Kopf hängen und musste sich beim Gehen auf Oscar abstützen, dem Bruder meiner Mutter. Er weinte, und meine Mutter und ihr Rollstuhl waren nirgends zu sehen. Sie hatte eine schwere Hirnblutung erlitten und war noch im Krankenwagen verstorben.

Meine geliebte Mutter, Delia Mae Drinkard, war im Alter von nur 39 Jahren von uns gegangen.

Ich wusste nicht, wie ich mit dem schrecklichen Gefühl der Leere umgehen sollte, das mich ergriff, nachdem meine Mutter gestorben war. Ich konnte ihren Tod nicht verkraften – manchmal denke ich, dass ich bis heute nicht darüber hinweggekommen bin.

Ich war erst acht, und allein die Vorstellung vom Tod war für mich nicht zu fassen. Niemand kam auch nur auf die Idee, mit mir darüber zu reden. Alle dachten wohl, ich wäre noch zu jung, also war ich ganz auf mich allein gestellt. Noch Jahre später vermieden es meine Schwestern, über den Tod unserer Mutter zu reden. Wenn man nur ihren Namen nannte, stiegen ihnen die Tränen in die Augen. Ich hingegen lernte sehr früh, meine Traurigkeit zu unterdrücken und einfach weiterzumachen – ich hatte ja keine andere Wahl.

Die Ruhe und Ausgeglichenheit meiner Mutter, ihr Glaube und ihre Liebe hatten uns allen durch die harten Jahre der Depression geholfen. Jetzt fiel diese Stütze weg, und wir drohten auseinanderzubrechen. Also wandten wir uns der einen Sache zu, die uns Halt gab: dem Gospel.

Der gemeinsame Gesang und die Proben hielten meine Familie nach dem Tod meiner Mutter zusammen. Wir verließen uns auf unseren Vater und seine Unterstützung, und er verließ sich auf uns, begrub seinen Schmerz, um sich mit uns und der Musik zu beschäftigen. Er achtete darauf, dass wir viel übten. Manchmal, wenn er nach Hause kam und wir schon im Bett lagen, weckte er uns und sagte: »Los, steht auf und singt ein Lied für mich!« Niemand wollte ihn enttäuschen, also standen wir auf und sangen. Bald wurden wir gebucht, um in Kirchen und auf Gospelkonzerten in New Jersey und New York zu singen.

Ich sang gerne mit meinen Geschwistern, und ich war oft sehr bewegt von der Musik, aber ich verstand noch nicht so recht, worüber ich eigentlich sang. Meine Schwester Reebie war überzeugt davon, dass die wahren Gospelsänger den Geist Gottes in sich trugen, und sie meinte, ich wäre noch nicht ganz bei der Sache. Und wenn man nicht ganz bei der Sache ist, lässt man sich leicht ablenken und gerät vielleicht auf die schiefe Bahn.

Reebie und mein Vater hörten immer nur Gospelmusik, aber ich mochte auch andere Stile. Außerdem tanzte ich gerne. Samstags, wenn Reebie und unser Vater nicht zu Hause waren, legten meine Schwester Annie und ich immer Platten auf. Sie schwärmte für Billie Holiday, ich für Dinah Washington – die, wie ich später herausfand, zu Beginn ihrer Karriere in einem Gospelquartett gesungen hatte, mit dem auch wir einmal auf der Bühne standen. Aber an diesen Samstagen dachten Annie und ich nicht ans Gospelsingen. Wir schwelgten in den romantischen Träumen und weltlichen Genüssen, von denen unsere Lieblingslieder uns erzählten.

Die Verlockungen des Lebens sollten noch anziehender für mich werden. Ich hatte mich einer kleinen Schulclique angeschlossen, zu der auch meine beste Freundin Jolly gehörte. Sie wohnte bei mir in der Nähe, und wir verbrachten viel Zeit miteinander. Jolly ging gerne in Tanzlokale. Ich wusste, dass es meinem Vater und Reebie ganz und gar nicht gefallen würde, aber mich faszinierte die Musik und dass alle beim Tanzen so viel Spaß zu haben schienen. Gleichzeitig spielte sich dabei etwas ab, das mir Angst machte. Ich war behütet aufgewachsen, und an manchen der Orte, die ich mit Jolly besuchte, hingen Prostituierte und Junkies herum. Das war die Welt, an die William uns verloren gegangen war, und ich wusste, dass ich mich besser davon fernhalten sollte. Aber ich konnte der Versuchung einfach nicht widerstehen.

Jolly und ich besuchten dann regelmäßig das Green Lantern, ein etwas gesitteteres Lokal, das für Teenager gedacht war. Eine Zeit lang hatte ich dort viel Spaß, ich trank Limonade, aß Chips, tanzte und bediente die Jukebox. Aber eines Abends erwischte Reebie mich. Sie prügelte mich grün und blau, weil ich die Regeln nicht befolgt hatte. Mein Vater hatte die Regeln aufgestellt, und Reebie setzte sie nur durch, aber sie war deswegen nicht weniger wütend als er.

Ich war natürlich nicht erfreut über die Prügel, aber irgendwie doch erleichtert, dass Reebie mir auf die Schliche gekommen war. Ich hatte mich aus dem engsten Familienkreis entfernt, und obwohl die Welt da draußen so viel Neues und Aufregendes für mich bereithielt, war mir klar, wie schnell man vom rechten Weg abkommen konnte. Tief in meinem Inneren wusste ich, dass mein Vater seine strengen Regeln aus einem guten Grund eingeführt hatte – um uns zu beschützen. Weil er uns liebte.

Deswegen hielt er auch bis in meine Jugendjahre hinein einen strikten Tagesablauf für uns aufrecht. Nach der Schule mussten wir sofort heimgehen und unseren Haushaltspflichten nachkommen. Danach durften wir kurz raus, aber wir mussten rechtzeitig zum Abendessen mit unserem Vater wieder zurück sein. Danach wusch einer von uns ab, und wir probten, angeleitet von Reebie und meinem Vater. An den Wochenenden sangen wir meist in irgendeiner Kirche, und mein Vater und Reebie waren immer dabei und ließen uns nicht aus den Augen.

Wir waren so sehr mit der Musik beschäftigt, dass gar keine Zeit blieb, um in irgendwelche Schwierigkeiten zu geraten. Und das gefiel wiederum unserem Vater.

Etwa zur selben Zeit eröffnete er uns, dass er wieder heiraten wollte. Wir waren alle überrascht, und uns Mädchen, Lee, Annie, Reebie und mir, war sein Plan gar nicht recht. Wir wollten unseren Vater mit niemandem teilen, und Viola, seine zukünftige Frau, war ganz anders als unsere Mutter. Meine Schwestern versuchten noch, es ihm auszureden, aber mein Vater ließ sich nicht beirren. Viola wusste, dass wir sie nicht mochten, und sie war eifersüchtig, weil wir uns alle so nahestanden, also heckte sie etwas aus.

Nachdem sie bei uns eingezogen war, überredete sie meinen Vater, Nicky und Larry zu einem Onkel nach Boston zu schicken. Dann heiratete Reebie, die schon 25 Jahre alt war, ihren langjährigen Freund und war auch einfach weg. Nicky und Larry blieben nicht lange in Boston, aber als sie zurückkamen, sagte unser Vater, dass Viola und er zusammen wegziehen wollten. Viola war offensichtlich fest entschlossen, die Einheit unserer Familie, das Zentrum meines Lebens, zu zerstören.

Ich war traurig, dass unser Vater uns verlassen wollte, doch ich schöpfte Zuversicht aus dem Gedanken, dass ich wenigstens mit meinen Brüdern und meiner Schwester Annie zusammenbleiben würde. Aber dann ließ mein Vater die Bombe platzen. Er wollte, dass ich bei ihm und Viola blieb, denn er hielt mich für zu jung, um ohne elterliche Aufsicht auszukommen. Mit Viola mitgehen? Ohne meine Brüder? Das war zu viel für mich.

Ich rannte hinaus, ohne zu wissen, wohin. Ich landete schließlich auf der Charlton Street, und ich hatte St. Luke's schon hinter mir gelassen, als ich mich aus irgendeinem Grund umwandte und zurückging. Es war ein Wochentag, und durch die Kirchentür konnte ich sehen, dass der Abendgottesdienst eben erst begonnen hatte. Ich ging hinein und setzte mich in eine der hinteren Reihen. Reverend

Odum predigte von der Kanzel, aber ich hörte keins seiner Worte. Ich war zu sehr mit meinen eigenen Problemen beschäftigt. Und wie ich so dasaß und mir selbst leidtat, kamen mir die Tränen.

Ich begann zu schluchzen – ich weinte, weil ich meine Mutter verloren hatte und sie immer noch vermisste, weil ich von Larry und Nicky getrennt werden sollte, weil ich unser Zuhause verlassen musste, um bei einer Frau zu leben, die ich nicht mochte. Warum musste das Leben so schwer sein? Wie sollte ich damit bloß fertigwerden? Es kam mir alles sehr hart vor, sehr unfair.

Aber wie schon einmal in meinem Leben ging etwas Wunderbares aus all dem Schrecken hervor. Ich saß weinend auf der Kirchenbank, und Reverend Odums Stimme drang endlich doch zu mir durch. Er sprach zur gesamten Gemeinde, aber es fühlte sich an, als würde er nur mich meinen.

»*Count your blessings*«, sagte er. Ich blickte auf, wischte mir die Tränen weg. »Denkt daran, womit ihr gesegnet seid. Wo wärt ihr in diesem Moment ohne Gottes Hilfe? Seid ihr heute früh aufgewacht?«, rief er.

»Ja!«, antwortete die Gemeinde.

»Hat der Herr euch heute früh den Atem des Lebens in die Lungen gehaucht?«

»Amen«, rief jemand.

»Dann lobet den Herrn!«, forderte uns der Reverend auf. »Haben wir Ihm nicht alles zu verdanken? Preiset den Herrn!«

Über seine Stimme hinweg ertönte das Klavier, und der Chor begann zu singen:

> *Count your blessings,*
> *Name them one by one.*
> *Count your many blessings,*
> *See what God has done.*

Ich kannte dieses Lied, aber ich hatte nie sonderlich auf den Text geachtet. Mit einem Mal bekam er für mich eine völlig neue Bedeutung. Ich war erst 14, aber in diesem Moment zog mein gesamtes

Leben an mir vorbei. Ich schaute zurück, und anstelle allen Leids sah ich, wie froh ich eigentlich sein konnte, wie gesegnet ich war. Ich erkannte, dass vieles in meinem Leben auch hätte schiefgehen können, und was für ein Glück es war, eine Mutter gehabt zu haben, die mich liebte, Brüder und Schwestern und einen Vater, der mich umsorgte und beschützte.

Und plötzlich erkannte ich Gott in all dem – wie Er mich trug und liebte. Still begann ich, Ihn zu lobpreisen. Ich hob meine Arme, und ganz tief in mir fühlte ich eine Wärme, einen Glanz, etwas, das anschwoll und wuchs ... Es war, als würde mich jemand hochheben und auf eine höhere Ebene stellen, in eine andere Welt. Ich öffnete meinen Mund, um etwas zu sagen, um dann zu singen und zu lachen vor Freude. Es war ein glückseliges, erhebendes Gefühl – ich konnte spüren, wie der Heilige Geist in meinen Körper strömte, und ich gab mich dem ganz hin. Ich legte mich in Gottes Arme.

Ich war wie vom Blitz getroffen, ich hatte so etwas noch nie gespürt. Ich rief nach Jesus, und er antwortete mir. An diesem Abend war ich Gott so nah wie nie zuvor, und es war die wunderbarste Erfahrung meines Lebens.

Als ich nach dem Gottesdienst nach Hause ging, wusste ich, dass sich mein Leben für immer geändert hatte. Ich sah den Schöpfer in allem, was mich umgab, und es war, als würde ich die Welt zum ersten Mal sehen. Gott war bei mir, und ich wollte Ihm dienen. Ich wollte für Ihn singen. Ich erkannte, dass ich Ihm schon immer gedient hatte, es war mir nur nicht bewusst gewesen. Aber jetzt waren mir die Augen aufgegangen. Ich sollte nie wieder an Gott zweifeln – ich hatte zum Glauben gefunden.

Ich verstand und teilte jetzt auch die Ansicht meines Vaters, was das Singen betraf. Gospelgesang war ein Dienst an Gott und hatte seinen Zweck in sich selbst, man musste damit nicht berühmt oder reich werden. Durch das Singen konnte man das Wort Gottes verbreiten und andere bekehren. Und dabei bestärkte einen jedes Lied im eigenen Glauben.

Mir wurde außerdem klar, dass das gemeinsame Singen meiner Familie geholfen hatte, auch in den schwierigsten Zeiten zueinanderzuhalten. Wir sangen zusammen und blieben zusammen – wir richteten uns aneinander auf. Meine Familie war immer für mich dagewesen, aber an diesem Abend in St. Luke's gewann ich ein unendliches Vertrauen hinzu – ein Vertrauen auf Gott, das mich noch durch die dunkelsten Tage meines Lebens begleiten sollte.

KAPITEL 3

DIE WAHRHEIT LIEGT IM GOSPEL

Seit ich fünf war, hatte ich in der Kirche gesungen, aber nach diesem Abend in St. Luke's rückten die Musik und mein Glaube in den Mittelpunkt meines Lebens. Ich widmete mich ganz dem Gesang und der Weitergabe von Gottes Wort, und gleichzeitig wurde das Drinkard Quartet, umbenannt in Drinkard Singers, immer bekannter und beliebter.

Ronnie Williams, einer der größten Förderer von Gospelmusik in unserer Gegend, vermittelte uns Auftritte in New York, New Jersey und an der gesamten Ostküste. Wir sangen oft in kleinen Kirchen, aber wir standen auch mit einigen der bekanntesten Gruppen der damaligen Zeit auf einer Bühne – dazu gehörten zum Beispiel die Davis Sisters mit Jackie Verdell, die Swan Silvertones und die Dixie Hummingbirds mit dem fantastischen Claude Jeter.

Während der frühen 50er-Jahre waren wir mit den Soul Stirrers unterwegs, und ich lernte deren Leadsänger Sam Cooke kennen. Sam hatte nicht nur eine tolle Stimme, er sah auch sehr gut aus. Wir gingen eine Weile miteinander aus, und beinahe hätte ich ihn geheiratet. Aber Sams Welt drehte sich schneller als meine. Außerdem wusste ich, dass weder mein Vater noch meine Schwestern die Verbindung gutheißen würden, zumal Sam es wagte, Ausflüge in die Popmusik zu unternehmen. Viele Menschen, und dazu gehörten auch meine Schwestern, verachteten Gospelstars, die sich der weltlichen Musik widmeten. Sie verstanden das als eine Abkehr von der Kirche – und ich war zu jung, um mich noch nicht davon beeinflussen zu lassen, was andere Menschen dachten.

Meine Schwester Lee leitete uns jetzt an, und wie mein Vater war auch sie darauf aus, uns Drinkards den rechten Weg zu weisen, und der verlief nun mal abseits der populären Unterhaltungsindustrie. Als DJ Joe Bostic, der eine eigene Gospelsendung im Radio hatte, sie kontaktierte, um über Plattenaufnahmen, Managementverträge, größere Touren, Radio- und Fernsehaufnahmen zu sprechen, erteilte sie ihm zunächst eine Absage.

Damals wurde Gospelmusik langsam kommerzieller, und bei manchen Gospel-Großveranstaltungen oder auch an Orten wie dem Apollo Theater in Harlem hatten wir mitbekommen, dass einige Gruppen bereits den Versuchungen erlegen waren, die mit Ruhm und Geld einhergingen. Hinter der Bühne waren einige der selbsternannten Kirchenmenschen und Gospelkünstler so voller Sünde wie die Welt, die sie eigentlich retten sollten. Lee wollte nicht, dass es mit uns so weit kam.

Aber dann machte Bostic ihr ein Angebot, das sie nicht ablehnen konnte. Er plante einen Auftritt für Mahalia Jackson in der Carnegie Hall – und er wollte uns dabeihaben. Lee sagte zu, und im Oktober 1951 standen die Drinkards auf der berühmten Bühne an der 57th Street in New York – zusammen mit Mahalia und anderen Gospelgrößen wie Rosetta Tharpe und Clara Ward. Es war die größte Konzerthalle, in der wir jemals aufgetreten waren, und der Abend war der Wahnsinn – im wahrsten Sinne des Wortes. Das Publikum flippte dermaßen aus, dass Mahalia sie wieder zur Vernunft rufen musste, weil sonst wohl die Polizei gekommen wäre und uns alle vor die Tür gesetzt hätte.

Es war ein magisches Erlebnis, aber selbst der Auftritt in der Carnegie Hall rüttelte nicht an den Regeln, nach denen wir lebten. Es gab zwar an dem Abend noch eine Party, aber hatte unser Vater uns wohl erlaubt, hinzugehen? Natürlich nicht. Wir Drinkards stiegen brav in ein Taxi, setzten mit der Fähre nach New Jersey über und fuhren mit dem Bus nach Hause – zurück zur Kirche, zur Arbeit und den Proben.

Unser Vater hatte uns nicht einmal in die Carnegie Hall begleitet, und manche verwunderte das. Ich hingegen hatte gar nicht erst damit gerechnet, dass er auf unseren Auftritt dort besonders stolz wäre. Für ihn hatte Gospel nichts mit Ruhm oder Reichtum oder der größten Konzerthalle in New York City zu tun. In seinen Augen ging es allein um den Dienst an Gott und um Gottes Wort – alles andere bedeutete ihm nichts.

Deswegen drängte er mich auch, die Leitung des Gemeindechors von St. Luke's zu übernehmen. Er verstand es als Teil der Gospelmusik, anderen dabei zu helfen, ihr Talent zu entdecken und zu entfalten, so, wie er es bei uns Kindern getan hatte. Es war ihm wohl wichtig, dass ich dieselbe Erfahrung machte. Zunächst hatte ich keine große Lust. Einen Chor zu leiten war eine Menge Arbeit, und ich wollte doch eigentlich nur singen. Aber als ich erst einmal angefangen hatte, merkte ich schnell, dass Unterrichten mir beinahe genauso viel gab wie Singen.

Ich leitete den Chor so, wie ich es mir bei Reebie und meinem Vater abgeschaut hatte – streng und konzentriert. Und auch mir konnte man nichts vormachen. Auf dieselbe Art unterrichtete ich später Nippy, als sie mir sagte, dass sie Sängerin werden wollte – Schludern war da nicht erlaubt. Das mag hart wirken oder gar lieblos, aber das Leben ist nun mal kein Zuckerschlecken. So hatte man es mir beigebracht, und so gab ich es weiter.

Meine Familie hatte bereits viel durchgemacht – das Feuer, Williams Fortgang, die Schlaganfälle und den Tod meiner Mutter, die erneute Heirat meines Vaters. Aber bei alldem waren wir einander verbunden geblieben. Inzwischen waren wir alle erwachsen, jeder lebte sein eigenes Leben, aber wir sangen immer noch zusammen.

Mal wieder schien es das Schicksal gut mit uns zu meinen – aber wenn ich eins gelernt hatte, dann dass man sich auf so etwas nie verlassen kann.

Im Frühjahr 1952 musste mein Vater wegen Magenschmerzen ins Krankenhaus. Bei den Untersuchungen stellte sich heraus, dass er Magenkrebs im Endstadium hatte. Die Ärzte konnten nichts mehr für ihn tun. Eine Woche später starb mein Vater.

Sein Tod nahm mich noch ärger mit als der meiner Mutter – vielleicht, weil ich älter war und ihm näherstand, weil mir bewusster war, was Sterben bedeutet. Mein Vater, mein Vorbild, unser Beschützer in guten wie in schlechten Tagen, war nicht mehr da. Mit gerade mal 18 Jahren war ich nun Vollwaise.

Die Zeit nach dem Tod meines Vaters verschwimmt in meiner Erinnerung. Ich war einsam und ruhelos, und ich spürte keinerlei Antrieb mehr. Wenn einem innerhalb eines Wimpernschlags alles genommen werden konnte, warum sollte man dann noch an irgendetwas festhalten? Ohne die Führung meines Vaters, tief versunken in die Trauer um seinen Tod, verlor ich auch den aufrechten Gang durchs Leben, den er uns allen vermittelt hatte.

Ich begann zu trinken, und für ein paar Jahre ging ich mit meinen Brüdern und meiner Schwester Annie ziemlich viel aus. Ich schaffte es zwar immer noch jeden Sonntag in die Kirche und zu den Chorproben, aber auch in St. Luke's begannen sich die Dinge zu verändern, was meine Haltlosigkeit noch verstärkte.

Wir hatten uns in St. Luke's immer wohlgefühlt, besonders wegen des Pastors, Reverend Warrick, der auch hin und wieder zum Abendessen zu uns gekommen war, als meine Mutter noch lebte. Meine Eltern mochten Reverend Warrick und seine Frau, und wir freuten uns alle, als der Sohn des Reverends, Mancel, und meine Schwester Lee zueinanderfanden. (Sie heirateten und hatten drei Kinder, meine Nichten Dee Dee und Dionne Warwick, die beide Sängerinnen wurden, und meinen Neffen Mancel Jr.) Unsere Familien standen sich sehr nahe, und Reverend Warrick war mit der

Hauptgrund, warum wir immer so gerne in die Kirche gegangen waren. Aber er verließ St. Luke's, kurz nachdem mein Vater gestorben war, und uns zog es dann nicht mehr so oft dorthin. Es fühlte sich einfach nicht mehr an wie unser Ort.

Nun also auch St. Luke's aufgeben zu müssen, hätte mich dem Alkohol und der Verzweiflung vielleicht noch weiter in die Arme getrieben. Aber just in diesem Moment fanden wir eine andere Kirche. Wir waren schon einige Male in der New Hope Baptist Church aufgetreten, und sie gefiel uns allen. Also schlossen wir uns dieser Gemeinde an, und ich übernahm dort auch bald die Chorproben. New Hope sollte mein spirituelles Zuhause werden, die Kirche, deren Gottesdienste ich für den Rest meines Lebens besuchen würde und in der Nippy anfangen würde zu singen. Jahre später sollten wir uns hier auch für immer von ihr verabschieden.

Aber bis dahin sollte noch viel Zeit vergehen. Jetzt war New Hope erst einmal der Ort, der mich vom Alkohol wegholte, der Ort, der die Kraft des Glaubens wieder in mir freisetzte, sodass ich langsam anfangen konnte, mein Leben in die richtigen Bahnen zu lenken. Es wurde Zeit, erwachsen zu werden und einen neuen Lebensabschnitt zu beginnen. Noch war ich aber, wie sich bald zeigen sollte, reichlich unerfahren.

Ich begann den neuen Lebensabschnitt nämlich mit einem Fehlgriff: einem gut aussehenden Bauarbeiter namens Freddy Garland, der mir, nachdem wir ein paar Monate lang miteinander ausgegangen waren, einen Heiratsantrag machte. Ich gab ihm das Jawort vor allem aus Einsamkeit. Meine Geschwister hatten alle schon eigene Familien gegründet, nur ich hatte noch niemanden gefunden. Freddy und ich heirateten 1955, aber schon ein paar Monate später bereute ich es. Er war ein guter Mann, aber ich liebte ihn nicht, also verließ ich ihn nach zwei Jahren wieder, obwohl ich zu der Zeit schwanger war.

Ich arbeitete seit einigen Jahren in der Herstellung von Elektroteilen im RCA-Werk in Elizabeth, und um Geld zu sparen, zog ich bei meiner Schwester Lee ein. Ein paar Monate später brachte ich meinen ersten Sohn zur Welt, Gary Garland. Ich war eine 25-jährige alleinstehende Mutter, und ich hatte keinen blassen Schimmer, was das Schicksal noch alles mit mir vorhatte.

In diesem Sommer hatten die Drinkards einen Anruf erhalten, der am Ende mein Leben verändern sollte. Ronnie Williams machte uns das fantastische Angebot, zusammen mit Mahalia Jackson und Clara Ward beim Newport Jazz Festival zu singen.

Ronnies Anruf kam aus heiterem Himmel, denn nach dem Tod unseres Vaters waren wir nur noch selten aufgetreten. Wir waren ein bisschen aus der Übung, und ich war bei unserem Auftritt noch hochschwanger, aber wir fühlten uns sehr beseelt. Das Publikum war riesig, und der Funke sprang gleich über – die Leute kamen ganz nah an die Bühne, bedrängten uns fast, während wir sangen. Ich werde diesen Auftritt nie vergessen, und ich wünschte, unser Vater wäre dabei gewesen. Es hätte ihm sicher gefallen, all die Leute zu sehen, die so bewegt waren von der Musik.

Dieser Auftritt ließ die Drinkard Singers wieder aufleben. Das RCA-Victor-Label nahm uns als erste Gospelgruppe in seinen Reihen unter Vertrag, und 1958 veröffentlichten wir unser Debüt, *Make a Joyful Noise.* Joe Bostic stellte es in seiner Radiosendung vor, das bescherte uns viel Aufmerksamkeit. Sogar Elvis Presley hätte gerne mit uns zusammengearbeitet – aber Lee lehnte das ab. Von seinem berühmten Hüftschwung und seiner provokanten Art musste sie uns natürlich fernhalten. Aber auch wenn aus Elvis und uns damals nichts wurde – bald fand eine weitaus wichtigere Begegnung statt.

Weil *Make a Joyful Noise* so erfolgreich war, wurden wir eingeladen, an einer Fernsehsendung mitzuwirken, die wöchentlich von Newarks Konzerthaus aus gesendet wurde. Und dort standen wir also eines Sonntags auf der Bühne, während gleichzeitig ein großer, gut aussehender Mann bei sich zu Hause vor dem Fernseher saß und die Sendung verfolgte. Die Kamera war ganz nah auf mein Gesicht gerichtet, und offensichtlich gefiel ich diesem Mann. Er kannte ein paar Musiker aus unserem Umfeld, und bald wurden wir einander vorgestellt.

Und so traf ich John Houston. Ich wusste nicht, wer er war oder was er überhaupt wollte, als er eines Tages im Frühjahr 1958 bei den Proben für die Sendung auftauchte. Aber ich fand ihn großartig – und er hatte nur Augen für mich.

Später fiel mir ein, dass ich John schon einmal gesehen hatte, aber das war zehn Jahre her. Er war damals noch bei der Militärpolizei gewesen und hatte in unserer Nachbarschaft nach einem Fahnenflüchtigen gesucht. Meine Freundinnen und ich fanden, dass er der bestaussehende Mann war, dem wir je begegnet waren. Ich war erst 14, und John war ein Polizist in Uniform, das beeindruckte mich natürlich sehr.

Als ich ihn in der Konzerthalle wiedersah, war ich nicht minder beeindruckt. John hatte ein fein geschnittenes Gesicht (unter seinen Vorfahren befanden sich amerikanische Ureinwohner), aber was mich wirklich anzog, war seine Haltung. Dieser Mann war groß, gut gebaut und hatte einfach Charisma. Ich war nervös wie ein Schulmädchen, als wir uns unterhielten, doch es stellte sich heraus, dass er nicht nur klug und weltgewandt war, sondern auch unheimlich witzig. Obwohl er eine Privatschule besucht hatte – die Seton Hall Prep School in Orange, New Jersey –, war er sehr bodenständig.

Ich verliebte mich gleich in sein Lachen und seine Scherze – und in seine Art zu reden. Ich hätte ihm stundenlang zuhören können. Ich bin mir nicht sicher, ob es so etwas wie Liebe auf den ersten Blick gibt, aber John und mich hatte es definitiv erwischt.

Ich war 24 Jahre alt, als wir uns trafen, und John war 13 Jahre älter als ich. Der Altersunterschied machte mir nichts aus, aber meine Schwestern Lee und Reebie hatten so ihre Bedenken. Und sie verurteilten John scharf, weil er noch verheiratet war. Dabei lebte er in Trennung, und ich hatte inzwischen zum Glück eine sehr nützliche Eigenschaft entwickelt: Es war mir egal, was andere dachten. Ich mochte John, er mochte mich, und mehr gab es dazu nicht zu sagen.

John und ich gingen miteinander aus, und kurz darauf – nun, nach den Maßstäben der damaligen Zeit verhielten wir uns höchst unanständig. John war noch nicht geschieden, aber wir zogen zusammen in eine Wohnung an der Eighth Street in Newark. Wir waren so verliebt, und er kam so gut mit meinem Sohn zurecht. Ich verstand mich auch auf Anhieb mit seiner Familie. Es fühlte sich alles richtig an.

Ich arbeitete immer noch im RCA-Werk, sang mit den Drinkards und verdiente als Chorleiterin in New Hope und anderen Kirchen noch ein bisschen Geld dazu. John fuhr nachts Taxi, und manchmal transportierte er als Lastwagenfahrer Lebensmittel und andere Güter quer durchs Land. Wir mussten das Geld zusammenhalten, aber in diesen frühen Jahren waren wir wirklich glücklich. Wir lachten viel und albern herum wie zwei Teenager. Und wir liebten einander tief und innig. Später sang ich einmal ein Lied mit dem Titel »I Miss the Hungry Years«, und ich denke gerne an diese Jahre zurück. Auch wenn wir manchmal nicht genug zu essen hatten – es waren gute Jahre.

Von Anfang an waren John, Gary und ich eine Familie, und bald lernten wir eine Nachbarin kennen, die meine beste Freundin und somit Teil der Familie werden sollte. Ellen White war alleinerziehende Mutter von vier Kindern, John lud sie eines Tages zum Kaffee ein, und wir unternahmen bald alles Mögliche miteinander. Ich nannte sie immer Bae, eine Kurzform für Baby. Es gab nicht allzu viele Menschen, die mir nahestanden, aber Bae und ich waren wie Schwestern, und für Nippy und meine Söhne war sie »Tante Bae«. So bescheiden unsere Lebensumstände auch waren, als unsere Freundschaft begann – fortan sollten Bae und ich gemeinsam durch die Höhen und Tiefen des Lebens gehen.

Johns Scheidung zog sich hin, und obwohl ihm das Taxi- und Lastwagenfahren gefiel, hatte er höhere Ziele. Schon als wir zusammenzogen, meinte er, dass er ein paar gute Ideen für die Drinkards hätte. Dass wir gut genug wären, um ganz groß herauszukommen, wenn wir nur mal unsere Fühler ausstrecken und ein wenig herumreisen würden. Dass wir uns alle ganz auf die Musik konzentrieren sollten, denn dann könnten wir durchaus Größen wie Mahalia Jackson, Alex Bradford oder Clara Ward Konkurrenz machen.

Meine Schwester Lee, die die Entscheidungen für unsere Gruppe fällte, teilte Johns Träume nicht. Wie mein Vater sah sie Gospel als einen Dienst an Gott, nicht als Weg zu Ruhm und Reichtum. Und obwohl sie John mochte und wusste, dass er nur das Beste für die Drinkards wollte, machte sein Ehrgeiz sie misstrauisch. Außerdem schreckten seine gelegentlichen Respektlosigkeiten sie ab, denn er machte sich ganz gerne mal über den heiligen Ernst mancher Kirchengänger lustig. Einmal verbannte Lee ihn sogar aus der Kirche, weil er einfach nicht aufhören konnte, Quatsch zu machen.

John wusste, dass er mit seinem Führungstalent, seiner Redegabe und seiner genauen Kenntnis der Gospelszene ein erfolgreicher Manager unserer Gruppe wäre. Aber Lee überließ ihm die Drinkards nicht, also musste er sich anderweitig umschauen.

Meine Nichten Dionne und Dee Dee, die beide im Chor von New Hope und gelegentlich mit den Drinkards sangen, hatten sich mit zwei anderen Mädchen zu einer Gruppe zusammengetan. Sie nannten sich Gospelaires, und John nahm sie unter seine Fittiche.

Eines Abends, er saß mit den Gospelaires hinter der Bühne des Apollo Theaters, kam ein Musiker herein und fragte, ob jemand Backgroundsängerinnen kannte, die er für Aufnahmen engagieren könnte. »Ja, ich!«, sagte John, und so bekamen die Gospelaires den Job. Das war der Anfang von Dionnes und Dee Dees Karriere als Backgroundsängerinnen. Und so wurde John ganz offiziell ihr Manager.

Endlich war er da, wo er sein wollte, mitten im Trubel. Er saß gerne mit den Geldgebern, Produzenten und Musikern zusammen, und seine ungezwungene Art, mit den anderen Managern und Künstlern umzugehen, verschaffte Dionne und der Gruppe einige fantastische Engagements. In den frühen Sechzigern arbeiteten sie mit den legendären Produzenten Jerry Leiber und Mike Stoller, Henry Glover und Künstlern wie den Drifters, Dinah Washington, Ben E. King, den Coasters und Solomon Burke zusammen. Sie verdienten viel Geld, aber so richtig reich wurde man erst mit einer Solokarriere. Und genau das stellte John sich für mich vor.

»Ich kann dir dabei helfen, Cissy!«, sagte er immer und erzählte mir dann, was für ein Haufen Geld mich da erwarten würde. Er hatte große Pläne für meine Zukunft, aber zu seiner Enttäuschung interessierte mich das gar nicht. Ich hatte eine gute Arbeit im RCA-Werk, und nach zehn Jahren hatte ich dort schon ein gewisses Dienstalter erreicht – aufgewachsen in Zeiten der Depression, bedeutete mir das einiges. Und ich war stur: Ich würde ganz sicher nichts nur deswegen tun, weil John es wollte.

Ich erinnerte mich auch an die Einstellung, die mein Vater zur Populärmusik gehabt hatte – sie durfte in unserem Haus nicht einmal gespielt werden. Künstler wie Dinah Washington, die Staple Singers und Sam Cooke wurden vom Publikum ausgebuht und als Abtrünnige beschimpft, als sie sich dem Pop zuwandten. Also entschied ich mich, dieser speziellen Versuchung zu widerstehen.

Außerdem war ich wieder schwanger. Unser Sohn Michael kam im August 1961 im Beth Israel Hospital in Newark auf die Welt – kurioserweise im selben Zimmer wie Gary. Ich nahm mir ein paar Tage frei, bevor ich Michael wie auch schon Gary in die Krippe gab, um weiterzuarbeiten. Mit zwei kleinen Jungs, einer Vollzeitstelle und den Auftritten der Drinkards hatte ich keine Zeit für weitere Verpflichtungen.

Aber dann steckte John eines Tages in der Klemme. Er hatte dem Produzenten Henry Glover versprochen, Dionne zu Aufnahmen mitzubringen, aber sie war bereits von Scepter Records für denselben Zeitraum engagiert worden. John bat mich einzuspringen. Ich wollte zunächst nicht, aber Johns Ruf als verlässlicher Geschäftspartner stand auf dem Spiel, und ihm zuliebe sagte ich schließlich zu.

Henry Glover war nicht allzu glücklich, mich anstelle von Dionne begrüßen zu müssen, aber John überredete ihn, mich doch erst einmal singen zu lassen – und als Henry mich hörte, war er sofort überzeugt. So begann meine Reise in die Arbeit als Backgroundsängerin – eine Reise, die nicht nur mein Leben, sondern das gesamte Musikgeschäft verändern sollte.

Bei diesem Engagement sang ich also den Sopran im Background zu Ronnie Hawkins, einem Rockabillystar aus Arkansas, der als der neue Elvis galt. Am ersten Tag arbeiteten wir bis um sechs Uhr morgens, und wir brauchten noch drei weitere Tage, bis die Aufnahmen abgeschlossen waren. Danach war ich wirklich erschöpft – aber ich hatte gutes Geld verdient. Trotzdem hatte ich ein schlechtes Gefühl. Ich wusste, dass meine Schwestern meine Arbeit missbilligen würden.

Bei Dionne und Dee Dee sah meine Familie es nicht so eng, wenn sie Popmusik machten, sie gehörten schließlich einer jüngeren Generation an. Aber ich war älter, und meine Schwestern erwarteten, dass ich an der Tradition festhielt, geistliche und weltliche Musik voneinander zu trennen. Ich war hin- und hergerissen: Ich wollte als Backgroundsängerin arbeiten, aber ich wollte meine Familie nicht enttäuschen. Das war ein Konflikt, der mich begleitete, seit Annie und ich als Kinder unsere geliebten Platten gehört hatten.

Nach langem Nachdenken und vielen Gebeten kam ich zu der Einsicht, dass ich sehr wohl weltliche Musik singen konnte, ohne einem allzu weltlichen Lebenswandel zu verfallen. Ich beruhigte mich selbst mit dem Gedanken, dass ich ja kein Popstar werden wollte oder nach Aufmerksamkeit gierte. Ich wollte auch niemanden vom rechten Weg abbringen – nein, ich ging nur einer Arbeit nach. Und diese Arbeit änderte nichts an meinem Glauben. Also entschied ich mich weiterzumachen. Ich ahnte ja nicht, wohin mich das noch führen sollte.

Sobald ich meinen Entschluss gefällt hatte, konnte ich mich vor Arbeit nicht mehr retten. In den ersten Monaten nach Michaels Geburt arbeiteten Dionne, Dee Dee und ich mit Jerry Leiber und Mike Stoller am Album der Drifters. Von Anfang an waren Jerry und Mike beeindruckt von unserer harmonischen Verbindung und schwärmten davon, wie wir »miteinander fühlten« und »zusammen atmeten«. Aber da war nichts Magisches dabei. Wir hatten gemeinsam im Chor von New Hope gesungen und waren einfach erfahren.

Jerry und Mike wussten genau, wie man ein herausragendes Album produziert – begonnen bei den Texten und den Arrangements über die Instrumente bis hin zu den Stimmen. Ich bewunderte es, wie sie unsere Stimmen einsetzten, sie gaben Popmusik wirklich eine neue Dimension. Ich passte gut auf und versuchte, mir so viel von ihnen abzuschauen wie möglich. Ich sang gerne, aber ich wollte auch verstehen, wie die einzelnen Stücke funktionierten, was einen guten Song von einem schlechten unterschied.

In Jerrys und Mikes Büro im Brill Building in Manhattan erarbeiteten wir uns die Titel der Drifters, darunter »On Broadway«, »Some Kind of Wonderful« und »Please Stay«. Wir hatten so viel zu tun, dass ich meine Stelle im RCA-Werk kündigen musste – aber um die Wahrheit zu sagen, verdiente ich an zwei Aufnahmetagen in New York dasselbe wie bei RCA in einer Woche. Ich steigerte meinen Verdienst noch, indem ich der Gewerkschaft beitrat und als Hauptvertragspartnerin die Verantwortung dafür übernahm, den Backgroundchor zusammenzustellen. Musik war jetzt nicht mehr nur meine Leidenschaft, sondern mein Beruf.

Eines Tages, als wir an dem Album für die Drifters arbeiteten, schaute der berühmte Songschreiber Burt Bacharach vorbei. Er spitzte gleich die Ohren, als er Dionne singen hörte, und fragte sie, ob sie bei seinen Projekten mitarbeiten wolle. Anfangs nahm sie Demos seiner Songs für andere Künstler auf, aber sie wollte mehr erreichen als das – und sie sollte Erfolg haben. Bald nahm Burt sie als Solokünstlerin unter Vertrag.

Dionne unterschrieb 1962 bei Scepter Records, und ihre erste Einzelveröffentlichung, »Don't Make Me Over«, erschien im November desselben Jahres. Dee Dee, Sylvia Shemwell und ich waren die Backgroundsängerinnen bei diesem Song, und im Dezember hatte er die Top Ten erreicht. Mit 22 Jahren hatte Dionne ihren ersten Hit. Im selben Monat fand ich heraus, dass ich wieder schwanger war – mit einem Kind, von dem ich so sehr hoffte, dass es ein Mädchen sein würde.

»Don't Make Me Over« leitete für mich einen konstanten Strom an Arbeit bei Scepter Records ein. Wir arbeiteten mit Künstlern wie Chuck Jackson, Maxine Brown und den Shirelles und großartigen Produzenten wie Leiber und Stoller, Burt Bacharach, Bert Berns und Jerry Wexler von Atlantic Records, einem Label, das zur Heimat der Soulmusik geworden war. Wir hatten so viel zu tun wie noch nie, und ich verbrachte mindestens genauso viel Zeit im Studio wie zu Hause. John fuhr mich morgens immer nach Manhattan und holte mich am Ende des Tages wieder ab. Als wir im Sommer 1963 für Atlantic arbeiteten, kümmerte sich Tom Dowd, der geniale Mann von der Technik, rührend um mich – er war wohl ein bisschen nervös, denn das Baby war bereits überfällig und ich war dick wie eine Tonne.

Anfangs hatte ich noch gemischte Gefühle, wenn ich mit Menschen zusammenarbeitete, die ich nicht kannte – besonders, wenn es Weiße waren. Vielleicht, weil ich von den Erfahrungen wusste, die meine Familie in Georgia gemacht hatte, vielleicht auch, weil das bisherige Zentrum meines Lebens Newarks Arbeiterviertel gewesen war, auch der Gemeinde von St. Luke's gehörten nur Schwarze an. Ich hatte bisher nicht viel mit Weißen zu tun gehabt, und ich wusste nicht, was ich von ihnen zu erwarten hatte.

Aber im Studio lernten wir eine kleine Gruppe verrückter und brillanter Soulsänger kennen, Juden, Iren, Spanier und Italiener, und sie wurden alle meine Kumpels. Wir machten gemeinsam Musik, die unsere jeweiligen Begabungen und unsere unterschiedlichen kulturellen Hintergründe miteinander vereinte. Ich lernte die Vielfalt zu schätzen und erweiterte so langsam meinen doch etwas begrenzten Horizont.

Obwohl der Geburtstermin schon überschritten war, sang ich weiter – bis zu dem Tag im August 1963, als Nippy auf die Welt kam.

KAPITEL 4

SWEET INSPIRATIONS

Ich hatte mir von ganzem Herzen ein Mädchen gewünscht, und jetzt, wo ich meine Tochter in den Armen hielt, wollte ich ihr das beste Leben ermöglichen, das sich nur denken ließ. Und das hieß zunächst einmal, dass wir aus unserer Wohnung in der Eighth Street in ein richtiges Haus umziehen sollten.

Nach der Geburt war ich für zwei Monate außer Gefecht gesetzt, aber John suchte nach einem Haus für uns. Er wurde in der Wainwright Street in Newark fündig. Wir liehen uns Geld von einem Freund, und innerhalb weniger Wochen konnten wir einziehen. Wir mussten ein bisschen renovieren, ließen eine neue Küche einbauen und verschönerten das Wohnzimmer, und bald sah es aus wie das Zuhause, das ich mir immer erträumt hatte. Wir holten sogar einen Hund für die Kinder. Das Beste an dem Haus war allerdings die Nachbarschaft. Unsere alte Wohnung hatte in einem städtischen, geschäftigen Arbeiterviertel gelegen. Die Gegend rund um unser Haus war dörflicher, mit Reihenhäuschen, in denen junge Familien wie wir wohnten, und Hinterhöfen, in denen die Kinder spielen konnten. Es war immer noch ein Arbeiterviertel, aber viel ruhiger und nicht so übervölkert.

Ich war stolz darauf, dass meine Kinder in größerem Wohlstand aufwuchsen als ich. Für viele Schwarze, die damals aus den Süd- in die Nordstaaten gezogen waren, bedeutete das viel. Unsere Kinder sollten es einmal besser haben als wir, wir wollten ihnen die Möglichkeit geben, wirklich etwas aus sich zu machen. Meine Eltern hatten mir den Glauben an Gott vermittelt und all die Liebe und Unterstützung gegeben, die ich brauchte. Das wollte ich für meine Kinder auch tun, aber zusätzlich konnte ihnen einen materiellen Reichtum bieten, auf den ich in meiner Kindheit hatte verzichten müssen.

Ich wollte meine Kinder behüten und beschützen, und mir war nicht klar, dass ich sie auf diese Weise überhaupt nicht auf die Hindernisse vorbereitete, die ihnen das Leben in den Weg legen sollte. Meine Kindheit hatte mich abgehärtet. Aber meine Kinder – ganz besonders Nippy – wurden nie so zäh wie ich. Und das sollte noch große Probleme mit sich bringen.

Ein paar Monate nach Nippys Geburt fing ich wieder an zu arbeiten. Ich verdiente gutes Geld, aber John fand keine verlässliche Arbeit, also verbrachte er viel Zeit zu Hause bei den Kindern. Morgens machte er meistens Gary für die Schule fertig und brachte mich zur Arbeit. Dann passte er auf Michael und Nippy auf, bevor er mich abends wieder abholte.

John liebte alle drei Kinder, aber Nippy war seine Prinzessin. Noch bevor sie laufen lernte, kasperte sie viel herum, warf andauernd Sachen um oder stellte irgendetwas an. Wenn John sie raus auf die Veranda brachte, deckte er sie immer zu, aber sie strampelte sich frei, und dann musste John kommen und sie wieder zudecken. Er gab ihr den Spitznamen »Nippy«, nach einer Comicfigur, die stets in Schwierigkeiten geriet, und bald nannten wir sie alle so.

Sie war ein so hübsches und aufgewecktes Kind. Mit sechs Monaten konnte sie schon laufen – John und ich konnten es nicht fassen. Und damit wurde sie natürlich nur noch aktiver. Sie machte immer Quatsch mit Thor, unserem Schäferhund. John sah ihr dabei zu, wie sie mit ihren winzigen Händen nach diesem großen, alten

Hund grabschte und sich dabei kaputtlachte. Er erzählte mir davon, wenn ich von der Arbeit kam, und ich war neidisch, weil er so viel Zeit mit den Kindern verbringen konnte. Aber irgendwer musste ja auch Geld verdienen.

Im Frühjahr 1964, beinahe ein Jahr nach Nippys Geburt, war Johns Scheidung endlich durch, und wir heirateten. Wir hatten zwar von Anfang an gewusst, dass wir zusammengehörten, aber es war doch eine Erleichterung, es jetzt ganz offiziell zu machen. Nun hatte ich einen Ehemann, eine Familie, ein Haus – und bald sollte ich auch eine neue Gruppe haben.

In den Studios in New York hatte unser Backgroundchor inzwischen einen guten Ruf – auch dann noch, als die Besetzung sich änderte. Meine Nichte Dionne widmete sich ihrer Solokarriere, und auch ihre Schwester Dee Dee sicherte sich immer mehr Einzelauftritte. 1965 nahm Mercury Records sie unter Vertrag, und wir mussten sie ersetzen.

Ich hörte mir viele Sängerinnen an, bevor ich schließlich die Gruppe zusammenstellen konnte, die so klang, wie ich es mir wünschte. Wir wurden bekannt als Sweet Inspirations oder kurz: die Sweets.

Sylvia Shemwell, Myrna Smith, Estelle Brown und ich waren die Originalbesetzung der Sweet Inspirations; den Namen hatte Atlantic Records im Januar 1967 für uns ausgesucht. Ich hatte zuvor noch für Kapp Records gearbeitet, und ich nehme an, Jerry Wexler wollte verhindern, dass ich wie Dionne und Dee Dee zu einem anderen Label wechselte, also bot er unserer Gruppe einen Vertrag an. Erst sollten wir schlicht Inspirations heißen, als Anspielung auf unsere Gospelvergangenheit, aber so hieß schon eine andere Gruppe.

Unsere Anfänge waren bescheiden, aber die Sweet Inspirations sollten die Welt des Backgroundgesangs verändern.

1967 wurden wir engagiert, um an Aretha Franklins neuem Album mitzuwirken. Auf eine Art hatte ich das Gefühl, Aretha bereits zu kennen, bevor wir uns das erste Mal trafen. Als Kind hatte ich ihrem Vater, Reverend C.L. Franklin, im Radio gelauscht, und Jahre später hatten die Drinkard Singers auf Veranstaltungen gesungen, bei denen auch Aretha auftrat. Die Songs auf ihren Alben waren vielleicht nicht so raffiniert wie die von Hal David oder Burt Bacharach, aber sie besaßen die Wärme des Gospels, die der Popmusik oft fehlte. Aretha, die ich »Ree« nannte, war wie ich von klein auf in die Kirche gegangen, und das verband uns. Wir verstanden einander – musikalisch und auf allen anderen Ebenen.

Es hatte etwas Magisches, wenn wir miteinander sangen. Jerry Wexler von Atlantic Records nannte es »das Gemeinschaftsding«: Ich steckte viel Arbeit in die Gestaltung der Backgroundstimmen, und Aretha ließ mich bei allem mitreden. Es zahlte sich aus, dass ich mir von den Produzenten Jerry Leiber und Mike Stoller so viel abgeschaut hatte. Ich begann, als Backgroundsängerin zu improvisieren, was damals völlig neu war.

Zu Beginn meiner Karriere kamen wir Backgroundsängerinnen ins Studio, sangen unseren Part und gingen dann wieder nach Hause. Aber die Sweets änderten die Ordnung der Dinge. Die meisten Backgroundchöre bestanden aus drei Personen, ich fügte eine hinzu, eine vierte Stimme, die dasselbe sang wie ich, nur eine Oktave tiefer. Dieser kleine Trick machte den gesamten Klang so viel voller – und alle rätselten, wie wir das anstellten.

Manchmal änderten wir auch etwas an den vorgegebenen Gesangsparts. Ich drängte niemandem meine Meinung auf – ich sang, was auch immer ich singen sollte. Aber manchmal, wenn ich den Eindruck hatte, dass es noch besser klingen könnte, schlug ich kleine Veränderungen vor. Und meistens sagte man mir dann: »Okay, mach mal, wie du meinst.«

Also hörte ich mir das Stück immer erst einmal an, um ein Gefühl dafür zu entwickeln, in welche Richtung es gehen sollte. Ich dachte mir verschiedene Stimmen dazu aus, und wenn ich ein paar gute Ideen gesammelt hatte, ging es an die Arbeit. »Lasst es uns einfach mal ausprobieren«, sagte ich zu den anderen Sängerinnen, und wir legten los.

Meistens mussten wir hier und da noch etwas ändern, bis wir zufrieden waren. Ich nahm mir die Texte vor, die Geschichte, die der Song erzählte, damit ich beim Singen die passenden Bilder im Kopf hatte. Es ähnelte einem Muster, das man Call and Response nennt: Ich lauschte auf die Musik und den Text und antwortete darauf, brachte mit meiner Stimme zum Ausdruck, worüber der jeweilige Künstler sang. Das konnte sehr simpel sein – wenn es im Songtext hieß: »Do you love me«, dann setzten wir mit »Yes I do« ein. Das Ziel war in erster Linie, dem Stück einen guten, vielschichtigen Klang zu geben. Und die Sweets waren darin Profis.

Ich war schon immer überzeugt gewesen, dass man mit dem richtigen Gefühl bei der Sache sein muss – man kann einen Text nicht bloß heruntersingen, ohne eine Idee davon zu haben, worum es geht. Ich hatte das schon in der Kirche gelernt, und als ich dann diejenige wurde, die die Verträge aushandelte und die Backgroundchöre zusammenstellte, suchte ich mir immer Leute aus, die einen ähnlichen Hintergrund hatten wie ich. Die Produzenten schätzten meine Arbeit, und mit der Zeit vertrauten sie darauf, alles mir zu überlassen – der Background würde dann schon großartig klingen. Und so wurde der Backgroundgesang zu einem wichtigen Element im Musikgeschäft – denn es ging jetzt um mehr als bloß darum, einfach irgendwas zu singen. Backgroundsängerin wurde ein anerkannter Beruf, und die Sweet Inspirations waren heiß begehrt.

Natürlich trafen wir hin und wieder noch auf junge Produzenten, die uns nicht kannten und meinten, uns vorschreiben zu müssen, was und wie wir singen sollten. Ich nickte dann nur und befolgte die Anweisungen. Meistens mussten die anderen Musiker aber ziemlich lachen, denn es reichte natürlich nicht an das heran, was wir eigentlich zu bieten hatten. Und oft fand ich dann doch einen Weg, meine eigenen Ideen einzubringen.

Mit Aretha hatte also alles begonnen. Mit ihr zu singen, war etwas ganz Besonderes, weil wir so sehr miteinander übereinstimmten. Ich hatte ein Gefühl für das, was sie musikalisch erreichen wollte, und unterstützte sie dabei. Alle Songs, die wir damals aufnahmen, darunter »Chain of Fools«, »I Never Loved a Man« und »Since You Been Gone«, wurden Hits.

Meine Lieblingslieder waren »Natural Woman« und »Ain't No Way«, in dem der beste Backgroundpart vorkam, den ich je gesungen hatte. Anfangs waren wir bei dem Song ein bisschen ratlos, aber dann schlug John vor, dass ich einen hohen Solopart singen sollte. Ich hielt das für eine verrückte Idee, aber wir probierten es aus, und diese flirrenden hohen Töne waren die perfekte Ergänzung zu Rees melancholischer Stimme. Später, bei einer Vorstellung im Lincoln Center in New York, ernteten Ree und ich Beifallsstürme für den Song. Er wurde quasi zu meinem Markenzeichen.

Aufregende Zeiten standen für die Sweets an. Wir veröffentlichten unsere erste Single, »Why Am I Treated So Bad«, und wir arbeiteten für Van Morrison, sangen im Background zu »Brown-Eyed Girl«, einem meiner Lieblingslieder. Obwohl es mir schwer fiel, von meinen Kindern getrennt zu sein, gingen die Sweets und ich mit Aretha auf Tour. Als Ansporn versprach uns Atlantic Records, danach unser eigenes Gospelalbum zu produzieren. Noch im selben Jahr nahmen wir *Songs of Faith & Inspiration* auf.

Das beste Ereignis im Jahr 1967 war allerdings eine Begegnung im Apollo Theater.

Wir waren mit Tommy Hunt dort, dessen Song »Human« ein großer Hit gewesen war, und oben in der Loge saß ein 16-jähriger Junge, der die Schule schwänzte. Im Apollo, einem legendären Ort der Musikwelt, gab es jeden Tag mehrere Vorstellungen, und mittwochs traten jeweils die Amateure auf. Es spielten dann immer erst fünf bis sechs Künstler ein paar ihrer Stücke, bevor der Hauptact auf die Bühne kam. Und besagter Schulschwänzer betrat just in der Sekunde das Apollo, als unser Auftritt begann. Wie er uns da in unseren gelben Chiffonkleidern sah und singen hörte, war ihm klar, dass er mit uns reden musste.

Und so trafen wir Luther Vandross. Er kam hinter der Bühne direkt auf mich zu und sagte: »Ihr seid die besten Sängerinnen, die ich je gehört habe!« Ich hatte gerade ein Bonbon im Mund, und ich nahm es heraus und sagte: »Dank dir, Schätzchen.« Das war der Beginn einer wunderbaren Freundschaft. Luther ging damals noch zur Highschool; viele Jahre später sollten Nippy und ich für ihn im Background singen. Er wurde ja sehr berühmt, aber selbst dann noch bestand er darauf, mit den Sweet Inspirations zusammenzuarbeiten, wann immer es ging.

Wir waren schließlich in der gesamten Musikwelt für unsere gute Arbeit bekannt. Jeder wollte gerne einen Hit landen, und oft war es eben der Backgroundchor, der einen Song zu etwas ganz Besonderem machte. Wir versuchten immer, unseren Part besonders eingängig zu gestalten, damit die Leute dazu mitsingen konnten, wenn sie das Stück hörten. Und wir waren sehr professionell: Wir waren nie doppelt gebucht, und wir beendeten unsere Arbeit in der vorgegebenen Zeit. Wir vier Mädels hatten es einfach raus!

1967 war also in vielerlei Hinsicht ein großartiges Jahr – aber es brachte auch beängstigende Ereignisse mit sich.

Wir waren mit Aretha auf Tour in Las Vegas, als ich eines Nachts nicht einschlafen konnte. Ich wusste nicht, woher das Gefühl kam, aber ich ahnte, dass zu Hause in Newark irgendetwas nicht in Ordnung war. Obwohl es schon spät war, rief ich John an. »Ist meinem Baby etwas passiert?«, fragte ich ihn geradeheraus – ich meinte Nippy, die damals vier Jahre alt war.

»Nein, gar nichts«, sagte John. Aber ich konnte an seiner Stimme hören, dass er log.

»Hol sie mir sofort ans Telefon«, sagte ich. Er konnte mir nichts vormachen. Mit unterdrückter Stimme sagte er noch etwas zu Nippy, bevor er sie mir gab.

»Hallo«, sagte sie nur, ihre Stimme war leise und rau und klang irgendwie seltsam. Sehr seltsam – als könnte sie kaum sprechen.

»Was ist los mit dir, Nippy?«, fragte ich. »Was ist passiert?«

»Nichts, Mommy«, sagte sie. »Mach dir keine Sorgen. Mir geht es gut.«

»Gib mir noch mal deinen Vater«, sagte ich. Ich musste mich sehr beherrschen, aber wenn ich jemanden anschreien wollte, dann ganz bestimmt nicht sie, sondern meinen Mann. Was auch immer meiner Tochter zugestoßen war, er hatte sie nicht davor bewahrt.

»Du erzählst mir jetzt besser, was zur Hölle mit Nippy los ist!«, sagte ich zu ihm.

Er seufzte. »Es ist alles in Ordnung, Cissy. Sie ist nur hingefallen. Es geht ihr gut.«

Aber als er mit den Einzelheiten rausrückte, hätte ich ihn umbringen können. Nippy hatte mit Michael gespielt, sie waren durchs Haus getobt und hatten Blödsinn angestellt – wie immer. Aus irgendeinem Grund war Nippy auf die Idee gekommen, sich einen Kleiderbügel aus Draht in den Mund zu stecken. »Hör auf, herumzurennen«, hatte John noch gesagt, und das tat sie auch – aber dann fiel sie hin, und der Haken des Bügels rammte sich tief in ihre Kehle.

Sie konnte den Haken wieder hervorzerren, aber er hatte eine klaffende Wunde hinten in ihrem Rachen hinterlassen, und das Blut strömte ihr nur so aus dem Mund. John fuhr sie zur Notaufnahme des Beth Israel Hospitals, und die Ärzte sagten, sie hätte noch Glück gehabt – der Haken hätte fast ihre Stimmbänder durchtrennt. Die Wunde musste genäht werden, und Nippy und John waren soeben erst nach Hause gekommen, als ich anrief.

John entschuldigte sich, dass er nicht besser aufgepasst hatte, und obwohl ich wusste, dass die Kinder manchmal kaum zu bändigen waren, war ich wütend auf ihn und beinahe verrückt vor Sorge um mein Kind, das so weit weg war. Ich fühlte mich hilflos. Ich konnte die Sweets nicht im Stich lassen und nach Hause fahren, aber für den Rest der Tour rief ich öfter zu Hause an als zuvor. Als ich schließlich zurückkam, waren die Fäden schon gezogen und Nippys Stimme klang wieder normal. Ich erinnere mich daran, wie ich Gott dankte und dachte, was für ein Wunder es war, dass sie keine schlimmere Verletzung davongetragen hatte.

Beängstigende Dinge passierten nicht nur in unserer Familie, sondern auch in der Stadt Newark. Drogen breiteten sich aus, sogar in unserem Viertel. Die Anzahl der Gewalttaten stieg an, und überall war die Frustration zu spüren, die mit dem Zerfall der Bürgerrechtsbewegung einherging. Im Juli führten die Spannungen zu einer Woche voller gewaltsamer Krawalle und Plünderungen, über die im ganzen Land berichtet wurde.

Unser Haus stand abseits vom Zentrum des Geschehens, aber wir wohnten doch nah genug, um den Rauch zu riechen, die Flammen über Central Ward, dem Herzen der Stadt, lodern zu sehen und das Knallen der Schüsse zu hören. Nachts bekamen wir mit, wie die Leute draußen über die Straße rannten, während geschossen wurde. Unsere Nachbarschaft war nicht mehr der sichere Hafen, den wir uns für unsere Kinder wünschten.

Nach den Krawallen dachten John und ich darüber nach, Newark zu verlassen. Aber wir wussten, dass wir nicht genug Geld hatten, um uns ein neues Haus zu kaufen. Ich steckte in einer Frustrationsspirale fest: Ich sorgte für das Haupteinkommen der Familie, und obwohl ich mehr Zeit mit meinen Kindern verbringen wollte, war ich andauernd unterwegs. Atlantic machte zwar Werbung für die Sweets – aber wir sollten zusätzlich auf Tour gehen, um noch bekannter zu werden. Die Familie brauchte das Geld, also machte ich mit. Aber ich war nicht glücklich mit der Situation.

Auf Tour zu sein hatte so seine Höhen und Tiefen. Atlantic stellte mir ein Auto zur Verfügung, denn ich wollte nicht mit den anderen im Bus fahren – ich hatte den Geruch von Marihuana noch nie ausstehen können und wollte mich dem nicht aussetzen. Manchmal, wenn unsere Freundin Phyllis Hardaway auf die Kinder aufpassen konnte, fuhr John das Auto und unterstützte das Management der Sweets. Damals tourten wir durch ganz Amerika, die meisten Auftritte hatten wir in den Südstaaten.

In den späten Sechzigern wurde man noch auf Schritt und Tritt mit Rassismus konfrontiert. Schwarze bekamen oft nicht einmal ein Hotelzimmer, und wenn doch, waren die Angestellten einfach ekelhaft zu einem. Es gab ein paar heikle Situationen, während wir durch die Südstaaten reisten – selbst der Versuch, in einem Restaurant etwas zu bestellen, konnte einen in Schwierigkeiten bringen. Auf die Polizei konnte man sich dabei nicht verlassen – die war uns gegenüber meist genauso feindlich eingestellt wir alle anderen auch.

Nach einem Auftritt in Texas wollte uns einmal ein mieser, rassistischer Veranstalter unsere Gage nicht bezahlen. John begann, mit ihm zu streiten – die Sweets mischten ordentlich mit, denn uns Frauen konnte man mit so was nicht kommen. Unser Pianist, Bernie, hatte zum Schutz eine Pistole dabei. Sie funktionierte zwar nicht, wir hätten uns damit im Ernstfall also gar nicht verteidigen können, aber Bernie konnte sehr eindrucksvoll mit der Waffe herumfuchteln, und mit ein bisschen guter Zurede zahlte uns der Veranstalter das Geld am Ende doch.

Wir hatten auf Tour aber auch eine Menge Spaß. Ich hatte die Sweets – Sylvia, Myrna und Estelle – ins Herz geschlossen, und John war eine gute Ergänzung, weil er andauernd mit allen schäkerte und scherzte. Bernie, der nicht nur unser Pianist und Revolverheld war, sondern auch zuständig für unsere Garderobe, hatte das Talent, immer etwas Wichtiges zu vergessen. Wenn Sylvia ihn fragte: »Bernie, wo ist mein Haarteil?«, und er wieder einmal bloß mit den Schultern zuckte, schimpfte sie ihn mit ein paar gepfefferten Worten aus, und wir lachten Tränen.

Eines Abends sprang ein Mädchen Namens Deirdre für Myrna ein. Wir standen in unseren perlenbesetzten, lachsfarbenen Roben auf der Bühne, als mein Blick auf ihre Füße fiel. Zu dem wunderschönen Kleid trug sie schlichte braune Schlappen. Ich bekam beinahe einen Anfall. Nach der Vorstellung machte ich Bernie die

Hölle heiß. So etwas durfte einfach nicht passieren. Spaß und Scherze waren erlaubt, aber wir waren Profis, und bei unseren Auftritten durfte es daran keinen Zweifel geben.

Tatsächlich nannten die Sweets und die Band mich den »General«, weil ich stets darauf achtete, dass alles ordnungsgemäß vonstattenging. Ich war die älteste der vier Frauen, und ich fühlte mich für die anderen verantwortlich, aber abgesehen davon bin ich eben ein pflichtbewusster Mensch. Estelle und ich waren uns da ähnlich, Myrna und Sylvia waren oft ein wenig nachlässig. Aber immer, wenn es darauf ankam, hielten wir zusammen. Die Hauptsache war unser Gesang – unser gemeinsamer Gesang.

All unsere Mühen zahlten sich schließlich aus. 1968 machten die Sweets mit einigen der größten Namen im Musikgeschäft Bekanntschaft. In Nashville arbeiteten wir mit Dusty Springfield zusammen, und in New York standen wir bei den Aufnahmen zu Jimi Hendrix' *Electric Ladyland* mit im Studio. Und schlussendlich sollten wir im darauffolgenden Jahr doch noch auf Elvis Presley treffen.

Als Elvis nach seinem Ausflug ins Filmgeschäft zurück auf die Bühne kam, wollte er für seinen ersten großen Auftritt im International Casino in Las Vegas die Sweets dabeihaben. Zuerst konnten wir es gar nicht glauben. Aber Elvis hatte die Drinkards schon vor Jahren beim Newport Jazz Festival erlebt, und offenbar hatten wir großen Eindruck auf ihn gemacht, denn er erinnerte sich immer noch an uns.

Im Juli 1969 flogen wir nach Las Vegas und belegten eine riesige Suite im Hotel. Als ich Elvis das erste Mal traf, fiel mir einfach die Kinnlade runter. Er war damals noch gut in Form, und er war ein attraktiver Mann – ein verdammt attraktiver sogar. Und er war unfassbar nett zu uns.

John war mit uns nach Las Vegas gekommen, er und Elvis verstanden sich auf Anhieb. John nahm auch Elvis' Manager und seine Crew gleich für sich ein, was sich noch auszahlen sollte. Während die Sweets mit Elvis probten, traf John sich mit »den Jungs« – es waren wirklich prächtige Kerle – im Café und unterhielt sich mit ihnen. Er lernte dabei viel, denn sie hatten jahrelange Erfahrung und kannten das Unterhaltungsgeschäft in- und auswendig. Auf dieses Wissen konnte John dann zurückgreifen, als ich später als Solokünstlerin auftrat und als Nippys Karriere begann.

John konnte gut mit Menschen umgehen – er war charmant und kam mit jedem zurecht. Ich erinnere mich daran, wie er in den Probepausen mit Elvis herumhing und Sprüche machte, die sonst niemand gebracht hätte. »Elvis, bist du eigentlich sicher, dass du kein halber Schwarzer bist?«, fragte John ihn einmal. »Denn eins ist klar: Du hast den Rhythmus im Blut.« Elvis grinste nur und sagte: »Keine Ahnung. Aber John, du ähnelst irgendwie meinem Onkel. Frag doch mal meinen Vater.« Wir bogen uns vor Lachen, wenn die beiden so miteinander herumscherzten.

Ich stand gerne mit Elvis auf der Bühne, aber in Las Vegas hatten wir so viele Auftritte hintereinander, dass die andauernde Wiederholung irgendwann langweilig wurde. Nach einer Weile begann ich also zu improvisieren. Ich fügte eine Hauptstimme zu der Melodie hinzu, und Elvis drehte sich dann immer zu mir um und lächelte. Er zog mich deswegen auch auf, meinte, meine hohen Töne klängen »squirrelly« – etwas aufgedreht eben, exzentrisch. »Squirrelly« – das wurde dann sein persönlicher Spitzname für mich.

Elvis sang gerne Gospel, und ich denke, es war etwas Besonderes für ihn, mit uns vier Kirchenschwestern zu singen. Nach den Vorstellungen, wenn man meinen sollte, wir hätten langsam genug, versammelten wir uns oft noch, um gemeinsam zu improvisieren. Elvis war außerdem der großzügigste Mensch, den ich je getroffen habe. Er brauchte keinen Anlass, um anderen Menschen Geschenke zu machen – auch wenn er sie eigentlich gar nicht kannte. Er schenkte allen Sweets wunderbare Diamantenarmbänder. Meins war aus echtem Gold, mit einer Gravur auf der Außenseite: »Für Cissy«, und auf der Innenseite: »Squirrelly«. Ich habe es bis heute aufbewahrt.

Wenn ich mich recht erinnere, bekam Myrna von Elvis sogar ein Auto spendiert. Aber er machte so etwas ohne jeden Hintergedanken – er erwartete nicht, dass sie ihm dafür irgendeinen Gefallen tat. Er war einfach so, ein ganz normaler Mensch, trotz seines Ruhms. Er verhielt sich auch mir gegenüber immer wie ein Gentleman, aber Jahre später noch witzelten die Sweets darüber, dass er wohl ein bisschen in mich verliebt gewesen sei. Ich lachte darüber: »Das hättet ihr mir ja mal sagen können, als er noch lebte!«

Wir waren fast zwei Monate lang mit Elvis in Vegas, und gegen Ende vermisste ich meine Kinder extrem. Ich wusste, dass sie bei Phyllis und Bae in guten Händen waren, und ich rief sie jeden Abend an, bevor sie ins Bett gingen. Aber es war nicht dasselbe wie bei ihnen zu sein, und wir litten alle unter der Situation.

Mein Ältester, Gary, sagte nie viel am Telefon, aber er behielt seine Gefühle ohnehin am liebsten für sich. Und Nippy war noch so jung, sie rannte die meiste Zeit nur herum, machte Blödsinn, schaute fern oder hörte Michael Jackson, der ihr Lieblingsmusiker war. Ich machte mir Sorgen um das mittlere Kind, Michael. Von klein auf war die Familie für ihn das Wichtigste der Welt gewesen. Jedes Mal, wenn er bei einem seiner Freunde übernachten sollte, rief er mitten in der Nacht doch an und sagte: »Holt mich ab, ich will nach Hause!« Michael war ein Mamakind, das hat er damals schon zugegeben und tut es heute noch.

Meine Abwesenheit war für Michael schwerer zu ertragen als für die anderen. Am Telefon heulte er zum Steinerweichen, und ich wollte jedes Mal meine Sachen packen, zum Flughafen fahren und nach Hause zurückkehren. Es brach mir das Herz, aber ich konnte nichts machen. Ich sagte ihm, was er am nächsten Tag tun sollte, dass ich ihn liebte, und dass er beten sollte, bevor er ins Bett ging. Und das war auch schon alles.

Im September 1969 legten die Sweets schließlich eine Tourpause ein. Ich freute mich sehr auf Gary, Michael und Nippy, aber ich wusste auch, dass wir uns nun dem Problem stellen mussten, das uns alle so unglücklich machte. Ja, die Auftritte brachten Geld, aber unterwegs zu sein trennte mich von den Menschen, die mir am wichtigsten waren. Meine Kinder wurden so schnell groß, und es fühlte sich schrecklich an, nicht für sie da zu sein, ihnen nicht helfen zu können, wenn sie Probleme hatten – als würde ich sie einfach sich selbst überlassen.

Ich vermisste nicht nur meine Kinder, ich war auch gezwungen, die Leitung des Chors von New Hope aufzugeben. Und obwohl ich meinem Vater versprochen hatte, dass die Familie immer gemeinsam singen würde, kamen wir jetzt nur noch dazu, wenn ich einmal frei hatte.

Wie weit ich mich bereits von der Familie entfernt hatte, wurde mir erst klar, als mein Bruder Larry plötzlich krank wurde und in ein mysteriöses Koma fiel. Als Kind war er mein liebster Spielgefährte gewesen, und ich war schockiert und besorgt, als er krank wurde. Ich sagte alle Verpflichtungen ab, um zu ihm zu fahren, und verbrachte mehrere Tage betend an seinem Bett. Larry erwachte schließlich wieder, aber er war nicht mehr derselbe wie vorher.

Zu allem Überfluss wurde das Leben mit den Sweets immer komplizierter. Die Zeiten änderten sich, und Myrna und Sylvia wollten, dass die Sweets sich auch änderten – sie drängten mich, unsere Auftritte mit etwas freizügigeren Outfits aufzupeppen, denn so machten es andere Backgroundgruppen auch. Ich wollte nichts davon hören. Ich sah mich selbst in erster Linie als Mutter, als Vorbild für meine Kinder. Ich stellte mich auf die Bühne, um zu singen, und nicht, um herumzuhampeln und mich in den Vordergrund zu spielen – aber der Druck wurde stärker, genau das zu tun.

Was sollte ich also tun? Wenn wir jemals aus der Wainwright Street wegziehen wollten, musste Geld her – und das kam nicht von alleine ins Haus geflattert. Ich verdiente an den Auftritten mit den Sweets, aber das konnte nicht für immer so weitergehen. Ich wusste keine Lösung, und eines Abends ging ich ins Schlafzimmer, schloss die Tür hinter mir und fing an zu weinen. Ich weinte und betete, versuchte verzweifelt, einen Ausweg aus der Situation zu finden. Aber ich musste schließlich einsehen, dass mir das nicht gelang. Ich konnte nur auf Gott vertrauen. In diesem Moment gab ich meine Last an Ihn ab und überließ es Ihm, mir den Weg zu weisen.

Am nächsten Morgen stand ich auf, machte mich fertig und packte eine Tasche für eine einwöchige Reise. In der Küche verabschiedete ich mich von Bae und trank meinen Kaffee aus, dann ging ich hinaus zum Wagen, wo John auf mich wartete. Die Kinder spielten schon draußen, und John verstaute meine Tasche im Kofferraum. Ich wollte meine Kinder zum Abschied umarmen, aber als ich meine Hände nach Michael ausstreckte, entzog er sich mir, ließ sich auf seinen Hosenboden fallen und begann zu weinen. Es war, als würde mein Herz in tausend Stücke zerspringen.

»Komm, Cissy«, sagte John. »Es wird schon gehen.« Ich schaute hinunter auf Michael, sein tränenüberströmtes Gesicht, und wandte mich widerwillig dem Auto zu, um ihn zu verlassen, wie schon so viele Male zuvor.

Just in diesem Moment kamen Gary und Nippy angerannt und schlossen sich ihrem Bruder an. Jetzt saßen sie alle drei da und weinten, und der Schmerz trieb auch mir die Tränen in die Augen. Ich schaute meine Kinder an, und das war es dann. Ohne über die Konsequenzen nachzudenken, ging ich zum Kofferraum, holte meine Tasche heraus und ging zurück zum Haus.

»Cissy, komm zurück!«, rief John mir hinterher. »Wir müssen los!« Aber ich hörte nicht auf ihn. Ich marschierte in die Küche, und meine Kinder dackelten mir hinterher. Als John ihnen schließlich folgte, schaute ich ihm fest in die Augen und verkündete: »Ich steige bei den Sweet Inspirations aus.«

KAPITEL 5

DAS LEBEN IN DER DODD STREET

Ich hatte es schließlich wahr gemacht – ich hatte die Sweet Inspirations verlassen, um mehr Zeit mit Nippy, Gary und Michael zu verbringen. Aber jetzt musste eine andere Möglichkeit her, Geld zu verdienen. Mit meiner zehnjährigen Erfahrung als Backgroundsängerin und dem guten Ruf, den sich die Sweets als Vorgruppe erworben hatten, beschloss ich, dass es endlich an der Zeit war, mich als Solokünstlerin zu versuchen.

Jetzt kam es uns zugute, dass John so viel Zeit mit Elvis' Leuten verbracht hatte. Er nahm Kontakt zu Charles Koppelman auf, einem alten Hasen im Geschäft, der die Musikabteilung eines neuen Labels namens Commonwealth United leitete, und schlug mich ihm als Solokünstlerin vor. Sie gewährten mir einen bescheidenen Vorschuss von 15 000 Dollar, und wir begannen gleich mit den Aufnahmen. 1970 erschien mein erstes eigenes Album, *Presenting Cissy Houston.*

Der Vorschuss erlaubte es uns, endlich die Wainwright Street zu verlassen. John und ich verschwendeten keine Zeit – ein weißes, schindelbedecktes Haus mit vier Schlafzimmern in der 362 Dodd Street in East Orange wurde unsere neue Heimat. Die Kinder fühlten sich dort sehr wohl – nicht nur, weil sie jetzt alle ein eigenes Zimmer hatten, sondern weil es hinter dem Haus auch einen großen Swimmingpool gab. Der Keller war groß genug, dass wir ein Billardzimmer für John und einen Proberaum für mich einrichten konnten. Bei all den Sorgen, die ich mir rund um den Ausstieg bei den Sweets gemacht hatte, standen die Dinge nun besser, als ich es mir zu wünschen gewagt hätte – dieses Haus war eine Sensation.

Für meine Arbeit musste ich immer noch nach New York, aber ich war nicht mehr andauernd auf Tour, und so bekam ich endlich mehr vom Leben meiner Kinder mit. Wegen des Swimmingpools wurde unser Haus zum Treffpunkt für sie und ihre Freunde, und diesen ersten Sommer verbrachte Nippy quasi im Wasser. Der Billardtisch wurde kräftig bespielt, John schmiss den Grill an, und wir hatten immer eine große Schar Kinder zu Besuch. Sie kamen einfach vorbei, aßen bei uns, schwammen – manche übernachteten sogar im Keller, ohne dass ich etwas davon mitbekommen hätte. Nippy, Michael und Gary behandelten ihre Freunde, als gehörten sie alle zur Familie.

Für meinen Geschmack waren sie manchmal sogar ein bisschen zu nett zu ihnen. Jeder durfte dabei sein, und sie teilten alles, was sie hatten, mit ihren Freunden. Selbst Hemden oder Hosen, die ich ihnen gekauft hatte, gaben sie weiter. »Ihr könnt doch nicht einfach eure Klamotten verschenken!«, sagte ich, aber so waren sie eben – alle drei. Vielleicht fühlten sie sich schuldig, weil sie so viel besaßen – ein schönes Haus mit Pool und alles, was sich nur denken ließ –, und wollten den Kindern, die nicht so viel hatten, etwas davon abgeben. Im Grunde eine großzügige Idee, aber ich musste mich dann doch einmal mit ihnen hinsetzen und erklären: »Eure Mutter arbeitet sehr hart. Teilen ist gut, aber übertreibt es nicht, okay?«

Großzügigkeit war schon immer Nippys Haupteigenschaft gewesen. Ich erinnere mich noch daran, wie sie einmal vor dem Fernseher saß und Michael Jackson, der damals noch mit den Jackson Five sang, anschmachtete.

»Mommy«, sagte sie. »Diesen Jungen heirate ich mal.«

»Wirklich?«, fragte ich.

»Ja«, sagte sie. »Ich heirate ihn, und dann werde ich berühmt, und dann kaufe ich dir ein Haus.«

»Wie nett von dir, Nippy«, sagte ich und lächelte über meine Kleine mit ihren großen Träumen. »Vielen Dank!«

Ich liebte meine Söhne von Herzen, aber Nippy war die Jüngste, ein Mädchen, und sie war mein Augenstern. Sie war ein so reizendes kleines Kind, freundlich, aufgeschlossen und treuherzig.

Ich nahm sie immer mit, wenn ich mal zur Bank oder in den Supermarkt musste. Ich zog ihr niedliche Kleider an und band ihr Schleifen ins Haar, und sie sah bezaubernd aus. Ich musste aber gut auf sie aufpassen, denn sie lief oft los und sprach fremde Menschen an. »Guten Morgen!«, sagte sie dann und fing an zu plappern, als wäre sie mit ihrem Gegenüber schon seit Ewigkeiten vertraut.

Ich ermahnte sie. »Du kennst diese Leute doch gar nicht!«, sagte ich, und sie antwortete: »Ach Mommy, das ist schon in Ordnung!« – das war immer ihr Spruch, wenn ich sie auf etwas hinwies, das sie nicht hören wollte.

Mehr als einmal versuchte ich ihr zu erklären, warum es eben nicht in Ordnung war, aber sie schaute mich dann nur mit großen Augen an und sagte: »Ach, Mommy.« Sie dachte, jeder wäre ihr Freund. Und deswegen war sie so verletzt, als sie später erfahren musste, dass das nicht stimmte.

So süß und unschuldig meine Nippy war – mein Ältester, Gary, wurde schnell erwachsen, zu schnell für meinen Geschmack. Er war etwa im selben Alter wie damals mein Bruder William, als er an die falschen Leute geriet und anfing, Drogen zu nehmen. Und weil John und ich vereinbart hatten, dass es meine Verantwortung war, die Kinder zu disziplinieren, musste ich ihn mir vornehmen. Ich sagte Gary, dass einige seiner Freunde nicht die besten Absichten mit ihm hatten. Natürlich war Gary jung und dickköpfig und wollte nichts davon hören. Wir gerieten ein paarmal aneinander.

Die Sweet Inspirations auf ihrer ersten Reise nach Europa im Jahr 1969. *Von links nach rechts:* Ich, Estelle Brown, Sylvia Shemwell und Myrna Smith.

John Houston (*links*) in seiner Militäruniform während des Zweiten Weltkriegs. Mit seinem Lächeln konnte er jeden bezaubern.

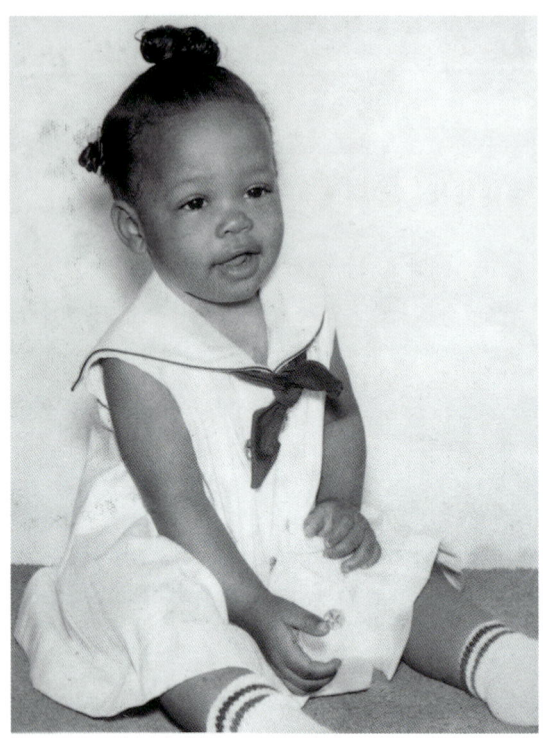

Gleich nach Nippys Geburt nahmen die Krankenschwestern sie mit, um sie überall herumzuzeigen. Es war gewissermaßen ihr erster großer Auftritt.

Schon als kleines Mädchen trat Nippy gerne auf. Dieses Foto aus den späten Sechzigern zeigt uns beide beim Tanzen.

Nippy mit einem freudigen Lächeln, herausgeputzt für einen Schulball.

John und ich hatten über die Jahre einige Auseinandersetzungen, aber unsere Liebe zu Nippy hat uns immer vereint.

Vor ihrer Solokarriere sang Nippy (*sitzend, rechts*) bei meinen Auftritten im Background. Ich hatte immer ein Taschentuch dabei, um mir den Schweiß vom Gesicht zu wischen, und von Anfang an machte Nippy dasselbe.

Mein Sohn Michael scherzte immer, Nippy müsste eigentlich ins Gefängnis, weil sie ihre Gesangstechnik von mir gestohlen hätte. Aber Nippys Begabung war einzigartig, und sie hatte von Anfang an ihren eigenen Stil.

Nicht nur
Nippy sang für
mich im Back-
ground – auch
mein ältester
Sohn Gary war
oft dabei.

Nippy und
ich im
Sweetwaters –
später
entdeckte
Clive Davis
sie hier.

Obwohl Nippy schon eine Weile im Background gesungen hatte, machte sie der Gedanke an einen Soloauftritt nervös. Eines Abends tat ich schließlich so, als sei ich krank, damit sie für mich einsprang. Sie hat es nie bereut.

Nippy und ich – im Hintergrund die New Hope Baptist Church, mein spirituelles Zuhause und der Ort, an dem wir später auch die Trauerfeier für Nippy abhielten.

Nippy und ich mit Merv Griffin bei der Aufzeichnung ihres ersten Fernsehauftritts in *The Merv Griffin Show* im Jahr 1983. Sie war erst 19 Jahre alt.

Nippy ließ sich von Clive Davis, dem »Music Man«, unter Vertrag nehmen, weil wir ihm alle vertrauten, und das zahlte sich von Anfang an aus. *Von links nach rechts*: Merv Griffin, Clive Davis, Nippy.

Nippy, umringt von Mitgliedern der Bruderschaft Omega Psi Phi – alle halfen bei einer Weihnachtsfeier für obdachlose Kinder mit, die von der Whitney Houston Foundation for Children veranstaltet wurde.

Wenn Nippy auf Tour war, kam ich sie oft besuchen. Es hieß dann immer, »Big Cuda« (kurz für Barrakuda) sei im Anmarsch.

Gary, Nippy und ich vor unserem Haus in der Dodd Street in East Orange. Als die Kinder jünger waren, kamen Freunde gerne zum Grillen und Schwimmen vorbei.

Als Nippy schon berühmt war, begleitete sie mich zu einem Konzert auf die Amerikanischen Jungferninseln. Sie wollte nur im Background singen, aber ich bat sie für »Lead Me, Guide Me« nach vorne.

Ich war als Mutter so stolz, als meine kleine Tochter ein Star wurde.

Und ich war besonders stolz auf Nippy, weil sie auf der Bühne immer alles gab – für ihre Fans, Abend für Abend. Egal, wie sie sich fühlte.

Bevor ihr Debütalbum zum großen Erfolg wurde, sang Nippy im Vorprogramm zu Jeffrey Osborne – hier sieht man die beiden zusammen mit seiner Tochter 1985.

Es gab Zeiten, da konnte ich nicht glauben, dass dieses wunderschöne Mädchen mit der großartigen Stimme meine Tochter war.

Als ich 1988 Winnie Mandela traf, spürte ich sofort, dass sie eine Gleichgesinnte war. Man konnte ihr nichts vormachen.

Nippy mit der königlichen Familie von Swasiland, die ihre Konzerte in Südafrika 1994 interessiert verfolgte.

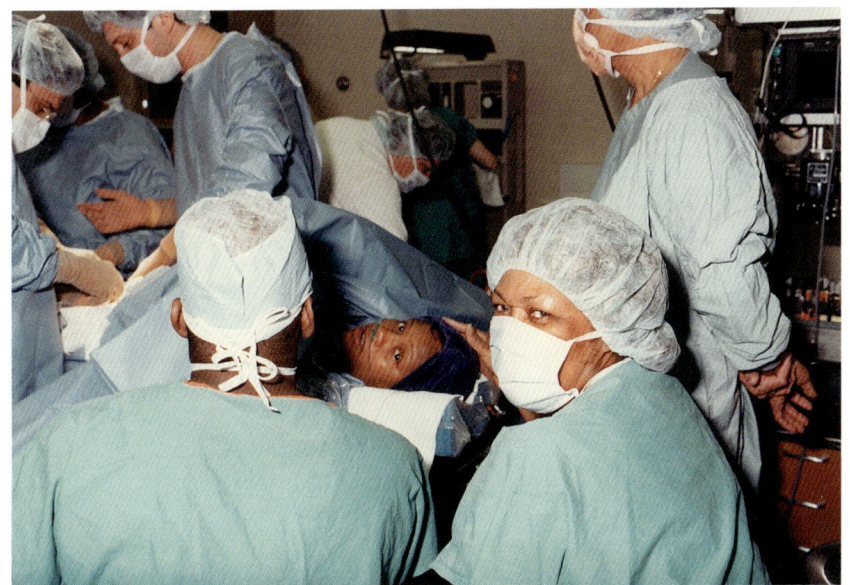

Ich begleitete Nippy bei der schmerzhaften Geburt von Bobbi
Kristina 1993.

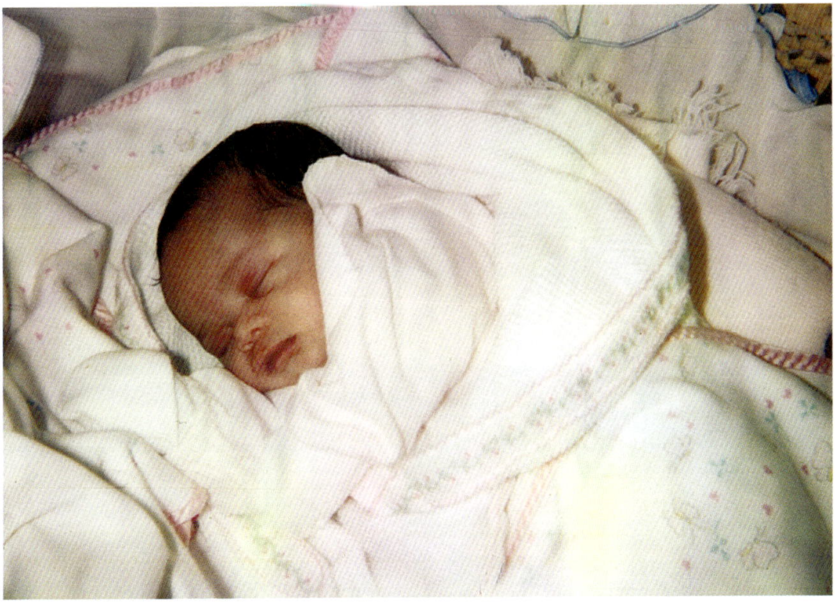

Krissi veränderte Nippy von Anfang an. Es war ihre Bestimmung, sich
um dieses Kind zu kümmern.

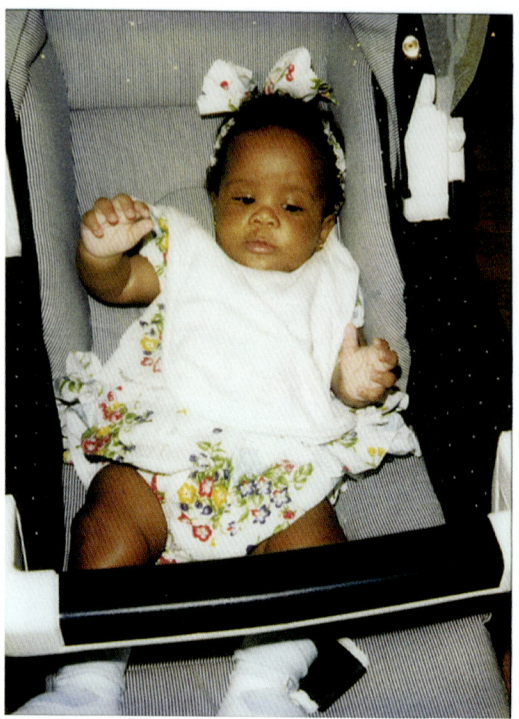

Nach Krissis Geburt meinte Nippy immer im Scherz: »Niemand kümmert sich mehr um mich – es geht immer nur um Krissi. Wo ist Krissi? Ist sie wach?«

Nippy, ihr Neffe Gary, ich und Krissi bei einem Familienurlaub.

Als Krissi auf der Welt war, dachte Nippy darüber nach, ihre Karriere zu beenden. Ein Teil von ihr wollte einfach nur ein ganz normales Leben führen – aber das schien nie möglich zu sein.

Schau mal, da ist die Kamera! Aber Krissi ist genauso eigensinnig wie der Rest der Familie.

Nippy hat Kinder immer geliebt. Hier ist sie zusammen mit einigen meiner Enkel zu sehen. *Von links nach rechts*: Krissi, Michaels Tochter Blaire, Garys Sohn Jonathan, Nippy, Michaels Sohn, der kleine Gary, und Garys Tochter Aja.

Ich mit der Tochter von Gary und Pat, Raya Houston.

Einmal musste ich ihn sogar von zu Hause ausschließen. Mit seinen 16 Jahren dachte Gary, er wäre schon ein Mann, aber ich verlangte, dass er um elf Uhr heimkam. Als er dann gegen Mitternacht eintrudelte, hatte ich die Tür abgeschlossen. »Geh nur zurück, von wo du herkommst«, rief ich ihm durch die Tür zu. »Ich lasse dich nämlich nicht mehr rein.«

Gary ging, und er blieb für ein paar Tage weg. Ich kam fast um vor Sorge. Ich betete viel für ihn, und als er schließlich wieder vor mir stand und sich bei mir entschuldigte, nahm ich ihn nur in meine Arme und versuchte, nicht zu weinen. Ich wusste, dass Gary mich für allzu streng hielt, aber mein Vater war genauso mit uns umgegangen, und ich kannte es einfach nicht anders.

Gary ähnelte Nippy in einer gewissen Hinsicht: Er wollte, dass jeder ihn mochte. Und er verstand nicht, dass man es einigen Menschen nie recht machen kann. Er war groß, gut aussehend, ein talentierter Sänger und Sportler, später sollte er als Profi-Basketballer in der NBA spielen. Aber von Anfang an triezten ihn die anderen Kinder, weil seine Cousine Dionne so berühmt war und ich als Sängerin arbeitete. »Darauf bildest du dir wohl was ein!«, sagten sie. Gary war sehr verschlossen, und er wusste nicht, wie er mit so etwas umgehen sollte. Manchmal dachte er wohl, sich selbst eine Stufe niedriger stellen zu müssen, um zu den anderen zu passen. Ich ermutigte ihn immer, er selbst zu bleiben, sich nicht anderen zuliebe zu verbiegen.

Mein jüngerer Sohn Michael hatte solche Probleme ganz und gar nicht. Er hatte ein weiches Herz, was die Familie betraf, aber in allen anderen Angelegenheiten konnte er knallhart sein – so wie ich. Es kümmerte ihn nicht, was andere über ihn dachten, und er hatte einen ungestümen Charakter und einen Hang zum Jähzorn.

Zwischen Michael und Nippy lagen nur zwei Jahre, also verbrachten sie viel Zeit miteinander – und sie zankten wie verrückt, vor allem, wenn Michael Nippy abends nach Hause holen musste. »Michael, siehst du die Straßenlaternen?«, fragte John immer. »Du sorgst bitte dafür, dass Nippy hier ist, bevor sie angehen.« Also musste Michael losziehen, Nippy finden und sie mit sich schleifen. Das gefiel ihr natürlich nicht. »Du blöder Köter!«, so nannte sie ihn, und so fing der Streit an – sie schubsten und stritten sich den gesamten Heimweg über.

Um es ihm heimzuzahlen, verpetzte sie ihn – oder drohte an, ihn zu verpetzen, bis er ihr gab, was sie verlangte. Wir trafen uns regelmäßig am großen Tisch, damit John und ich bei den Kindern auf dem Laufenden blieben. Und wenn wir sie fragten, was so los war, fing Nippy sofort an: »Michael hat mich gehauen!«, oder: »Michael hat eine Zigarette geraucht!« Und er sagte dann immer: »Stimmt doch gar nicht!«

Aber was sich liebt, das neckt sich. Obwohl sie ihn andauernd verpetzte, nahm er oft die Schuld auf sich, wenn sie etwas ausgefressen hatte. Ich musste nur fragen: »Wer von euch beiden war das?«, und er sagte dann gleich: »Ich, Mommy.« Er wollte Nippy beschützen – und das war eine Regung, die sie im Laufe ihres Lebens noch in vielen Menschen hervorrufen sollte.

Die beiden konnten aber auch sehr lustig sein. Als Nippy neun oder zehn Jahre alt war und davon träumte, Sängerin zu werden, ging sie in meinen Proberaum im Keller und zog meine Kleider an. Sie versuchte, in meinen Stöckelschuhen zu laufen, legte sogar meine Ohrringe an und schminkte sich. Michael erzählte mir davon, und ich sagte: »Stör sie nicht dabei. Lass sie nur machen!«

Irgendwann schaffte sie es, Michael und einen ihrer Cousins zum Mitmachen zu überreden, und sie taten so, als wären sie eine Band. Sie nahmen Besen und Eimer als Gitarre und Schlagzeug. Nippy schwärmte damals für Sonny und Cher, also verkleidete sie sich, setzte sich eine meiner Perücken auf und war ganz und gar Cher – inklusive zwei oder drei Kostümwechsel. Michael musste Sonny spielen, was er nicht ausstehen konnte, aber er stellte sich doch hin und sang: »Babe ... I got you, babe!« Nippy lachte dann immer: »Du singst total schief, Michael!« Sie hingegen traf damals schon jeden Ton, auch wenn es nur ein Spiel war.

Manchmal wollte Nippy auch »Ballerina« spielen, was bedeutete, dass sie sich im Flur aufstellte und plötzlich losrannte, um einen gazellenhaften Sprung auf Michael zuzumachen, der sie dann in die Luft heben musste. Ebenso gut konnte sie alleine im Keller sein, und sie sang und trällerte so laut, dass John zu mir kam und fragte: »Kannst du dieses Kind nicht mal abschalten?«

»Da gibt es nichts abzuschalten!«, sagte ich. »Sie kräftigt ihre Lungen. Singen macht ihr Spaß.«

Erst viele Jahre später erzählte Michael mir, was sie damals sonst noch alles angestellt hatten – und wie furchtlos Nippy war. In den Wochen nach den Krawallen in Newark erwischte sie ihn einmal beim Spielen in der Nähe unseres alten Hauses. Die Gebäude waren dort alle ausgebrannt, und wir hatten Michael verboten, in diese Gegend zu gehen, aber er ließ sich davon nicht abhalten. Er hatte ein paar alte Matratzen vor einem der Häuser aufgestapelt, und dann, ohne Sinn und Verstand in seinem jugendlichen Köpfchen, kletterte er auf das Dach und sprang herunter.

Als Nippy das entdeckte, drohte sie, ihn zu verpetzen, wenn er ihr nicht half, auf das Dach zu kommen – sie wollte auch springen! Michael sträubte sich, denn er wusste, dass ich ihm persönlich den Hals umdrehen würde, wenn Nippy etwas zustieß. Schließlich nahm er sie doch mit nach oben. Er sprang zuerst, um ihr zu zeigen, wie man es richtig machte – aber er landete unglücklich und schlug sich die Lippe am Knie auf.

Michaels blutige Lippe machte Nippy zwar ein bisschen Angst, aber nichtsdestotrotz wagte sie den Sprung und landete auf dem Matratzenstapel, ohne sich auch nur einen Kratzer zu holen. Glücklicherweise reichte ihr der eine Sprung schon aus.

Michael erzählte mir außerdem von Nippys Reaktion, als sie herausfand, dass er sich Johns Auto »ausgeliehen« hatte. Es war ein großer, roter Cadillac, die Schlüssel lagen immer unter der Fußmatte – alle wussten das, also hatten wir es Michael wirklich leicht gemacht. Und als Nippy hinter Michaels kleine Spritztour kam, sagte sie: »Du nimmst mich besser mal mit und lässt mich ans Steuer, sonst sag ich es den Eltern!«

Als John ich und also einmal nicht zu Hause waren, holte Michael ein Kissen, legte es auf den Fahrersitz und setzte Nippy obendrauf. Er rückte den Sitz so weit nach vorne wie möglich, aber Nippy konnte kaum gleichzeitig auf die Pedale treten und geradeaus schauen. Sie fuhr die Straße einmal hoch und wieder runter, während Michael auf dem Beifahrersitz tausend Tode starb. Er war sehr erleichtert, als das Auto wieder parkte – aber nur solange, bis Nippy fragte: »Das machen wir morgen wieder, oder?«

»Auf gar keinen Fall!«, sagte er.

Sie lächelte nur. »Dann sage ich es den Eltern!« Also ließ er sie am nächsten Tag wieder fahren. Ich bekam nichts davon mit. Tatsächlich hat Michael mir erst vor ein paar Monaten davon erzählt. Ein Glück für ihn, dass er nicht früher damit rausgerückt ist – dann hätte sein Hintern aber Kirmes gehabt!

Bei uns zu Hause gab es also immer viel Trubel, nicht nur wegen Michael und Nippy. John war genauso schlimm – er versteckte sich gerne und sprang dann hervor, um die Kinder zu erschrecken. Wenn sie sich einen gruseligen Film im Fernsehen anschauten, gemütlich zusammengekuschelt, stieß John manchmal einen Schrei aus, der einem das Blut in den Adern gefrieren ließ, und alle schrien dann mit ihm und lachten sich anschließend halb tot.

Überhaupt wurde bei uns viel gelacht. John flocht Nippy oft die Haare, aber der eine Zopf wurde dabei auf unerklärliche Weise immer länger als der andere. Er fabrizierte die unordentlichsten Frisuren, die man sich nur denken kann – angeblich bekam er es einfach nicht besser hin. Ich legte ihr immer hübsche Kleider zurecht, aber wenn sie aus der Schule nach Hause kam, sah sie jedes Mal aus wie ein kleiner Schmutzfink. Manchmal fühlte ich mich wirklich mehr wie eine Zirkusdirektorin als wie eine Mutter.

John und ich liebten uns sehr, aber wie jedes andere Paar auch hatten wir manchmal Streit. Wir dachten uns dann immer albernere

Namen füreinander aus, bis wir schließlich herausprusten mussten. Nichts war so ernst, als dass wir nicht darüber hätten lachen können, und ich dankte dem Schicksal, dass es mir einen so guten Mann und Vater an meine Seite gestellt hatte.

John und ich achteten auf uns selbst und aufeinander. Als ich eines Tages beschloss, keinen Alkohol mehr zu trinken, zog John mit. In den nächsten zehn Jahren rührten wir keinen Tropfen mehr an. Ich gab auch das Rauchen auf. Nicht, dass ich viel geraucht hätte – eine Packung hielt bei mir drei Tage –, aber ich wusste, dass ich mir und vor allem meiner Stimme damit schadete. Ein Arzt hatte einmal zu mir gesagt: »Sie können entweder singen oder rauchen, aber nicht beides.« Also landeten die Zigaretten im Müll.

Natürlich dachte ich am selben Nachmittag schon: »Wo sind die Zigaretten? Ich will nur noch eine letzte rauchen!« Im Mülleimer waren sie aber nicht mehr. Ich rief Michael und Nippy zu mir. »Ihr habt doch wohl nicht meine Zigaretten geraucht?«, fragte ich.

Nippy schaute mich an wie die Unschuld in Person: »Nein, Mommy. Wir haben sie nur mit rausgenommen und sie weggeworfen, damit du auch wirklich keine mehr rauchst!« Ich glaubte ihr kein Wort. Aber Michael und sie hielten an der Geschichte fest, und ich ließ ihnen die Sache durchgehen.

Als junges Mädchen hatte Nippy ein ziemlich sorgenfreies Leben. Es gab immer jemanden in ihrer Nähe, der sie umsorgte – auch, wenn sie das Haus verließ. Ihre Brüder und sie reisten oft zu Konzerten ihrer Cousine Dionne oder besuchten sie in Virginia. Dionne hatte zwei Söhne, und sie freuten sich immer auf Nippy.

Ich war so stolz auf meine Tochter, dass ich sie überall mit hinnahm – sogar nach Manhattan, in die Atlantic-Studios. Aretha wurde für sie zu Tante Ree, und sie saß bei allen Sweets auf dem Schoß. Alle waren ganz vernarrt in sie und sagten ihr, dass sie ja schon eine richtige kleine Dame sei. Sie war ein sehr, sehr glückliches Kind.

Aber das änderte sich, als Nippy in die Schule kam. Ich vermute, es war zum Teil meine Schuld – ich zog ihr karierte Röcke und Wildlederschuhe an und band ihr die Haare zu Zöpfen, denn so sollten kleine Mädchen meiner Meinung nach aussehen. Aber wie Nippy mir später erklärte, wirkte sie auf ihre Schulkameradinnen wie einer Modezeitschrift entsprungen. Die anderen Mädchen trugen nur Jeans. Sie hielten Nippy für hochnäsig und begannen, sie zu schikanieren. Ich bekam nichts davon mit, bis Nippy eines Tages schon zur Mittagszeit nach Hause kam. »Meine Lehrer haben gesagt, ich muss heute nicht zurück in die Schule«, sagte sie. Als ich genauer nachfragte, stellte sich heraus, dass ein paar Mädchen ihr angedroht hatten, sie nach dem Unterricht zu verprügeln.

Es passte zu Nippy, dass sie sich solchen Auseinandersetzungen nicht stellte, sondern den Mädchen lieber aus dem Weg ging. Wie ihr Bruder Gary wollte sie von allen gemocht werden und konnte es nicht verstehen, wenn jemand gemein zu ihr war. Ich selbst hatte Gary mal androhen müssen, ihm den Hintern zu versohlen, sollte er sich nicht endlich gegen einen Jungen wehren, der ihn attackierte. Erst nachdem ich ihn dermaßen beschämt hatte, war er in der Lage, für sich selbst einzustehen – und dann ging er den Jungen so hart an, dass jemand dazwischengehen musste.

Ich wollte Nippy nicht dasselbe androhen, aber ich war wütend. Wütend auf die Mädchen, die Nippy das Leben schwer machten, obwohl sie nichts Böses getan hatte. Sie war immer nett – zu jedem, dem sie begegnete. Sie wollte einfach nur, dass alle gut miteinander auskamen. Aber diese Mädchen nahmen ihr die Brille weg und verbogen das Gestell, sie hatten ihr sogar den goldenen Ring mit der Namensgravur gestohlen, den Dee Dee ihr geschenkt hatte. Sie schikanierten meine Tochter, und das konnte ich nicht zulassen.

Nippy mochte sich vielleicht in ihr Schneckenhaus zurückziehen – aber ich nicht. Wenn es um meine Kinder ging, gab es für mich kein Vertun. Ich lief zur Schule und forderte den Rektor auf, eine Lösung für das Problem zu finden. Ich sagte ihm auch, dass ich sonst einschreiten würde. Ich habe ihm gewiss eine Szene gemacht, und Nippy war es peinlich. Aber ich war außer mir, und alles andere war mir egal.

Mein Einschreiten hat vielleicht ein bisschen geholfen, aber das Problem löste sich damit nicht. Die Mädchen ärgerten Nippy weiter, sie erzählte mir nur nichts mehr davon, damit ich nicht gleich wieder zur Schule rannte.

»Mommy«, sagte sie immer, »ich will nicht, dass du ...«

»Mommy hier, Mommy da!«, sagte ich. »Du musst lernen, für dich selbst einzustehen, Nippy!«

»Aber ich will mich nicht mit den anderen streiten. Warum können wir nicht einfach alle Freunde sein?«

»Weil die Welt leider nicht so ist«, sagte ich. »Manchmal musst du den Leuten eben sagen, dass sie dich mal am Arsch lecken können, und darfst dich nicht weiter um sie kümmern.« Ich hatte das schon immer gewusst, selbst als Kind. Aber Nippy hatte einen anderen Blick auf die Welt, auch jetzt noch, als sie mit diesen fiesen Mädchen konfrontiert war. Sie war so arglos – sie dachte, alle Menschen wären gut. Aber ich wusste es besser. Die Leute müssen nur einen Schwachpunkt wittern und schon machen sie einen zum Opfer. Ich versuchte, Nippy das zu erklären.

»Mommy, du magst ja auch niemanden leiden«, warf sie mir vor.

»Doch«, sagte ich. »Aber wenn jemand mich nicht leiden kann, dann ist mir das egal. Natürlich freue ich mich, wenn andere Menschen mich mögen. Aber wenn nicht, dann ist das eben nicht mein Problem.« Es war mir wirklich wichtig, Nippy das einzutrichtern, denn ich machte mir Sorgen um sie. Ich wusste, was das Leben noch alles auf Lager haben würde, wenn es ihr nicht gelang, diese Lektion zu lernen. Aber ich kam nicht zu ihr durch.

John sah die Dinge gelassener – das war allgemein so. Sobald Nippy ernsthaft bedrängt wurde, sagte er zu unseren Söhnen: »Jungs, kümmert euch darum.« Im Rückblick denke ich, dass es für Nippy das Beste gewesen wäre, wenn wir es ihr überlassen hätten, mit ihren Schwierigkeiten fertigzuwerden. Doch das war damals undenkbar. Sie war immer noch unser Baby, und wir alle wollten sie beschützen.

Gary war zwar genauso sanftmütig wie Nippy, aber Michael verstand keinen Spaß – er war wie ich: jederzeit bereit, es mit anderen aufzunehmen. Er war immer in irgendwelche Streitereien und Kämpfe verwickelt, weil er verhindern wollte, dass jemand seiner Schwester krumm kam. Er wurde sogar einmal von der Schule suspendiert, weil er in Nippys Klassenzimmer gekommen war, um sich einen Jungen herauszugreifen, der Nippy geärgert hatte, und auf dem Flur eine Prügelei mit ihm anzufangen.

Manchmal verfolgte eine ganze Gruppe von Mädchen Nippy auf ihrem Heimweg und bedrohte sie. Normalerweise kam Michael hinzu, dann rannten sie weg. Aber eines Nachmittags war ich zu Hause, als sechs Mädchen hinter Nippy herkamen und meinten, sie wollten ihr was verpassen. Ich ging raus und sagte: »Ihr wollt meiner Tochter was verpassen? Dann müsst ihr euch zuerst mit mir anlegen. Na, wer traut sich vor?« Die Mädchen ergriffen sofort die Flucht – besser für sie.

Ich sagte Nippy noch einmal, dass sie sich den Mädchen stellen müsse – dass sie sonst nie aufhören würden, sie zu quälen. »Du musst dich wehren!«, bläute ich ihr ein.

Am nächsten Tag verfolgten dieselben Mädchen sie wieder auf ihrem Heimweg, diesmal waren auch ein paar Jungs dabei. Vor unserem Haus angekommen, sagte Michael zu ihnen: »Alles klar. Sie kann sich mit einem von euch prügeln, aber wer sie besiegt, muss es dann mit mir aufnehmen.« Nippy wäre tatsächlich in der Lage gewesen, sich selbst zu verteidigen, ihre Brüder hatten ihr das beigebracht. Aber es kam nicht dazu. Den anderen entgegenzutreten, reichte schon aus, dass sich alle wieder zerstreuten, und danach entspannte sich die Lage ein bisschen. Aber die Triezereien hörten nie ganz auf – Nippy hatte die gesamte Grundschulzeit über damit zu kämpfen.

Ich war stolz auf meine Söhne, weil sie Nippy beschützten, und ich dachte damals noch, dass es richtig war, ihr beizuspringen. Jahre später, als das Schicksal wirklich grausam zu Nippy war, hätte ich ihr einen härteren Panzer gewünscht. Als eins von acht Kindern hatte ich von Anfang an selber darauf achten müssen, wo ich blieb – und was auch immer passierte, ich war gewappnet. Manchmal frage ich mich, wie ihr Leben verlaufen wäre, wenn Nippy selber eine so dicke Haut gehabt hätte wie ich.

So viel Ärger Nippy mit den anderen Mädchen auch hatte – sie war eine gute Schülerin. Damals wollte sie noch Lehrerin werden wie ihre Großmutter Elizabeth Houston. Wenn sie also nicht mit ihrer Besen-und-Eimer-Kapelle auftrat, spielte sie mit Michael und ihren Cousins »Schule«. Sie stand vor ihnen an der kleinen Tafel, die wir für sie besorgt hatten, und die anderen hörten ihr aufmerksam zu, während sie dozierte. Wenn irgendwer nicht aufpasste oder Quatsch machte, gab es von ihr mit dem Lineal eins auf den Kopf. Die Jungs fanden das lustig, aber wenn sie lachten, drosch sie erst recht auf sie ein: »Ihr müsst alle nachsitzen!«

Das Lineal zischte nur so durch die Luft, und wenn ich nach den Kindern schaute und sah, wie diese Jungs sich von Nippy maßregeln ließen, musste ich mich schon sehr wundern. »Was zum Teufel macht ihr da?«, fragte ich. »Ihr habt sie wohl nicht mehr alle – lasst euch einfach von ihr schlagen!« Aber sie mochten Nippy wohl so gerne, dass sie alles in Kauf nahmen, um mit ihr zu spielen.

Als Nippy elf oder zwölf Jahre alt war, verbrachten wir viel Zeit miteinander. Ich nahm sie mit zur Arbeit, und sie lauschte Sängern wie Chaka Khan, Aretha, Roberta Flack und Luther Vandross. Ich nahm sie auch mit in die Kirche. Zuerst interessierte sie New Hope nicht, aber nach einer Weile änderte sich das. Ich vermute, dass die Probleme, die sie mit den anderen Mädchen hatte, dabei eine Rolle spielten. In der Kirche machte sich niemand über ihre Kleider lustig, und niemand schien neidisch auf sie zu sein.

Und so wie ich fand Nippy in der Kirche zu Gott. Ich war nicht dabei, aber sie erzählte mir später, wie sie geweint hatte, als sie den Herrn in ihr Herz und in ihr Leben gelassen hatte. Sie hielt immer an ihrem Glauben fest, auch in den späteren, schweren Zeiten. Sie machte nicht viel Aufhebens darum, ging als Erwachsene nur noch selten in die Kirche und sprach nicht über ihren Glauben. Aber sie betete oft, und Gospel war immer eine Zuflucht für sie – vor ihren Konzerten sang sie oft die alten Lieder, um ihre Stimme aufzuwärmen. Ich wusste, dass sie eine tiefe, feste Beziehung zu Gott hatte, und diese Gewissheit spendet mir heute noch Kraft.

Während der Glaube also eine größere Rolle in ihrem Leben bekam, machten John und ich uns Sorgen wegen ihrer schulischen Ausbildung. Als Nippy in die sechste Klasse kam, führte ihre Schule ein neues Konzept ein: »Offene Klassenzimmer« sollten den Schülern ermöglichen, in ihrer eigenen Geschwindigkeit zu lernen. Mir gefiel das ganz und gar nicht. Ich sagte Nippy, dass John und ich überlegten, sie auf die Mount Saint Dominic Academy zu schicken, eine katholische Privatschule in der Nähe von Caldwell, die einen guten Ruf hatte und etwas konservativere Lehrmethoden pflegte. Sie wollte lieber in ihrer Schule bleiben, aber als ich sie eines Tages dort besuchte, um mir diese »offenen Klassenzimmer« einmal anzuschauen, und alle Kinder nur herumtoben sah, machte ich kurzen Prozess.

Nippy wusste, dass sie jetzt keine Wahl mehr hatte – sie musste auf die katholische Schule gehen. Ich war die Mutter und sie das Kind, und als Kind darf man eben nicht immer alles selbst entscheiden. Eine Sache aber entschied Nippy damals selbst – und was das anging, konnte ihr niemand reinreden.

Nippy hatte schon eine Weile angedeutet, dass sie gerne Profi-Sängerin werden wollte, und als sie zwölf war, stand der Entschluss fest. Ich versuchte noch, ihr den Wind aus den Segeln zu nehmen – ich wusste ja, wie hart und unbarmherzig das Musikgeschäft war. Ich war mir nicht sicher, ob meine kleine Nippy, die doch von allen gemocht werden wollte und so leicht von ihren Mitschülerinnen zu schikanieren war, mit den Gemeinheiten der Welt da draußen fertigwerden würde. Aber so sehr ich auch versuchte, es ihr auszureden – sie hielt an ihrem Plan fest.

Als ich einsah, wie entschlossen sie war, sagte ich schließlich: »Okay. Dann werde ich dir helfen.« Aber ich sagte ihr auch, dass es gewisse Regeln gab. Wenn sie wirklich singen wollte, musste sie es von Grund auf erlernen. Das hieß, dass sie ausnahmslos jeden Tag üben und sonntags im Chor singen musste. Bei den Chorproben achtete ich immer darauf, dass sie ihre Tonlage noch besser ausgestaltete. Ich war streng mit ihr – strenger, als wenn sie nicht meine Tochter gewesen wäre. Das frustrierte sie manchmal, und ich fühlte mich schlecht deswegen. Aber Reebie hatte mich auf dieselbe Art und Weise unterrichtet, und ich gab es so an meine Tochter weiter.

»Du musst die Melodie kennen«, sagte ich ihr. »Du musst verstehen, warum dieses Lied genau so geschrieben wurde, bevor du es richtig singen kannst.« Wenn man das erst einmal verinnerlicht hat, kann man die Melodie variieren und nach Belieben improvisieren.

Ich brachte ihr auch die richtige Artikulation bei, denn ihr Publikum sollte am Ende ja verstehen, worüber sie sang. Jedes Lied erzählt eine Geschichte – und wenn es keine Geschichte gibt, ist es auch kein Lied. Außerdem schreiben die Menschen solche Geschichten aus einem bestimmten Grund auf – und man schuldet es ihnen, so zu singen, dass die Botschaft transportiert wird. »Achte auf den Text!«, forderte ich Nippy auf, wenn sie mal wieder alles bloß heruntersang. Es war mir wichtig, dass sie ein Gefühl dafür entwickelte – welchen Sinn hätte das Ganze sonst gehabt?

Wenn man unterrichtet, muss man seine Schüler oft kritisieren, damit sie wissen, was sie besser machen müssen. Das ist für beide Seiten nicht immer angenehm. »Mommy, vor dir möchte ich manchmal im Boden versinken«, sagte Nippy. »Ich habe das Gefühl, in deinen Augen nie gut genug zu sein.«

Und ich sagte: »Schatz, das Gefühl wollte ich dir nicht geben. Ich möchte dir nur helfen, dein Talent voll und ganz zu entfalten.« Und dann machten wir eben weiter.

Gary hatte eine schöne Stimme, und ich unterrichtete auch ihn, zumindest für eine kurze Zeit. Letztendlich gab er aber auf. »Mommy, du bist einfach zu hart«, sagte er. Nippy hätte ihm da sicher zugestimmt, aber ich wollte bloß verhindern, dass sie es sich zu leicht machte und faul wurde. »Jetzt zieh es durch!«, sagte ich zu ihr. »Du wolltest gerne singen lernen, dann mach es auch richtig!«

Sie musste die Zähne zusammenbeißen, aber sie blieb dran, hörte auf mich und übte, obwohl sie ihre Zeit wohl weitaus angenehmer hätte verbringen können. Sie ging kaum auf Partys oder zu Treffen mit Freunden. John und ich hätten ihr ohnehin nicht erlaubt, mit einem Jungen auszugehen – wobei John nicht so streng war wie ich, sodass sie sich die eine oder andere Erlaubnis lieber von ihm einholte. Sie widmete sich ernsthaft dem Singen und akzeptierte meine Regeln. Manchmal sprach sie zwar vor Wut kein Wort mehr mit mir, aber am nächsten Tag war sie wieder bereit zur Probe.

Nach ein paar Monaten intensiver Vorbereitung sang sie an einem Sonntag in New Hope ihr erstes Solo. Ich konnte leider nicht mitkommen, weil ein kurzfristiges Engagement dazwischengekommen war. Aber John war dabei, meine Schwestern, Gary und Michael, und alle sagten, dass Nippys Gesang die Gemeinde einfach umgehauen hätte. »Da ist kein Auge trocken geblieben!«, sagte John.

Ich war traurig, es nicht miterlebt zu haben, aber beim nächsten Mal sah ich dann selbst, was John meinte. In unserer Gemeinde machten die Leute kein Geheimnis aus ihren Gefühlen. Wenn ihnen etwas gefiel, dann ließen sie ihrer Begeisterung freien Lauf – und das taten sie auch, als Nippy sang. Denn da war etwas in ihrer Stimme, das niemand ihr hätte beibringen können. Sicher hatte sie ihre Stimme zum Teil den Genen zu verdanken, aber es kam noch etwas anderes hinzu – etwas vollkommen Einzigartiges.

KAPITEL 6

GESANGSUNTERRICHT

Nippy und ich waren uns noch genauso nah wie früher, aber unsere Beziehung veränderte sich – wir waren jetzt nicht mehr bloß Mutter und Tochter.

Natürlich blieb ich ihre »Mommy«, ein Elternteil, das ihr den rechten Weg zeigte und sie liebte, aber wir hatten nun ein gemeinsames Ziel. Ich machte mir zwar immer noch Sorgen, weil das Musikgeschäft so hinterhältig und gemein sein konnte, aber Nippy wollte singen, also setzte ich alles daran, ihr zu helfen, und wir arbeiteten viele Stunden lang an ihrer Technik.

Unterdessen hatte Nippy Schwierigkeiten, sich an der katholischen Schule einzuleben. Sie wäre gerne an eine Schule in East Orange gewechselt, die all ihre Freunde besuchten. Aber ich erlaubte ihr das nicht. Mount Saint Dominic war anders – kleiner, mit sachgemäß eingerichteten Klassenzimmern – und ich hielt das für geeigneter zum Lernen. Tatsächlich konnte Nippy dort ihre Noten verbessern.

Es waren gute Jahre – ich hatte regelmäßige Arbeit, John und ich waren glücklich miteinander, und die Kinder wuchsen heran. Aber ich hatte ja schon früh gelernt, dass man sich auf nichts verlassen kann. Und eines Abends im September 1976 sollte sich das wieder bewahrheiten.

John hatte mich nach Manhattan gefahren, wo ich einen meiner regelmäßigen Auftritte in einem Jazzclub namens Mikell's an der Upper West Side hatte. Schon auf dem Heimweg war ich sehr müde, und zu Hause ging ich sofort ins Bett. Kurz darauf klingelte das Telefon, aber ich hörte es nicht, so tief war mein Schlaf. Nippy wachte jedoch auf und nahm den Hörer ab. »Wir vermuten, dass wir deinen Vater hier bei uns im Krankenhaus haben«, sagte die Person am anderen Ende der Leitung. »Er hatte wahrscheinlich einen Herzinfarkt.«

Nippy dachte, dass jemand ihr einen Streich spielen wollte. »Mein Vater liegt im Bett und schläft!«, sagte sie und legte auf.

Gleich darauf klingelte es wieder. Es war dieselbe Person wie vorher. »Bitte nicht auflegen!«, bat sie. »Ich muss das überprüfen. Wir vermuten, dass Mr. John Houston bei uns im Krankenhaus liegt.«

Auf Zehenspitzen schlich Nippy in unser Schlafzimmer. Und als sie sah, dass das Bett ihres Vaters leer war, rüttelte sie mich wach. »Was soll das?«, fragte ich noch, aber als ich ihr Gesicht erblickte, wusste ich, dass etwas Schlimmes vorgefallen sein musste. Ihre Augen waren riesig und ängstlich, als hätte sie ein Gespenst gesehen.

»Es ist was mit Daddy«, sagte sie und begann zu weinen. Ich ging zum Telefon und nahm den Hörer in die Hand, voller Furcht vor der Nachricht, die mich erwartete. Als man mir sagte, dass John einen Herzinfarkt erlitten hatte, stand ich starr vor Angst. So schnell wir konnten, machten Nippy und ich uns auf den Weg zum Krankenhaus. Wir mussten ein Taxi nehmen, denn das Auto stand nicht in der Garage – offensichtlich hatte John sich selbst zur Notaufnahme gefahren. Die ganze Zeit ging mir nur ein Gedanke im Kopf herum: Wenn John tot war, wollte ich auch nicht mehr leben.

Bae kam auch ins Krankenhaus, und eine Krankenschwester nahm uns drei mit auf die Intensivstation. Nippy brach weinend zusammen, als sie John erblickte, also nahm Bae sie an der Hand und führte sie wieder hinaus. An all die Schläuche und Monitore angeschlossen, sah John so zerbrechlich und schwach aus, wie ich ihn noch nie gesehen hatte. Er war immer groß, stark und selbstsicher gewesen, aber als er meine Hand nahm und versuchte zu lächeln, wirkte er einfach nur klein und verängstigt.

Diesen Ausdruck hatte ich erst ein einziges Mal auf seinem Gesicht gesehen – auf einem Flug von Madrid nach Lissabon, als wir in den späten Sechzigern mit Aretha auf Tour waren. John saß im Flugzeug neben mir, die Sweets hinter uns, alle schliefen. Auf halber Strecke bemerkte ich, dass wir schnell an Höhe verloren – viel zu schnell. Auch in der Reihe gegenüber schauten die Leute schon ganz nervös aus dem Fenster. Ich weckte John auf. »Ich glaube, wir stürzen gleich ab!«, sagte ich.

Ich musste ihn nur ansehen, um zu wissen, dass er sofort denselben Eindruck hatte. Seine Haut war ohnehin eher hell, aber jetzt wurde er kreidebleich, alle Farbe wich ihm aus dem Gesicht. Er hatte auch keinen lustigen Spruch mehr parat – er nickte nur und wandte sich stumm dem Fenster zu. Ein paar Sekunden später schaute er mich wieder an und fragte: »Wie geht nochmal der Rest von ›Der Herr ist mein Hirte‹?«

Ich fragte mich kurz, ob er sich nun doch einen Scherz erlaubte, aber es war ihm todernst. Wir begannen, gemeinsam den 23. Psalm aufzusagen, währenddessen sanken wir immer weiter herab. Plötzlich – wir waren noch nicht einmal am Ende des Psalms angelangt – ging eine Erschütterung durch das Flugzeug, und dann begann es wieder zu steigen. John atmete erleichtert auf und griff nach meiner Hand, drückte sie so fest, dass es wehtat.

Kurz darauf wachte eine der Sweets auf. Sie lehnte sich zu mir nach vorne und flüsterte: »Cissy, ich habe geträumt, unser Flugzeug wäre beinahe abgestürzt.« Ich wollte ihr keine Angst machen, also schwieg ich. Erst später sagte ich ihr, dass es kein Traum gewesen war – wir waren wirklich beinahe abgestürzt. Nach diesem Erlebnis nahmen John und ich nur noch selten denselben Flug. Mein größter Albtraum war, dass uns beiden etwas zustieß und die Kinder dann ganz alleine wären.

Und als ich dort auf der Intensivstation in Johns ängstliches Gesicht schaute, befürchtete ich, dass unsere Kinder ohne ihn weiterleben müssten.

Für die nächsten Tage und Nächte versammelte sich die Familie im Krankenhaus. Gary hatte ein Basketball-Stipendium an der DePaul University, aber Nippy, Michael, Johns Eltern und meine Schwestern waren praktisch die ganze Zeit bei John und beteten für ihn.

Nach etwa einer Woche hatte er sich wieder so weit erholt, dass er nach Hause entlassen werden konnte. Aber etwas hatte sich verändert. Die Ärzte hatten mir gesagt, dass der Herzinfarkt Auswirkungen auf Johns Persönlichkeit haben könnte, und so war es. Damit fingen unsere Schwierigkeiten an.

John war zwar 13 Jahre älter als ich, aber mit seinen 56 Jahren war er noch lange kein alter Mann. Der Herzinfarkt hatte ihn völlig überraschend getroffen, und diese Tatsache zwang ihn, auf sein bisheriges Leben zurückzuschauen. Es war wohl eine Midlife-Crisis, und John schien das Gefühl zu haben, nicht alles in seinem Leben erreicht zu haben, wozu er fähig gewesen wäre. Er war ein ehrgeiziger, intelligenter schwarzer Mann in einer Gesellschaft, die es Schwarzen schlichtweg nicht erlaubte, alles zu erreichen. Ich denke, er fühlte sich betrogen – um die Möglichkeit beraubt, sich selbst zu verwirklichen.

John war immer schon der Überzeugung gewesen, dass er es als Weißer bis an die Spitze geschafft hätte – aber die Menschen, die in unserer Welt die Macht besaßen, schlossen Menschen wie ihn aus. Wie so viele schwarze Männer haderte er mit den Umständen, war verbittert wegen der Ablehnung, die ihm entgegenschlug. Natürlich war er froh, den Herzinfarkt überlebt zu haben, aber in ihm gärte und brodelte es. Und bald war er nicht mehr nur wütend auf die weiße Mehrheitsgesellschaft, die seinen Aufstieg verhindert hatte. Bald richtete er seine Wut gegen mich.

John war der Meinung, dass zu viel Stress den Herzinfarkt verursacht hatte – und dass ich wiederum der Grund für den vielen Stress war. Gary ging aufs College, Nippy auf eine Privatschule, unsere Ausgaben waren gestiegen, und John hatte eine Vollzeitstelle im Rathaus von Newark annehmen müssen. Er musste also den ganzen Tag arbeiten und mich dann noch zu meinen Auftritten in New York kutschieren. Er hatte viel um die Ohren.

Zu allem Überfluss hatte er immer daran geglaubt, dass ich so viel weiter hätte kommen, so viel mehr hätte verdienen, sogar ein Star hätte werden können, wenn ich ihm nur erlaubt hätte, mich als Solokünstlerin wirklich nach vorne zu bringen. Meine Arbeit als Backgroundsängerin fand er in Ordnung, aber der einzige Weg, reich zu werden und das System zu besiegen, war in seinen Augen die Solokarriere. Er hielt mich für stur, dass ich ihm da nicht zustimmte.

Aber ich war einfach anderer Ansicht. Ich hatte ja auch daran zu knabbern, wie das weiße Establishment – in diesem Fall: die Plattenindustrie – mit den Sweet Inspirations umgesprungen war. Wir lieferten qualitativ hochwertige Arbeit, setzten die Standards für den Backgroundgesang und hatten einige großartige Alben aufgenommen. Wir hätten viel mehr Unterstützung verdient – vonseiten der Arrangeure, der Produzenten und der Werbeabteilung. Aber aus irgendeinem Grund waren die Sweets nie in dem Ausmaß gefördert worden wie eine Gruppe, die man tatsächlich ganz oben hätte sehen wollen.

Zweifellos hatte das Musikgeschäft eine rassistische Seite. Schwarze Künstler sollten bitte bei Rhythm and Blues bleiben und bloß keine Musical- oder Popsongs singen. Wir wurden in eine ordentliche kleine Schublade gesteckt, und es wurde streng darauf geachtet, dass wir da nicht wieder rauskamen. Undenkbar, dass wir auch nur in die Nähe des exklusiven Clubs der Weißen gelangt wären, zu dem lediglich die Streisands und Sinatras dieser Welt Zutritt hatten. In welcher anderen Industrie gibt es schon eine spezielle Abteilung für schwarze Menschen? Die Einordnung unter »Black

Music« ist doch der deutlichste Beweis dafür, dass Rassismus im Musikgeschäft immer noch existiert.

Hätte man Gruppen wie unsere wenigstens fair behandelt, wären die Sweets ja zufrieden gewesen. Wir haben so vielen Aufnahmen zu einem reicheren Klang verholfen, und keine andere Backgroundgruppe konnte die Verkaufszahlen dermaßen in die Höhe treiben. Wenn wir dafür angemessen bezahlt worden wären, hätte ich keine Solokarriere beginnen müssen, um noch größer rauszukommen. Und das wäre mir auch recht gewesen. Um die Wahrheit zu sagen, wollte ich nie ein Star werden, egal wie ehrgeizig John war. Denn ich wusste, was so was mit einem anstellen kann.

Ich hatte miterlebt, wie selbst anständige Menschen sich in den Fallstricken des Ruhms verhedderten – es gab so viele Versuchungen. Man muss gar keinen schlechten Charakter haben, um sich bei all dem Trara, das als Star um einen gemacht wird, irgendwann für dermaßen toll und einzigartig zu halten, dass man die wichtigen Dinge im Leben aus den Augen verliert. Der Ruhm kann einem eben böse Streiche spielen und das eigene Leben auf den Kopf stellen. Ich wollte nicht, dass mir das auch passiert. Ich mochte mein Leben so, wie es war, mit meinen Kindern, meinem Mann, meinem Haus und meiner Kirche. Ich brauchte nicht mehr als das.

John sah das nicht ein – erst recht nicht nach seinem Herzinfarkt. Er war mit seiner eigenen Sterblichkeit konfrontiert worden, und ich nehme an, er hätte der Welt gerne etwas Größeres hinterlassen. Und plötzlich war die Tatsache, dass er dazu nicht in der Lage war, meine Schuld. Entweder das, oder er war so wütend auf die Welt – eine Welt, die er nicht ändern konnte –, dass er sich entschieden hatte, einfach alles an mir auszulassen. Er tat so, als hätte ich ihn immer zurückgehalten, als wäre ich Schuld an all dem Stress, der seinen Herzinfarkt verursacht hatte.

Als John die ersten Andeutungen in diese Richtung machte, fragte ich mich noch, ob er es als Witz meinte oder schlicht verrückt geworden war. Ich liebte ihn, aber ich konnte auf gar keinen Fall die

Verantwortung für seine Krankheit übernehmen. Ich wollte nicht glauben, dass er es ernst meinte, aber so war es. Und damit änderte sich unsere Beziehung. John und ich hatten immer kleine Streitereien gehabt, verbale Balgereien, um einander herauszufordern und zu necken, im Grunde harmlos. Aber jetzt wurde der Tonfall härter, und wir brauchten länger, um uns wieder zu vertragen. Und in der Konsequenz wirkte sich das nicht nur auf John und mich, sondern auch auf Nippy, Michael und Gary aus.

Ich arbeitete weiter mit Nippy an ihrer Stimme – mit all der Strenge, die ich für notwendig hielt, um sie auszubilden. Bei den Chorproben knöpfte ich sie mir manchmal wirklich vor, und sie war wütend auf mich, aber meistens hielt sie durch. Wenn es ihr zu viel wurde, stritten wir auf dem Heimweg. Ich erinnere mich noch, wie sie mich einmal anschrie: »Ich höre auf zu singen!«

Aber nicht mit mir. »Nein«, sagte ich. »Das Recht, wieder aufzugeben, hast du verspielt, als du mir gesagt hast, dass du ernsthaft Sängerin werden willst.«

Am Anfang hatte ich ja noch versucht, ihr die Idee von einer Profikarriere wieder auszureden. Damals hätte sie sich dagegen entscheiden können. Aber jetzt hatte sie diesen Weg eingeschlagen, und ich ließ sie nicht mehr davon abweichen.

Tatsächlich kehrte Nippy nach jeder unserer Auseinandersetzungen nur noch entschlossener zu ihrem Vorhaben zurück. Sie saugte alles auf, begleitete mich zu Proben und Aufnahmen, schaute sich Kleinigkeiten von mir ab, um sie dann selbst auszuprobieren. Sie war bei den anderen Künstlern sehr beliebt, und es dauerte nicht lange, bis sie gefragt wurde, im Background bei einer Plattenproduktion mitzusingen. Ich erlaubte es ihr und beaufsichtigte sie dabei. Sie war ein Naturtalent, von Beginn an.

Als sie genug Übung hatte, nahm Nippy an der Garden State Competition teil, einem Gesangswettbewerb für Jugendliche aus New Jersey. Wir verbrachten Monate mit der Vorbereitung, der

Auswahl des Kleides, des passenden Lieds und Arrangements. Wir entschieden uns schließlich für »Evergreen« von Barbra Streisand, und am Ende wurde Nippy aus Hunderten von Bewerberinnen für das Finale ausgewählt. Sie trat gegen ein Mädchen an, das »The Greatest Love of All« sang – einen Titel, der in Nippys Leben noch eine Rolle spielen sollte.

Nippy konnte besser singen als das andere Mädchen, aber sie hatte an diesem Abend kein gutes Gefühl für das Timing und sang länger als erlaubt. Deswegen wurden ihr Punkte abgezogen, und sie landete auf dem zweiten Platz.

Sie ärgerte sich sehr, aber ich sagte ihr: »Du hast den zweiten Platz, und du weißt, dass du mehr erreichen kannst. Beim nächsten Mal schaffst du es.« Sie sah immer noch traurig aus, und ich nahm sie in meine Arme. »Nippy, du hast das sehr gut gemacht. Eines Tages wirst du die Beste sein.« Ich sagte das nicht, um sie aufzumuntern. Ich war überzeugt davon.

Jahre später landete Nippy mit ihrer Version von »Greatest Love of All« einen Hit – und wir trafen in einem Café zufällig auf ihre Konkurrentin von damals. Sie war völlig aus dem Häuschen, Nippy wiederzusehen, und wir unterhielten uns eine Weile miteinander. Es muss irgendwie entmutigend für sie gewesen sein, dass aus dem Mädchen, das sie einst im Wettbewerb geschlagen hatte, ein weltbekannter Superstar geworden war, aber Nippy und ich hatten beide denselben Rat für sie: Sing einfach weiter.

Kurz nach der Garden State Competition nahm Luther Vandross Kontakt zu mir auf. Bei unserem ersten Treffen war er noch ein kleiner Schulschwänzer gewesen, der wegen der Sweets hinter die Bühne des Apollo Theaters gekommen war, aber inzwischen war er ein aufstrebender Stern am Musikhimmel. Er hatte soeben bei Cotillion Records unterschrieben, einem Tochterunternehmen von Atlantic, und fragte mich für den Background an. Ich sagte zu und brachte Nippy zu den Aufnahmen mit. Sie und Luther verstanden sich auf Anhieb.

Luther wurde ein lieber Freund, und er hatte während Nippys Jugend großen Einfluss auf sie. Er gab ihr wertvolle Tipps, was das Musikgeschäft betraf, wie man am besten mit bestimmten Situationen auf Tour oder im Studio umgeht. Er war ein fantastischer Sänger, aber ich war auch beeindruckt von seiner sachlichen Arbeitsweise. Luther war ein wahrhaftiger Mensch, Verlogenheit lag ihm völlig fern. Und so wie ich behielt auch er jederzeit die Kontrolle über seine Angelegenheiten. Niemand konnte ihm etwas vormachen.

Luther bestand dann darauf, dass ich auf all seinen Alben im Background sang, also verbrachte ich viel Zeit mit ihm und seiner Gruppe – Brenda White-King, Fonzi Thornton und Cindy Mizelle. Wir hatten viel Spaß miteinander, und Luther wurde für mich zu einem Bruder. Wir riefen einander immer an, wenn wir unterwegs waren – wir lachten und witzelten über die Sachen, die zu Hause passierten, und er erzählte mir all die schmutzigen Details von den Ereignissen auf Tour. Und sobald wir beide wieder in einer Stadt waren, verabredeten wir uns für das nächste Treffen.

Nippy sang damals im Background zu einigen Songs auf Chaka Khans Album *Naughty*. Sie war 14 oder 15 Jahre alt, und sie lernte so viel in so kurzer Zeit. Mit jedem Tag wurde sie besser und souveräner, und ich fing schließlich an, sie auch zu meinen abendlichen Auftritten mitzunehmen. Ich war regelmäßig als Solosängerin in Clubs wie dem Sweetwaters, Reno Sweeney's und Mikell's zu Gast. Nippy und ihr Bruder Gary, der auch eine wunderbare Stimme hatte, sangen dann im Background.

Nach einer Weile beschloss ich, dass es an der Zeit für Nippys ersten Soloauftritt war – und zwar außerhalb der Kirche. Ihre Stimme war jedenfalls so weit – nur Nippy war es noch nicht. Sie war schüchtern und wollte lieber weiter für mich im Background singen. Ich wusste, dass ich sie nicht zwingen durfte, das hätte nur im Streit geendet. Also musste ein Plan her.

Eines Abends, bevor wir zu einem Auftritt im Mikell's aufbrachen, sagte ich mit einer tiefen, heiseren Stimme zu Nippy: »Meine

Kehle fühlt sich so furchtbar rau an! Ich glaube, ich kann heute nicht singen. Aber ich kann das Mikell's nicht im Stich lassen. Du musst für mich einspringen.«

Da machte sie aber große Augen! »Mommy, du bekommst das schon hin!«, sagte sie.

»Nein, Schätzchen«, krächzte ich. »Hör doch mal, ich kann kaum sprechen. Du musst das übernehmen. Du kennst doch alle Songs.«

»Aber du singst sonst immer, selbst wenn du nicht sprechen kannst!«, piepste sie. Ich sah ihr an, dass sie Angst hatte.

»Diesmal nicht. Ich fühle mich krank, und mein Hals tut so weh«, sagte ich. Sie brachte noch ein paar Einwände hervor, aber ich ließ mich nicht umstimmen. John fuhr sie, Gary und Michael in die Stadt, und an diesem Abend hatte Nippy ihren ersten Einzelauftritt in einem Club. Ich saß zu Hause wie auf heißen Kohlen. Gary sang für Nippy im Background, und ich hoffte, dass ihr das die Nervosität schon nehmen würde. Als sie endlich wieder nach Hause kamen, erzählte John mir, dass Nippy zu Beginn etwas zaghaft gewesen wäre – aber dann hatte sie das Publikum doch mitgerissen. »Sie war fantastisch«, sagte er und konnte sich einen kleinen Seitenhieb nicht verkneifen: »Ich schätze, sie hat nichts dagegen, wenn du nächste Woche plötzlich wieder so heiser bist!«

Am nächsten Morgen umarmte ich Nippy fest und sagte ihr, wie stolz ich auf sie war. Ich hatte sie auf die Probe gestellt, und sie hatte sie besser bestanden, als ich es erwartet hatte. Die Belegschaft vom Mikell's erzählte mir später, dass sie auf der Bühne so gelassen gewirkt hätte, als wäre sie schon ein Profi. Niemand konnte glauben, dass es ihr erster Soloauftritt war. Sie benahm sich wie ein alter Hase, als wäre die Bühne nur für sie gemacht.

Nach diesem Abend stand es für mich außer Frage, Nippy auf der Bühne immer wieder nach vorne zu holen. Sie hatte bewiesen, dass sie bereit dafür war, dass sie sich nicht einschüchtern ließ. Bei jedem meiner Auftritte sorgte ich also dafür, dass sie ein Solo hatte oder ein Duett mit mir sang. Sie war auf einem guten Weg.

KAPITEL 7

TRENNUNG

Nach Nippys Auftritt im Mikell's begannen die Leute aus der Plattenindustrie wieder, um sie herumzuscharwenzeln. Schon als sie 14 war, hatte Gerry Griffith von Arista ihr einen Vertrag angeboten, nachdem er sie im Background zu »Life's a Party« der Michael Zager Band singen gehört hatte. Ich hatte abgelehnt – und das tat ich jetzt wieder. Es war noch zu früh. Nippy sollte erst einmal herausfinden, wer sie eigentlich war, und ihre Jugend genießen. »Du wirst mir noch dankbar sein«, sagte ich, und auch wenn sie ganz und gar nicht damit einverstanden war, musste sie meine Entscheidung akzeptieren.

Mir war klar, dass ich Nippy nicht ewig aus dem Rampenlicht heraushalten konnte. Sie hatte soeben erst im Background zu Lou Rawls und Chaka Khan gesungen, und es sprach sich langsam herum, dass sie etwas Besonderes war. Sie war nicht nur eine großartige Sängerin, sondern auch eine Schönheit. Selbst als Jugendliche, ohne jedes Make-up, sah Nippy strahlend aus. Es überraschte mich also nicht weiter, dass man zunächst wegen ihres Aussehens auf sie aufmerksam wurde und nicht wegen ihrer Stimme.

1979 stand ich bei einem Benefizkonzert für den United Negro College Fund, das Stipendien für schwarze Studenten bereitstellte, auf der Bühne der Carnegie Hall, und Nippy sang im Background.

Ich holte sie zu mir nach vorne, damit sie den Refrain von »Tomorrow« aus dem Broadway-Musical *Annie* sang. Sie machte das hervorragend, und wir bekamen tosenden Applaus. Die Fotografen bescherten uns ein Blitzlichtgewitter – ich nehme an, Mutter und Tochter, die gemeinsam und von allen umjubelt auf einer Bühne stehen, sind eben ein gutes Motiv.

Am nächsten Tag war ich mit Nippy in Manhattan unterwegs. Wir liefen die Seventh Avenue entlang, als ein Fotograf von der *Vogue* auf uns zukam und fragte, ob Nippy Interesse hätte, als Model zu arbeiten. Er hatte sie schon am Abend zuvor in der Carnegie Hall entdeckt und hielt sie für äußerst geeignet. »Es macht gerade eine neue Agentur auf«, sagte er zu mir. »Sie sollten mit Ihrer Tochter mal dort vorbeischauen.« Ich war mir da nicht so sicher, aber ich ließ mir die Adresse trotzdem geben.

Nachdem er sich verabschiedet hatte, schaute ich Nippy an, mit ihrer makellosen Haut und ihrem süßen Lächeln. »Also, willst du hingehen?«, fragte ich sie.

»Was denkst du?«, fragte sie zurück.

»Es liegt ganz an dir«, sagte ich. »Wenn du möchtest, gehen wir hin.« Sie nickte, also besuchten wir die Agentur Click. Nippy wurde noch am selben Tag unter Vertrag genommen, und schon in der nächsten Woche hatte sie ihren ersten Auftrag.

Ihre gesamte Highschoolzeit über arbeitete Nippy als Model. Sie wechselte später die Agentur – von Click zu Wilhelmina – und im dritten Jahr an der Highschool hatte sie es bereits in alle großen Magazine geschafft – *Vogue, Essence, Cosmopolitan, Harper's Bazaar* und *Seventeen*. Im vierten Jahr dann brachte *Seventeen* sie auf den Titel. Nippy war eine der ersten schwarzen Frauen, denen diese Ehre zuteilwurde. Die Fotografen arbeiteten gerne mit ihr, weil sie so professionell und unkompliziert war. Das viele Herumstehen wurde ihr zwar manchmal langweilig, aber wenn sie endgültig genug hatte, sagte sie einfach: »Mommy, ich muss jetzt aufhören. Ich muss noch Hausaufgaben machen.«

Ich erlaubte ihr, etwa einen Auftrag pro Woche anzunehmen. Ich brachte sie immer hin, schaute, ob alles in Ordnung war, und ging dann selbst arbeiten, bevor ich sie wieder abholte und mit nach Hause nahm.

»Ich kann das schon alleine«, sagte sie damals immer, ganz die Erwachsene.

»Kannst du nicht«, sagte ich. Ich hätte sie niemals alleine zu einem Fotoshooting gelassen – ich wusste ja, was dabei alles passieren konnte, besonders wenn man ein hübsches, junges, naives Mädchen war. Mein Baby musste beschützt werden, und das war meine Aufgabe. Gleichzeitig wuchs sie zu einer jungen Dame heran, und wie alle Jugendlichen wünschte auch sie sich mehr Freiheit und Unabhängigkeit. Sie hielt sich für alt genug, um mit dem Bus nach New York und wieder zurück zu fahren, und bettelte um meine Einwilligung.

Einmal erlaubte ich ihr tatsächlich, nach einem Fotoshooting noch ein bisschen in der Stadt zu bleiben, aber sie musste mir versprechen, um acht Uhr wieder zu Hause zu sein. Damals gab es ja noch keine Handys, und die Uhr schlug acht ... und neun ... und zehn ... und es war immer noch keine Nippy in Sicht. Ich wurde panisch. Ich schickte John los, um die Straßen abzufahren und nach ihr Ausschau zu halten. Als sie dann schließlich hereingeschneit kam und beteuerte, sie wäre bloß ein bisschen bummeln gewesen, musste ich mich sehr zurückhalten, ihr nicht den Hintern zu versohlen!

Wir gerieten also manchmal aneinander – aber wir hatten auch viel Spaß. 1979 reisten wir zusammen nach Japan. Ich sollte beim Yamaha Music Festival, einem Songwettbewerb in Tokio, für die USA antreten, und weil ich nicht alleine verreisen wollte, nahm ich Nippy mit. Sie war noch nie im Ausland gewesen, und ich wusste, dass ihr diese Erfahrung guttun würde. Ich flog nicht sonderlich gerne, aber Nippy gefiel es – sie hatte überhaupt keine Angst. Kaum hatten wir das Flugzeug betreten, schloss sie die Augen und schlief ein, und das sollte sie so für den Rest ihres Lebens beibehalten. Mich machte allein schon der Gedanke an die 15 Stunden bis nach Tokio verrückt, und ich war mit meinen Nerven am Ende, als wir schließlich landeten. Nippy hingegen war zu allem bereit, und ihre Augen leuchteten, als wir vom Flughafen zum Hotel fuhren – so eine Stadt wie Tokio hatte sie noch nie gesehen.

Wir waren im Intercontinental Hotel untergebracht, und als wir ankamen, sagte ich: »Wir müssen erst mal etwas essen. Worauf hast du Lust?«

»Ich weiß nicht, Mommy, aber ich habe Hunger«, sagte sie.

In der Lobby gab es ein kleines Restaurant, das Thunfischsandwiches anbot, und die bestellten wir uns dann. Und am Ende sollten wir uns die ganze Zeit über von Thunfischsandwiches ernähren. Mir war nicht danach, etwas anderes auszusuchen, und Nippy mochte diese Sandwiches. Sie war ein schmales kleines Ding, aber was sie an Thunfisch verputzen konnte, war schon enorm.

Wir waren für zehn Tage in Japan, und ich nahm Nippy überall mit hin. Ich hatte viele Proben, und Nippy schaute mir dabei zu. In der restlichen Zeit erkundeten wir die Stadt. Im Hotel buchte ich eine Massage, aber diese japanische Masseuse malträtierte mich richtiggehend – ich dachte fast, sie würde mir das Rückgrat brechen und ich könnte nie wieder laufen. Nippy lachte nur, als ich ihr das erzählte, und anstatt sich abschrecken zu lassen, wollte sie natürlich selber von der Frau massiert werden.

Nippy war begeistert von Japan, obwohl sie sich mit niemandem verständigen konnte. Ich erinnere mich noch, wie wir einmal mit ein paar Japanern im Aufzug standen, als über die Lautsprecher einer meiner Songs ertönte.

»Das ist meine Mutter!«, rief Nippy mit einem strahlenden Lächeln. »Das Lied hat Mommy gesungen!« Und auch wenn die Japaner vielleicht nicht verstanden, weshalb, konnten alle ihr ansehen, dass sie glücklich war.

Für meinen Auftritt im Wettbewerb hatte ich »You're My Fire« ausgewählt, einen Song, den Michael Zager arrangiert hatte. Das Yamaha Music Festival war groß, mit Künstlern aus drei oder vier Dutzend Ländern, einem sechzigköpfigen Orchester und Tausenden von Menschen, die uns zuschauten. Nippy jubelte mir vom Publikum aus zu, als ich die Bühne betrat, und ich legte mich wirklich ins Zeug.

Bonnie Tyler gewann den Hauptpreis, den Grand Prix International, aber ich gewann den Preis für die herausragendste Darbietung. Später erzählte Nippy mir, sie wäre während meines Auftritts so aufgeregt gewesen, dass sie die ganze Zeit geschrien hätte: »Sing, Mommy! Sing!« Es war eine besondere Reise, die wir beide nie vergessen sollten. Jahre später erzählte Nippy noch davon, wie viel Spaß sie mit ihrer Mutter in Japan gehabt hatte.

Leider hielt die fröhliche Stimmung nicht lange an. Zurück in New Jersey entwickelten sich die Dinge zwischen John und mir gar nicht gut – wir gingen einander noch öfter an die Kehle als zuvor. Wir stritten uns über die dämlichsten Kleinigkeiten – wer vergessen hatte, den Hund zu füttern, das Auto zu betanken oder die Wäsche abzuholen. Der Anlass konnte noch so nichtig sein – es endete in einem verbalen Duell.

Damals lebten John und ich schon nicht mehr zusammen wie Mann und Frau. Seit einer Weile schliefen wir in getrennten Betten, und so unvorstellbar das noch vor Kurzem für mich gewesen wäre, schien es nun keinen Grund mehr zu geben, es anders zu handhaben. Ich wusste es zu diesem Zeitpunkt noch nicht, aber Johns gesundheitliche Probleme, zu denen Diabetes gehörte, trugen eine Mitschuld an unseren Kämpfen.

All die Zankereien machten John mehr zu schaffen als mir. Ich hatte Freunde in der Kirche und im Chor und konnte mich mit meinen Schwestern austauschen, aber John hatte nur wenige, wenn nicht gar keine echten Freunde. Er war so lange Hausmann gewesen, dass seine Kinder ihm näher standen als jeder andere Mensch.

Aber Gary ging inzwischen an die DePaul University in Chicago, Michael besuchte das Hutchinson Community College in Kansas. Nur Nippy wohnte immer noch zu Hause, aber sie hatte mit Schule, Modeln und Gesang viel um die Ohren. John hatte niemanden, mit dem er richtig reden konnte.

Ich war immer stolz darauf gewesen, unseren Kindern ein liebevolles, christlich geprägtes Zuhause bieten zu können, aber es gab jetzt keine Stabilität mehr. John und ich stritten wie verrückt, und Nippy, die als einziges Kind alles mitbekam, litt sehr darunter. Sie war mit so viel Gelächter groß geworden und war keine Auseinandersetzungen zwischen uns gewohnt. Sie verabscheute es, wenn wir aufeinander losgingen – es nahm sie ernsthaft mit, und sie begann sich zu verändern.

Obwohl sie mit Stars wie Aretha, Luther und ihrer Cousine Dionne gesungen hatte und ihr Gesicht die Titelseiten von Modemagazinen geziert hatte, versuchte sie plötzlich, die Leute davon zu überzeugen, dass sie auch nur ein Mädchen von nebenan war. Sie ahmte die anderen Mädchen aus East Orange nach und begann damit herumzuprahlen, sie wäre in einer ganz miesen Gegend aufgewachsen – im »Ghetto«, behauptete sie. Das machte mich extrem wütend, denn John und ich hatten dafür gekämpft, dass unsere Kinder in einem anständigen, bürgerlichen Umfeld groß wurden.

Es ist natürlich nichts Verwerfliches daran, aus ärmeren Verhältnissen zu stammen. Viele wunderbare Menschen mit ehrbaren Berufen, selbst Anwälte und Ärzte sind daraus hervorgegangen. Aber es gefiel mir nicht, dass Nippy Lügen über ihre Herkunft verbreitete. Vermutlich kam das noch von dem Sommer, in dem John und ich mit Elvis in Vegas gewesen waren – wir hatten sie und Michael bei unserer lieben Freundin Phyllis gelassen, die in Baxter Terrace wohnte, einem von Newarks härteren Vierteln. Die Kinder verbrachten drei oder vier Wochen dort, deswegen dachte Nippy wohl, bei den Kids von der Straße mitmischen zu können.

Ich rastete aus, wenn ich sie so reden hörte. »Welches Ghetto meinst du denn eigentlich?«, fragte ich sie. »Du hast nie in einem verdammten Ghetto gelebt. Du kommst nicht von dort. Tu doch nicht so!«

Wahrscheinlich wollte sie einfach nur irgendwo dazugehören – und zwar außerhalb von ihrem Zuhause, wo Zank und Ärger herrschten. Sie machte harte Zeiten durch. Ihre Noten wurden schlechter, und sie sonderte sich immer mehr von John und mir ab. Sie liebte uns, aber sie wollte so selten wie möglich zu Hause sein, weil sie unsere Streitereien nicht ertrug. Später erzählte sie in einem Interview, sie hätte damals angefangen zu »feiern« – so nannte sie es. Ich hatte davon nicht die leiseste Ahnung. Aber Tatsache war, dass meine drei Kinder alle mit Alkohol und Drogen in Berührung kamen.

Gary spielte Basketball im Team der DePaul University, aber er war an die falschen Leute geraten – und an Substanzen, von denen er besser die Finger gelassen hätte. Einmal fuhr ich sogar nach Chicago, um nach ihm zu schauen – Nippy hatte mir gesagt, dass er mich dort brauchte. Gary hatte ernsthafte Drogenprobleme, und letzten Endes musste er seine vielversprechende Karriere als Sportler unterbrechen. Er verpflichtete sich für die Denver Nuggets, aber schon nach einer Saison in der NBA verschlechterte sich seine Leistung. Er hätte ein ganz Großer werden können, aber stattdessen war er gezwungen, eine Pause einzulegen. Später sollte er einen Entzug machen. Das weiß ich, weil ich ihn höchstpersönlich in die Klinik brachte.

Wie ich im Nachhinein erfuhr, hatte auch Michael bereits angefangen, Drogen zu nehmen. Obwohl er nicht mehr zu Hause lebte, machten ihm die Probleme, die John und ich miteinander hatten, vielleicht noch mehr zu schaffen als uns. Er war ein Familienmensch mit Leib und Seele und dachte gerne an die Tage in der Dodd Street zurück, als Nippy und er mit Freunden im Pool planschten. Beinahe alles, was Michael tat – ob er mit seinem älteren Bruder herumrannte oder auf Nippy aufpasste –, hatte sich um die Familie gedreht. Er liebte John und mich, und wenn wir uns stritten, konnte er für keinen von uns beiden Partei ergreifen. Er saß zwischen den Stühlen und fühlte sich innerlich zerrissen.

Selbst in der Rückschau, bei allem, was ich inzwischen über Nippy weiß – über ihren Kampf mit den Drogen, über die Anzeichen dieses Kampfes –, habe ich immer noch keine Ahnung, ob alles schon damals angefangen hat oder nicht. Um die Wahrheit zu sagen, wollte ich es früher auch gar nicht so genau wissen. Ich war in einer Zeit aufgewachsen, als die jungen Leute noch Schnaps tranken, um sich zu berauschen. Andere Drogen waren mir völlig fremd, und ich verstand nicht, warum die Leute überhaupt dazu griffen. Sie waren zerstörerisch – für die Gesundheit und auch für das Aussehen. Mich hätte allein schon meine Eitelkeit vor diesen Substanzen bewahrt, und ich begriff nicht, was bei der ganzen Sache so toll sein sollte.

John sagte manchmal zu mir: »Du musst dich besser darüber informieren.« Ich versuchte, das Verhalten unserer Kinder aufmerksam zu beobachten. Ich hielt mich für eine gute Mutter, aber tatsächlich wusste ich nicht einmal, worauf ich achten musste, wie ich überhaupt erkennen konnte, dass sie Drogen genommen hatten. Ich ging weiterhin oft in die Kirche, ich betete viel und versuchte, auf dem rechten Weg zu bleiben, aber das sollte nicht ausreichen. Denn meine drei Kinder kämpften gegen einen Dämon, den ich einfach nicht kannte.

Etwa zu dieser Zeit lernte Nippy Robyn Crawford kennen. Ich hatte ihr gesagt, dass sie sich eine Beschäftigung suchen sollte – eine zusätzliche Arbeit zum Modeln. Sie nahm dann einen Job auf einem Spielplatz in der Nähe unseres Hauses an und traf Robyn dort am allerersten Tag.

Ich hatte gleich ein schlechtes Gefühl, was dieses Mädchen anging. Etwas an ihrem Benehmen, eine gewisse Arroganz, gefiel mir nicht. Sie war hübsch, aber meiner Meinung nach nicht so intelligent wie Nippy, und sie hatte eine dreiste, aggressive Art, damit umzugehen. Während Nippy sich anderen Menschen zuliebe manchmal zu sehr verbog, hatte Robyn eine starke, selbstbewusste Persönlichkeit und sprach immer aus, was sie dachte. Wie ich später erfuhr, war sie lesbisch, aber damit hatte meine Abneigung nichts zu tun. Ich hatte Robyn gegenüber von Anfang an meine Bedenken, denn ich spürte, dass sie Einfluss auf Nippy hatte, und ich befürchtete, dass sie meine Tochter in ein Umfeld bringen würde, das nicht gut für sie war.

Ich wollte nicht, dass Nippy sich mit Robyn abgab, und ich sagte ihr das. Mehr konnte ich allerdings nicht tun. Nippy mochte Robyn, und sie war aus dem Alter raus, in dem ich ihr noch irgendetwas hätte verbieten können. Kinder haben ihre eigenen Vorstellungen, und wenn sie älter werden, wollen sie alles Mögliche ausprobieren. Ich weiß, dass viele Vermutungen über Nippy und Robyn angestellt wurden – ob sie vielleicht mehr verband als Freundschaft. Ich weiß ehrlich gesagt nicht, was genau sich damals oder später zwischen den beiden abspielte. Nippy erzählte mir derart persönliche Dinge nicht. Aber ich weiß, dass sie einander viel bedeuteten. Ich vermute, Nippy fühlte sich von Robyns Unabhängigkeit angezogen, von der Tatsache, dass es Robyn egal war, was andere über sie dachten. Nippy war in vielerlei Hinsicht furchtlos, aber sie machte sich immer Sorgen über das Urteil anderer Menschen. Ich denke, sie bewunderte Robyns Fähigkeit, genau darüber nicht nachzudenken und stattdessen einfach zu tun, was sie wollte.

Außerdem kam Robyn in einem Moment in ihr Leben, als Nippy besonders verletzlich war. Sie hatte in der Schule noch immer keine engen Freunde gefunden und fühlte sich wegen der Streitereien zwischen John und mir auch zu Hause nicht mehr wohl. Robyn trat auf, als wollte sie Nippy beschützen, und das muss sehr tröstlich für sie gewesen sein.

Aus welchem Grund auch immer – Robyn und Nippy kamen sich sehr schnell sehr nah, und es war der Anfang einer lebenslangen Freundschaft. Es gefiel mir nicht, das mit anzusehen, aber ich hatte so viel um die Ohren, dass ich mich nicht weiter darum kümmern konnte. Die Lage zwischen John und mir verschlechterte sich zusehends, und unsere Ehe stand auf dem Spiel.

Unsere Familie und Freunde versuchten, zwischen uns zu vermitteln, aber es gelang ihnen nicht. John und ich hatten uns so lange auf meine Arbeit, auf die Kinder und deren Probleme konzentriert, dass wir vergessen hatten, wie wir mit unseren eigenen Schwierigkeiten umgehen sollten. Wir liebten einander immer noch – und das sollte sich nie ändern –, aber es war so viel zwischen uns vorgefallen. Ich sah einfach keine Möglichkeit, seinen Zorn auf eine Weise zu überwinden, die uns wieder zusammenbringen würde. Schließlich beschlossen wir, dass es wohl das Beste wäre, sich zu trennen, um Abstand zu gewinnen und sich vielleicht später wieder annähern zu können.

Bevor es zu dieser Entscheidung kam, hatten John und ich jedoch noch eine wütende Auseinandersetzung, die furchtbare Folgen haben sollte. Wir schrien uns an, es ging hin und her und hin und her, wir spuckten einander unseren Ärger vor die Füße, und dann brüllte John: »Ich gehe jetzt, Cissy! Ich verlasse dieses Haus!« Aber er blieb, und wir stritten weiter, bis er schließlich wieder verkündete: »Ich gehe jetzt, Cissy!«

Wir erschraken beide, als Nippy, die alles mit angeschaut hatte, dazwischenrief: »Daddy, wenn du sagst, dass du gehst, dann tu es doch auch!« Wir drehten uns zu ihr um, starrten sie an. Mein Schätzchen stand da und weinte. »Hör auf zu streiten und geh!«, sagte sie.

John liebte Nippy mehr als alles in der Welt, und ich kann nur erahnen, wie er sich in diesem Moment gefühlt haben muss. Nippy wollte natürlich nicht, dass er sie verließ, aber sie kam mit Auseinandersetzungen einfach nicht zurecht – sie wollte weder daran beteiligt noch Zeuge davon sein. Sie konnte es nicht mit ansehen, wenn andere Menschen sich anschrien und bekämpften – erst recht nicht, wenn es sich um ihre eigenen Eltern handelte. Sie wollte nur, dass wir damit aufhörten.

Ich denke nicht, dass John wirklich vorgehabt hatte, zu gehen. Er hatte das nur in der Hitze des Gefechts behauptet, sicher auch, um mich zu provozieren. Aber auf Nippys Aufforderung hin sagte er nur: »In Ordnung.« Und kurz darauf zog er aus. Er war wütend – auf mich und auf Nippy – und ich bezweifle, dass er jemals darüber hinweggekommen ist. Später benutzte er diesen Vorfall manchmal als Entschuldigung, wenn er Nippy schlecht behandelt hatte. Sie war seine geliebte Tochter, seine Prinzessin, und in seinen Augen hatte sie sich gegen ihn gewendet.

John zog in eine Wohnung in Newark, und ich blieb mit Nippy in der Dodd Street. Ich fand es schrecklich, von ihm getrennt zu sein, aber in gewisser Hinsicht änderte sich unsere Beziehung dadurch kaum. John fuhr mich immer noch nach New York und wieder zurück, wenn ich meine Auftritte im Sweetwaters und Mikell's hatte, und wir waren so oft zusammen, dass viele unserer Freunde gar nichts von der Trennung wussten. Mit unseren Kindern sprach ich nicht darüber. »Die Dinge zwischen curem Vater und mir gehen nur uns etwas an«, sagte ich ihnen.

Sehr viel später, als Nippy ihre eigenen Eheprobleme hatte, sagte sie mir dasselbe. Sie vermied Gespräche, bei denen es um sie und ihren Mann ging. Was auch immer geschehen sollte – wir neigten beide nicht dazu, uns in Angelegenheiten einzumischen, die nicht unsere eigenen waren.

Zweiter Teil

KAPITEL 8
AUFTRITT CLIVE DAVIS

Kurz nachdem John ausgezogen war, beschloss Nippy, dasselbe zu tun. Sie hatte schon eine Zeit lang Andeutungen gemacht, aber ich wollte es ihr nicht glauben, bis sie es schließlich aussprach. Ich war untröstlich – nach meinem Ehemann sollte mich nun auch das letzte meiner Kinder, meine geliebte Tochter, verlassen. Ich versuchte, es ihr auszureden, versuchte sogar, ihr ein schlechtes Gewissen zu machen. Wir stritten uns, und ich ließ ein paar grobe Worte fallen, aber sie blieb stur. Nippy hatte die Highschool 1981 abgeschlossen, im selben Jahr erschien sie auf dem Titelbild der *Seventeen,* und sie hielt sich für erwachsen. Von zu Hause auszuziehen war ein Weg, es sich selbst zu beweisen. John und ihre Brüder waren bereits fort, und unser Haus war für Nippy keine Heimat mehr.

Sie wollte mit Robyn Crawford zusammenziehen – und mit dieser Entscheidung haderte ich. Nippy kannte meine Meinung zu Robyn, aber sie hielt an ihrem Plan fest. Es gab keine ernsthaften Spannungen zwischen Robyn und mir – wir waren bloß selten einer Meinung. Trotzdem versuchten wir, einander zu respektieren und anzuerkennen, dass wir beide einen Platz in Nippys Leben hatten. Letzten Endes konnten wir einander auch den nötigen Raum geben, denn obwohl wir sonst nur wenige Gemeinsamkeiten hatten, teilten wir doch unsere Liebe zu Nippy. Wir sorgten also dafür, dass die

Situation nie zu unangenehm wurde, wenn wir alle zusammen waren.

Nippy und ich telefonierten gelegentlich miteinander, und wir sahen uns in Newark oder bei Auftritten in Manhattan, aber ich besuchte sie nicht ein einziges Mal in ihrer Wohnung in Woodbridge, New Jersey – obwohl ich sie schrecklich vermisste. Was ihr Privatleben betraf, hielt sie mich auf Abstand, und ich spürte, dass sie sich mir entzog, um sich ihr eigenes Leben aufzubauen.

Jahre später gestand sie mir, wir sehr sie mich damals vermisst hatte. »Ich habe immer deine Nummer gewählt und dann doch wieder aufgelegt«, sagte sie. Ich liebte sie und sie liebte mich, aber wir wussten einfach nicht, wie wir den Abstand überbrücken sollten, der manchmal entsteht, wenn Kinder erwachsen werden, nach Unabhängigkeit streben, ihren Eltern widersprechen und nur noch das tun wollen, was ihnen gefällt. Und dieser Abstand hatte sich vergrößert, als John und ich uns trennten.

Während wir also immer weniger Zeit miteinander verbrachten, widmete Nippy sich immer intensiver der Musik, und es sollte sich bald auszahlen, dass sie so viel geübt und gelernt hatte. John und ich arbeiteten weiterhin gemeinsam an Nippys Karriere, und wir beauftragten die Managementagentur Tara Productions, Nippy zu betreuen. Sie sang bei meinen Auftritten immer noch im Background und kam manchmal nach vorne, um ein Solo zu singen. Eine Zeit lang dachte ich noch, Nippy sollte ans College gehen, aber sie war so talentiert – sie war bereit für eine Karriere als Sängerin. Wir mussten nur über die nächsten Schritte entscheiden.

Normalerweise macht man als neuer Künstler ein paar Demoaufnahmen und klappert damit die Plattenfirmen ab. Aber John und ich hofften, dass Nippys Agentur einen anderen Weg einschlagen würde. Tatsächlich startete Tara Productions sofort eine Kampagne, die Nippy einer breiteren Öffentlichkeit bekannt machen sollte. 1982 wurde die erste Aufnahme mit ihr als Leadsängerin veröffentlicht – »Memories« auf dem Album *One Down* der Gruppe Material, und sie wurde auch für die Produktion einiger Radio- und TV-Jingles engagiert. 1983 trat sie in einem Werbespot für Canada Dry Ginger Ale auf – verkleidet als Kellnerin sang sie zusammen mit zwei anderen Frauen ein kleines Lied, und sie sah so süß aus, wie sie da mit einem breiten Lächeln auf dem Gesicht herumtanzte.

Während Tara Productions daran arbeitete, Nippy bekannter zu machen, fragte Aretha mich für den Backgroundgesang bei ihrem neuen Album *Get It Right* an, das von Luther Vandross produziert wurde. Also konnte ich mit zwei meiner besten Freunde im Musikgeschäft zusammenarbeiten – und wir hatten eine tolle Zeit. Wir schwelgten in Erinnerungen, aber wir sprachen auch über Nippy. Luther und Ree waren beide ganz sicher, dass sie das Zeug zum Star hatte.

Ich zog Ree immer damit auf, dass sie ja eigentlich Nippys Patentante war. Vor Jahren, als wir noch gemeinsam auf Tour gegangen waren, hatte sie uns einmal in der Dodd Street besucht. Nippy war so beeindruckt von ihr, dass sie überall herumerzählte, Aretha wäre ihre Patentante, und Ree hatte das nie abgestritten. Irgendwann kam sogar die Presse auf diese Geschichte, und alle dachten, es wäre wahr. Schließlich hielt Nippy auch immer daran fest.

Es war schön, mit meinen alten Freunden zusammen zu sein, denn alleine in dem großen, alten Haus fühlte ich mich manchmal traurig. Johns Mutter war zwar zu mir gezogen, aber das war nicht mit einem Haus voller Kinder und einem Ehemann zu vergleichen. 1983 wurde ich 50 Jahre alt, und ich war einsam. Aber bald sollte ich unerwarteten Trost finden.

Obwohl wir getrennt waren, sahen John und ich uns oft, und wir fühlten uns immer noch zueinander hingezogen – und so führte eins zum anderen. Bald trafen wir uns sogar noch häufiger als zuvor. Die Wochenenden verbrachten wir manchmal in einem Häuschen auf dem Land, das John gekauft hatte, und wir hatten es so gut miteinander wie schon seit Jahren nicht mehr. Die Distanz zum Alltag ermöglichte es uns, wieder aufeinander zuzugehen.

Zu Hause in New Jersey erledigten wir natürlich weiterhin unsere Arbeit und konzentrierten uns auf Nippys Karriere. 1983 entschied Tara Productions, Nippy im Rahmen einer Veranstaltungsreihe zu präsentieren, die nur für Leute aus der Plattenindustrie gedacht war. Nippy sollte auch im Sweetwaters auftreten, ich hatte bei der Organisation mitgeholfen. Gerry Griffith, ein Talentsucher bei Arista Records, der Nippy schon früher einmal einen Vertrag angeboten hatte, empfahl seinem Chef, Clive Davis, sich Nippy anzusehen. Ihr Auftritt im Sweetwaters war überwältigend, und nachdem sie »Greatest Love of All« gesungen hatte, erntete sie stürmischen Applaus. Mit ihrer Stimme, ihrem Aussehen und ihrer Bühnenpräsenz muss sie auf die Plattenbosse gewirkt haben wie eine goldene Gans.

All die Lehrjahre zahlten sich jetzt aus. Obwohl sie so jung war, war Nippy schon ein echter Profi. Sie hatte mich jahrelang ins Studio und zu Auftritten begleitet, sich das richtige Timing, die Atmung, den Umgang mit dem Mikrofon von mir abgeschaut und ihre eigenen kleinen Nuancen hinzugefügt. Michael machte immer Witze über Nippys Technik. »Ma«, sagte er zu mir, »Nippy müsste eigentlich ins Gefängnis dafür, dass sie dich so schamlos kopiert. Du solltest sie verklagen.« Michaels Bewunderung und Loyalität taten mir gut, und Nippy hatte sich tatsächlich einiges von mir und anderen abgeguckt – aber das macht jeder Sänger. Michael hatte auch recht, es steckte viel von mir in Nippys Darbietung, doch sie hatte zudem von einigen der größten Künstler in unserem Umfeld gelernt – von Chaka, Luther, Aretha, Dionne, Donny Hathaway, Roberta Flack und vielen anderen. Von der Sekunde an, als sie entschieden hatte, Sängerin zu werden, hatte sie ihr eigenes, einzigartiges Talent entfaltet, das sie allein Gott zu verdanken hatte. Sie war atemberaubend und hatte ihren ganz eigenen Stil.

Clive war genauso beeindruckt von Nippy, wie Griffith es gewesen war, und er bot ihr sofort einen Vertrag an. Er konnte ihr weder einen riesigen Vorschuss bieten, noch war Arista die größte Plattenfirma, die Nippy umwarb – das war Electra. John wollte, dass Nippy dort unterschrieb. Ich war dagegen. »Es geht nicht ums Geld«, sagte ich ihm. »Es geht um die Zukunft.«

Arista bot zwar einen geringeren Vorschuss, aber es beeindruckte mich, dass sie einen Haufen Geld in Nippys erstes Album stecken wollten – sowohl in die Produktion als auch in die Werbung. Außerdem hatte Clive Davis einen großen Namen im Musikgeschäft, nicht umsonst nannte man ihn den »Music Man«. Wir sagten Clive zu, weil ich ihm vertraute. Er wusste, was er tat, und von Anfang an unternahm er die richtigen Schritte, um Nippy zu einem Star zu machen.

Am 23. Juni 1983 trat Nippy zum ersten Mal im überregionalen Fernsehen auf, zusammen mit Clive in der *The Merv Griffin Show*. Sie war erst 19 Jahre alt und verständlicherweise ein wenig nervös. Ich war mit ihr im Studio, und als ich bei den Proben mitbekam, dass die Band nicht synchron spielte, wusste ich, dass ich etwas tun musste. Eine Band, die mit dem Arrangement nicht zurechtkam, sollte meiner Tochter ganz sicher nicht das TV-Debüt vermasseln! Niemand bekam es mit, weil die Musiker hinter einem Vorhang spielten, aber während Nippys Auftritt stellte ich mich einfach hin und dirigierte die Band.

»Bleib ganz ruhig«, sagte ich zu Nippy, »und sing, wie es gesungen werden soll. Mach dir keine Gedanken wegen der Band oder sonst was.« Und so machte sie es – sie sang aus vollem Herzen. Wenn man sich die Aufzeichnung heute anschaut, kann man kaum glauben, wie jung und enthusiastisch sie wirkt. Obwohl sie so aufgeregt war, strahlte ihr Gesicht eine große Gelassenheit aus. Nippy war froh, dass ihr Auftritt gut lief, aber sie war auch erleichtert, als es vorbei war. Und es machte sie glücklich, dass die Leute da draußen jetzt wirklich auf sie aufmerksam geworden waren.

Trotz des Trubels, der darauf folgte, nahmen die Verantwortlichen bei Arista sich ihre Zeit, was Nippy betraf – sie fingen nicht gleich mit den Aufnahmen für ihr Album an. Als sie es dann taten, brauchten sie zwei Jahre, um es fertigzustellen. Clive wollte, dass Nippy sich erst ein Image aufbaute, und er wollte absolut sicher sein, die richtigen Songs und Produzenten für ihr Debüt auszuwählen. In der Planungsphase rief Nippy mich immer mal wieder an, um nach meiner Meinung zu den Songs zu fragen: »Was denkst du, Mommy?« Ich antwortete stets ehrlich, und obwohl Clive für die Songauswahl verantwortlich war, hatte auch ich ein Wörtchen mitzureden.

Natürlich war Nippy nicht ausschließlich mit den Aufnahmen für ihr Album beschäftigt. 1984 organisierte Clive ein Duett mit Teddy Pendergrass. »Hold Me« erschien auf Pendergrass' Album *Love Language* und erreichte Platz 5 der R&B-Charts – es war Nippys erste Chartplatzierung. In diesem Sommer trat Nippy auch in ein paar Fernsehserien auf, sang mit Jermaine Jackson in der Seifenoper *As the World Turns* und übernahm eine kleine Rolle in der Sitcom *Gimme a Break!* von Nell Carter.

Gleichzeitig arbeiteten Nippys Manager weiter an ihrem Image. Sie beauftragten einen Designer, eine Bühnengarderobe für sie zu entwerfen, aber als ich die Kleider sah, traute ich meinen Augen nicht – sie waren so freizügig, als wären sie für eine Stripperin gedacht. Nippy hatte nichts dagegen einzuwenden – aber ich schon.

»Den ganzen Mist könnt ihr wieder wegpacken«, sagte ich. »Ich weiß nicht, wer so was anziehen soll, aber Whitney bestimmt nicht. Sie wackelt nicht mit dem Hintern, zeigt keine Haut, macht nichts in diese Richtung.« Mochten andere doch wie Bordsteinschwalben herumlaufen – meine Tochter hatte das nicht nötig. Sie konnte singen! Ich kümmerte mich dann für kurze Zeit selber um Nippys Garderobe, bis sie jemanden dafür einstellte.

Damals war ich noch ziemlich aktiv an Nippys Karriere beteiligt, aber bald sollte ich mich zurückziehen und den Großteil der Verantwortung Clive überlassen. Es fühlte sich zwar seltsam an, mich herauszuhalten, aber ich wusste, dass Nippy als Profi ihren eigenen Weg finden wollte und musste. Ich respektierte Clive und seine

Ideen sehr, und ich wusste, dass ich ihm die Zukunft meiner Tochter anvertrauen konnte. Nippy fragte mich immer noch nach meiner Meinung zu den Songs und spielte sie mir meistens vor, wenn es um die Auswahl ging, aber von einem sehr frühen Zeitpunkt an hatte Clive den größten Einfluss auf ihre Karriere.

Als er schließlich die Entscheidung über die Produzenten und die Songs für Nippys Album gefällt hatte, war eine Liste von Schwergewichten der Musikindustrie zusammengekommen – vom Songwriter und Produzenten Kashif bis hin zu Jermaine Jackson. Aufregende Zeiten standen für Nippy an. Sie war erst 20 Jahre alt, und einige der größten Namen aus dem Musikgeschäft standen ihr bei. Einer nahm das mit dem Beistand allerdings etwas zu genau.

Jermaine Jackson, der gerne aus dem Schatten seines Bruders Michael heraustreten wollte, war nicht bloß an Nippys Stimme interessiert. Er war zwar ein netter Mensch – aber er war verheiratet, und ich war nicht gerade begeistert, als Nippy ein paarmal mit ihm ausging. Sie war immer ein großer Fan von Michael Jackson gewesen, vielleicht hatte es etwas damit zu tun. Als ich mit ihr darüber sprach, sagte sie: »Mom, wir machen doch gar nichts.« Sie war über 18 und lebte ihr eigenes Leben, also konnte ich dazu nicht viel sagen.

Nach zwei Jahren Arbeit veröffentlichte Arista im Februar 1985 schließlich Nippys Debütalbum, *Whitney Houston*. Das Studio hatte dafür ein Budget von 200 000 Dollar eingeplant, aber letzten Endes hatte es mehr als das Doppelte verschlungen. Alle waren angespannt, ob die Platte ein Erfolg werden würde, und waren dann enttäuscht, als sie einen schwachen Start hinlegte. Aber im Laufe des Frühjahrs zogen die Verkaufszahlen doch an, und gegen Ende des Sommers war das Album in den Hitlisten des *Billboard*-Magazins in den Sparten R&B und Pop vertreten. Und dann passierte etwas Seltsames: Das Album verkaufte sich immer weiter.

Ich war der Meinung, dass die für ein Popalbum verhältnismäßig vielen Balladen ein Grund für diese langsame Entwicklung waren. Nippy war eine echte Sängerin, und die Arrangements stellten ihre Stimme in den Vordergrund. Es dauerte eine Weile, bis man als Zuhörer hineinfand. Aber im folgenden Sommer, anderthalb Jahre nach der Veröffentlichung, war *Whitney Houston* das Popalbum Nummer eins im ganzen Land.

Noch bevor die Platte in die Läden kam, hatte Clive Davis einen engmaschigen Tourplan für Nippy aufgestellt. Sie begann mit einer Werbetour, was sehr anstrengend ist, man verbringt viel Zeit im Flugzeug und muss überall versuchen, die Menschen für sich und das Album zu begeistern. Sie trat drei- oder viermal am Tag auf, meist an kleineren Veranstaltungsorten, und nur ihr Manager Gene Harvey begleitete sie.

Ich nehme an, dass Nippy sich manchmal ziemlich einsam gefühlt haben muss, vor allem, weil sie nicht mehr in unser fröhliches, volles Haus in der Dodd Street zurückkehren konnte. Zum ersten Mal in ihrem Leben bekam sie eine Vorstellung davon, wie ein Leben als Star eben auch sein kann. Obwohl sie auf der Bühne wirklich fantastisch war und schnell Kontakt mit anderen Menschen knüpfen konnte, muss es ermüdend für sie gewesen sein. Sie lächelte zwar immer und hatte schon als Kind keine Probleme gehabt, mit Fremden ins Gespräch zu kommen, aber im Grunde ihres Herzens war sie auch schüchtern. Sie brauchte Zeit für sich selbst, Zeit mit Menschen, die sie liebten. Auf der Werbetour bekam sie wenig von beidem ab – im Gegenteil, sie musste feststellen, wie es ist, wenn plötzlich andere Menschen über die eigene Zeit bestimmen.

Nachdem das Album erschienen war, begann die reguläre Tour. Jetzt trat Nippy an größeren Orten auf, meistens im Vorprogramm zu einem bekannteren Künstler. Weil sie erst ein Album veröffentlicht hatte, hatte sie noch nicht genug eigenes Material für ein ganzes Set, deswegen sang sie auch Coverversionen anderer Songs. Sie war jetzt auf sich allein gestellt, da war niemand auf der Bühne, der ihr Rückendeckung gab – Nippy war die Attraktion, und sie musste überzeugen. Das ist eine Menge Druck für eine junge Frau, die noch nie wirklich für sich selbst hatte sorgen müssen. Sie wusste, dass sie selbstsicher auftreten musste, und das tat sie auch. Aber es war nicht leicht.

Der Erfolg ihres ersten Popalbums machte Nippy, die bisher als Model und Sängerin relativ unbekannt gewesen war, zur Berühmtheit. Früher hatte sie unbehelligt alle Straßen in jeder Stadt entlangspazieren können, aber jetzt kamen Menschen auf sie zu, die mit ihr reden und sie anfassen wollten. Das hätte jeden überwältigt, aber für Nippy mit ihrer angeborenen Schüchternheit und ihrem Wunsch, jedem zu gefallen, war es schwierig, mit dem plötzlichen Ruhm umzugehen. Ob sie bereit war oder nicht: Sie war der funkelndste neue Stern, der seit Jahren am Musikhimmel erschienen war.

Im Februar 1986 flog Nippy zur Verleihung der Grammy Awards nach Los Angeles. Sie war seit Monaten auf Tour, also konnte ihr niemand übel nehmen, dass sie ein wenig erschöpft war. Und vielleicht war ich überängstlich, aber ich machte mir Sorgen um sie. Und ich war – genauso wie Clive Davis – wütend, dass ihr Name in einer der Grammy-Kategorien nicht auftauchte.

Sie war viermal nominiert worden, aber nicht als »Beste neue Künstlerin«. Anscheinend zählte sie wegen ihrer Duette, die 1984 auf den Alben von Teddy Pendergrass und Jermaine Jackson erschienen waren, nicht dazu. Es war wirklich ärgerlich – als sollte sie grundlos bestraft werden. Aber auch wenn man ihr die offizielle Anerkennung vorenthielt, war sie ganz offensichtlich die talentierteste Nachwuchskünstlerin.

Ich hatte allerdings den Eindruck, dass Nippys Erfolg bei manchen Personen Unmut hervorrief. Nippy sollte bei der Verleihung auftreten, und als wir zu den Proben kamen, meinten einige der anderen Künstler offenbar, ihr die kalte Schulter zeigen zu müssen. Eine Gruppe von Musikern und Sängern stand da, als wir hereinkamen, und Nippy, wie immer freundlich und aufgeschlossen, ging auf sie zu und sagte: »Hi, ich bin Whitney.« Natürlich wussten alle, wer sie war, aber sie standen nur da und schauten sie an. Das gab Nippy einen Stich. Als wir weitergingen, fragte sie mich: »Mommy, was ist los mit denen? Mögen die mich nicht?« Ich sagte, sie solle sich nicht weiter darum kümmern – was hätte ich auch sonst tun sollen?

Wer weiß, vielleicht waren die anderen Künstler auch nur schüchtern, oder sie benahmen sich bloß so, wie man sich in Los Angeles eben benimmt, oder sie hielten Nippy, weil sie so jung war und aus einer christlichen Familie stammte, für einen Gutmenschen. Wie auch immer: Ein Neuling in der Musikszene zu sein, verunsicherte Nippy ein wenig. Sie schaute zu vielen der anderen Künstler auf, und ich hätte mir gewünscht, dass sie etwas liebenswürdiger oder wenigstens freundlich zu ihr gewesen wären. Eine Person war allerdings ein Schatz: Michael Jacksons ältere Schwester Rebbie kam während der Probe auf Nippy zu und nahm sie fest in ihre Arme. Ich wusste, wie gut Nippy das tat – mir ja auch.

Während der Preisverleihung sang Nippy »Saving All My Love for You«, und später am Abend gewann sie mit genau diesem Song in der Kategorie »Beste weibliche Gesangsdarbietung – Pop«. Ihre Cousine Dionne Warwick verkündete es, und sie freute sich so sehr, dass sie Nippy, die auf die Bühne kam, um den Preis entgegenzunehmen, mit ihrer Umarmung beinahe zerquetschte. Alle applaudierten und jubelten, und Nippy wandte sich dem Publikum zu und sagte: »Ja, ist es denn zu glauben!?« Sie meinte wohl, sie würde träumen – dabei war das erst der Anfang von allem.

KAPITEL 9

RUHM

Im Herbst 1986 war *Whitney Houston* immer noch ganz oben in den Charts. Nippy hatte angefangen, an ihrem zweiten Album zu arbeiten, und ihr Erfolg nahm stetig zu. Aber Erfolg ruft immer auch kritische Stimmen hervor, davon blieb selbst Nippy nicht verschont. Im späten September, als die MTV Video Music Awards vergeben wurden, begann der Gegenschlag.

Nippy war in zwei Kategorien nominiert und wurde für ihr Musikvideo zu »How Will I Know« ausgezeichnet. Sie sang diesen Song sowie »Greatest Love of All« während der Preisverleihung. Die MTV Awards waren anders als die Grammys, wo es zur Tradition gehörte, schwarze Künstler in allen Musikbereichen auszuzeichnen. MTV existierte noch nicht lange, aber der Sender hatte bereits den Ruf, schwarze Musiker zu ignorieren.

Bisher war Michael Jackson einer der wenigen Schwarzen gewesen, dessen Videos regelmäßig auf MTV gezeigt wurden. Aber als Nippy begann, Videos zu produzieren, strahlte MTV diese auch aus – sie war die erste schwarze Sängerin, die regelmäßig auf diesem Kanal zu sehen war. Ich dachte, das wäre gut; ein Durchbruch für sie und andere schwarze Künstler. Aber manche Menschen meinten, es würde etwas anderes heißen: dass Nippys Musik nicht »schwarz genug« wäre.

Es war das erste Mal, dass Nippy diese Kritik zu hören bekam, und es sollte nicht das letzte Mal sein. Sie ärgerte sich darüber, aber ich sagte ihr, dass sie stolz sein könne, eine so große Bandbreite zu haben und sich nicht nur auf R&B beschränken zu müssen. »Widme dich der Art von Musik, zu der du eine Verbindung spürst, für die du ein Gefühl hast«, riet ich ihr. »Lass dich nicht von Leuten beeinflussen, die dich in eine blöde kleine Schublade stecken wollen.« Nippy war zwar verletzt, aber ich denke, sie nahm sich die Kritik nicht allzu sehr zu Herzen. Sie arbeitete am zweiten Album, und es war wichtiger als je zuvor, dass sie ihren eigenen Grundsätzen treu blieb und die Kritiker einfach reden ließ.

Whitney Houston blieb so lange in den Charts, dass Arista die Veröffentlichung von Nippys zweitem Album, *Whitney,* nach hinten verschieben musste. Als es im Sommer 1987 endlich in die Läden kam, übertrumpfte es alle anderen Neuerscheinungen. Nippy war die erste Frau, deren Album sofort auf Platz eins der Charts einstieg. In den folgenden Monaten veröffentlichte sie eine Hitsingle nach der nächsten, und das Album verkaufte sich blendend.

Whitney war Geld noch nie sonderlich wichtig gewesen, und das änderte sich auch jetzt nicht. Sie gehörte einfach nicht zu den Personen, die sich immer den neuesten und teuersten Schnickschnack zulegen müssen. Aber sie beschloss doch, sich ein Haus zu kaufen.

Um die Wahrheit zu sagen, war John derjenige in unserer Familie, der am meisten an Geld interessiert war. Er bot Nippy an, ihr bei der Auswahl des Hauses und der Einrichtung behilflich zu sein, und als sie zustimmte, haute er so richtig auf den Putz. Auf seinen Rat hin kaufte sie eine luxuriöse Villa mit fünf Schlafzimmern auf einem zwei Hektar großen Grundstück in Mendham Township, New Jersey. Sie überließ es ihrem Vater, es einzurichten. Am Abend vor der Einweihungsfeier erzählte sie einem Freund der Familie, dass sie sich das Ergebnis erst ein paar Stunden zuvor zum ersten Mal angesehen habe. Die Einrichtung entsprach eigentlich nicht ganz Nippys Stil, aber sie musste zugeben, dass es prachtvoll aussah.

Ich war begeistert von Nippys neuem Zuhause und hoffte, es würde der Ort sein, an dem sie sich eines Tages niederlassen würde, um eine eigene Familie zu gründen. Weniger begeistert war ich dann, als sie Robyn einlud, zu ihr nach Mendham zu ziehen. Die Villa war sogar noch weiter von meinem Haus entfernt als ihre alte Wohnung in Woodbridge, und ich konnte Robyn inzwischen nicht besser leiden als zuvor. Aber meine Tochter war erwachsen und konnte ihre eigenen Entscheidungen fällen, und meine Meinung zu Robyn oder zu irgendwem anders sollte mich sicher nicht für immer von meinem Schatz trennen. Abgesehen davon hasste ich Robyn ja nicht, ich war nur besorgt, was ihren Einfluss auf Nippy anging.

Nippy war so großzügig, mir eine große, sonnendurchflutete Wohnung in Verona, New Jersey, zu kaufen. John und ich verkauften das Haus in der Dodd Street, das einfach zu groß und lästig für mich geworden war. John lebte immer noch in Newark in seiner eigenen Wohnung, aber wir sahen uns häufig. Bis auf die Tatsache, dass wir nicht zusammenwohnten, fühlte es sich an, als wären wir gar nicht getrennt. Ich hoffte und glaubte daran, dass wir wieder ganz zueinanderfinden würden. Ich rechnete fest damit, dass es so kommen würde – die Frage war nur, wann.

Nippys Tour »Moment of Truth« begann am 4. Juli 1987, und für die nächsten 16 Monate bereiste sie beinahe die ganze Welt – Nordamerika, Europa, Japan, Hongkong, Australien. Ich konnte sie nicht groß begleiten, da ich immer noch selber arbeitete – ich sang im Background für Künstler wie David Bowie und hatte meine regelmäßigen Auftritte im Sweetwaters und Fat Tuesday's. Aber obwohl ich mir nur ein paar ihrer Shows anschauen konnte, rief ich sie immer an, um zu hören, wie die Dinge so standen und ob es ihr gut ging.

Ich wusste, dass Nippy auf Tour in guten Händen war – Gary, Michael, John und auch Tante Bae waren bei ihr. Michael unterstützte die Veranstaltungstechniker, Gary sang im Background, und

Bae kümmerte sich als »Tour-Mommy« um alles und jeden. John war Geschäftsführer von Nippys neuer Firma, Nippy Inc., die sie gegründet hatte, um ihre alte Managementagentur zu ersetzen.

Gary, Michael und Nippy waren noch jung, alle in ihren Zwanzigern, und neben der Arbeit wollten sie auch ihren Spaß haben. Sie hatten Zeit und Geld, also stellten sie ein paar wirklich kindische Sachen an, verwandelten beispielsweise einen Parkplatz für einen Abend in eine Rollschuhbahn. Aber Tante Bae und John ließen sie nicht allzu übermütig werden. Tante Bae kochte für alle, wenn das Hotel es ihr erlaubte, die Küche zu benutzen, also bekamen sie selbst in Frankreich oder Japan ihr Lieblingsessen vorgesetzt – Hühnerflügel, Schweinefleisch und Bohnen.

Michael und Nippy standen sich sehr nah, und sie hatte ihn gerne auf Tour mit dabei. Er belegte immer ein Hotelzimmer, das ihrem gegenüberlag, und er durfte seine Tür nicht verriegeln, sodass Nippy, wenn ihr danach war, mitten in der Nacht zu ihm hinübergehen konnte. Sie hingen oft in seinem Zimmer herum und schauten QVC, bestellten sich irgendwelche Sachen aus dem Fernsehen, wenn sie nicht schlafen konnte.

Nippy war jünger als Michael, aber sie nannte ihn gerne »Sohn« – als Anspielung auf den verlorenen Sohn. Michael erzählte mir immer, was sie alles anstellten. Einmal hatte Nippy sich in den Kopf gesetzt, die Bourbon Street in New Orleans entlangzulaufen – ohne ihre Sicherheitsleute und in einem Pelzmantel. Sie hielt das für witzig. Michael begleitete sie, und so flanierten die beiden im Französischen Viertel umher, umringt von einem Haufen betrunkener, aufgeregter Touristen.

Nippy schien nicht zu begreifen, dass sie sich mit solchen Aktionen in Gefahr bringen konnte. Sie war jetzt überall bekannt und berühmt, aber wenn sie einen kleinen Spaziergang machen wollte, dann tat sie es eben. Manchmal wollte sie der Realität wohl einfach nicht ins Auge blicken.

Michael erzählte mir auch von einer Situation in Italien, er war damals bereits seit einigen Monaten mit Nippy auf Tour. Er hatte Donna, seine Frau, und seinen Sohn, den kleinen Gary, schon seit einer Weile nicht mehr gesehen, und er vermisste die beiden. Vielleicht vermisste Nippy auch bloß den kleinen Gary – sie betete dieses Kind an, und später nahm sie ihn immer mit auf Tour, einfach weil sie ihn gerne in ihrer Nähe hatte. Jedenfalls ließ Nippy die beiden dann nach Italien einfliegen.

Sie waren in einem Hotel mit einem großen Vorplatz untergebracht, und Hunderte von Menschen versammelten sich dort jeden Tag in der Hoffnung, einen Blick auf Nippy zu erhaschen. An dem Tag, als Donna und Gary erwartet wurden, wurde die Menge unruhig – sie hatten die ganze Nacht draußen verbracht und so laut »Whitney! Whitney!« gerufen, dass niemand schlafen konnte.

Zu dem Zeitpunkt, als Michaels Familie ankommen sollte, gingen Michael und Nippy hinunter in die Lobby, um die beiden zu begrüßen. Überall waren Sicherheitsleute und italienische Polizisten, die Polizei war auch schon ein wenig härter gegen die Massen vorgegangen und hatte ein paar Leute verhaftet. Sie versuchten, die Kontrolle über die Situation zu behalten, aber das war nicht leicht.

Als das Auto, in dem Donna und Gary saßen, vorfuhr, schrie irgendwer: »Da sind sie!«, und bevor Michael sie zurückhalten konnte, rannte Nippy einfach los. Sie sprintete von der Lobby zum Auto, vorbei an den Sicherheitsleuten und der Polizei, und die Menschenmenge stürzte sich auf sie. Michael erzählte mir, dass Nippy die Leute einfach zur Seite geschubst hätte, Schläge nach links und rechts ausgeteilt hätte, bis sie am Auto war. Und in diesem Moment traten die Menschen wundersamerweise zurück und ließen sie in Ruhe. Nippy schnappte sich den kleinen Gary und trug ihn zur Lobby, küsste ihn und umarmte ihn fest. Und glücklicherweise ließen die Massen sie durch.

Mir gefiel weder die Vorstellung, dass fremde Menschen sich auf Nippy stürzten, noch, dass sie ihnen einfach entgegenstürmte. Aber sie hatte sich so auf den kleinen Gary gefreut, und am Ende waren ja alle in Sicherheit. Trotzdem blies ich John gehörig den Marsch, als ich diese Geschichte hörte. »Du passt bitte ein bisschen besser auf sie auf!«, sagte ich.

Egal, wo Nippy sich jetzt aufhielt: Jeder erkannte sie und sprach sie an. Einmal, wir waren zusammen nach New York zurückgeflogen, stellte sich heraus, dass der Fahrer, der uns abholen sollte, am falschen Flughafen wartete. Wir hatten kein Auto, keinen Fahrer, keine Sicherheitsleute – und es war ein Freitag im Sommer, der Flughafen war also voll von Leuten, die ein Taxi wollten. Nippys Anwältin und Freundin Toni Chambers war bei uns, und während Toni versuchte, eine Limousine herbeizutelefonieren, begannen die Leute, uns zu umkreisen.

Wir konnten unmöglich stehenbleiben und warten, sonst hätte sich bald ein ganzer Schwarm um Nippy gebildet. Wir nahmen unsere Taschen und machten uns zum Taxistand auf, als plötzlich ein Mann auf uns zukam. »Brauchen Sie ein Taxi?«, fragte er. Er schien der einzige Mensch im ganzen Flughafen zu sein, der nicht wusste, wer Nippy war. Wir schauten uns nur an, und Nippy fing an zu lachen. »So ist es!«, sagte sie, »los gehts!« Wir folgten dem Mann durch die Menschenmenge, am Taxistand vorbei zu einem Parkplatz. Und da stand sein Wagen, ein zerbeulter Toyota mit Farbflecken an den Türen. Wir warfen unsere Taschen in den Kofferraum und stiegen ein.

Da saßen wir also in dieser wackeligen Kiste, und Nippy schien begeistert zu sein. Sie kurbelte das Fenster herunter und schaute hinaus, genoss es für einen Moment, die gute alte Nippy sein zu können und nicht die berühmte Whitney Houston. Als wir an einer Ampel anhielten, schauten ein paar Mädchen aus einem anderen Auto herüber. »Das ist Whitney Houston!«, quietschte eine, und eine andere sagte: »Quatsch! Whitney Houston würde doch nie in so einer Schrottkarre durch die Gegend fahren.«

So berühmt sie auch wurde – Nippy sollte sich eine Vorliebe für die einfachen Dinge bewahren, die sie schon immer gemocht hatte.

Zum Beispiel Eis am Stiel. Wenn ihr jemand ein Fruchtsorbet kredenzen wollte, sagte sie: »Ich hätte lieber ein Eis am Stiel!« Und dann gingen die Menschen an dieser wunderschönen Frau vorbei, die ein ganz normales Eis aß, und dachten sich: »Die sieht ja aus wie Whitney Houston!«

Nippy wäre gerne das nette Mädchen von nebenan geblieben, aber das wurde schwieriger, je berühmter sie wurde. Nach einer Weile begann sie, ihr öffentliches Selbst von der Privatperson zu trennen. Sie sagte dann: »Ich bin müde. Es ist Zeit, dass ich Nippy ins Bett bringe.« Oder wenn ein Auftritt bevorstand: »Okay, ich muss mich jetzt in Whitney Houston verwandeln.« Das war halt ihre Art, mit den Verrücktheiten des Ruhms umzugehen.

Als Sängerin andauernd unterwegs zu sein, ist nicht einfach. Man muss genau wissen, zu welchem Zweck man das tut, was der Grund für das Ganze ist. Viele Künstler verlieren sich in diesem Wirbelsturm und geraten an Menschen, die nicht gut für sie sind. Man muss aufpassen, mit wem man sich umgibt, denn es kann auf Tour sehr wild zugehen, und es kann schnell passieren, dass man dabei auf der Strecke bleibt.

Ich weiß das, weil ich in all den Jahren, die ich selbst auf Tour war, ein winziges bisschen davon mitbekommen habe. Ich habe immer versucht, mich herauszuhalten, denn mir war klar, dass ich für meine drei Kinder ein gutes Vorbild sein wollte. Ich war ganz sicher keine Heilige. Aber ich versuchte, die Kontrolle zu behalten, was manchmal einfacher gesagt war als getan. Nippy erzählte mir nur wenig von ihrem Leben auf Tour, also konnte ich mir kein genaues Bild davon machen, wie sie mit all dem umging. Aber bald sollte ich von einer Person etwas darüber erfahren, von der ich es nicht erwartet hätte – Robyn Crawford.

Eines Nachmittags in den späten 80er-Jahren kam sie mich besuchen. Ich war überrascht, denn eigentlich redeten wir kaum miteinander, und ich versuchte mich aus ihren Angelegenheiten herauszuhalten. Aber Robyn kam zu mir, weil sie sich Sorgen um

Nippy machte. Sie sagte mir, dass Nippy Drogen nahm. Das war mir völlig neu – ich hatte so etwas nicht einmal geahnt. Robyn erzählte mir, dass Nippy und sie gelegentlich gemeinsam Drogen konsumierten. »Nippy gefällt das ein wenig zu gut«, sagte sie. Offenbar konnte Robyn, wenn sie etwas im Haus hatten, ein wenig davon nehmen und dann aufhören. Aber Nippy machte immer weiter, bis alles aufgebraucht war.

Nun, ich mochte zwar gewisse Seiten an Robyn nicht, aber eins ist sicher: Nippy lag ihr sehr am Herzen, und sie wollte sie beschützen. Niemand hatte den Mut, zu mir zu kommen und mir zu sagen, dass Nippy in etwas hineingeraten war, das ihr schadete – niemand außer Robyn. Wir pflegten keinerlei Beziehung zueinander, aber sie kam persönlich zu mir, weil sie Nippy helfen wollte. Das habe ich ihr immer hoch angerechnet.

Nach dem Gespräch mit Robyn versuchte ich, mit Nippy über die Sache zu reden. »Ach, Mommy«, sagte sie. »Da musst du dir keine Sorgen drum machen.« Sie tat meine Bedenken einfach ab, behauptete, dass es ihr gut gehen würde und dass Robyn bloß übertrieb. Natürlich wollte ich zu dem eigentlichen Problem vordringen, aber ich musste wohl oder übel akzeptieren, was sie mir sagte. Zu diesem Zeitpunkt machte sie alles genau so, wie es von ihr erwartet wurde: Touren, Aufnahmen, öffentliche Auftritte, alles. Ich hatte keinerlei Beweise dafür, dass etwas falsch lief, und ohne Beweise konnte ich auch nichts ausrichten, denn Nippy hätte ja nur weiterhin alles abgestritten. Ich hatte mit ihr gesprochen, ihr gesagt, dass ich mir Sorgen machte – was sonst hätte ich tun können?

Sehr viel später sollte ich erfahren, dass John sich damals ebenfalls seine Gedanken wegen Nippy machte. Er hatte mit angesehen, wie Nippy immer berühmter wurde, wie sie mit dem Druck auf Tour umging und mit der Verantwortung, für den Lebensunterhalt von Dutzenden, wenn nicht Hunderten von Menschen verantwortlich zu sein. Er hatte sich gefragt, ob sie stark genug war, damit umzugehen. Er wusste, dass auch Gary und Michael Probleme mit

Drogen hatten, aber einem alten Freund der Familie hatte er einmal gesagt: »Weißt du, am meisten Sorgen mache ich mir eigentlich um Nippy. Wenn sie mal in eine wirkliche Krise gerät oder eine echte Enttäuschung erlebt, bin ich mir nicht sicher, ob sie das überlebt. So was kennt sie nämlich gar nicht.«

Und da hatte John recht. Es war uns so gut gelungen, unsere Tochter zu beschützen, dass sie noch keine größeren Erschütterungen erfahren hatte. So stolz ich auch darauf war, dass sie dermaßen behütet aufgewachsen war – jetzt, wo der Ruhm so schnell von ihrem Leben Besitz ergriff, war ich doch besorgt, was wohl passieren würde, wenn die Umstände härter für sie werden sollten. Ich hoffte einfach, dass sie zu mir kommen würde, wenn sie Hilfe brauchte.

Aber einmal kam Nippy zu mir, und ich wies sie ab. Es ist einer der wenigen Momente in meinem Leben, die ich zutiefst bereue.

Ich sollte ein Konzert auf den Amerikanischen Jungferninseln geben, und Nippy hatte mich gefragt, ob sie mich begleiten dürfe. Sie war damals schon ein Star, aber sie wollte im Background für mich singen, so, wie sie es all die Jahre in den New Yorker Clubs getan hatte. Sie wollte mir meinen Auftritt nicht wegnehmen – sie wollte mich lediglich auf der Bühne unterstützen.

Die Leute flippten natürlich aus, obwohl sie nur im Background sang, und bei dem Gospellied »Lead Me, Guide Me« bat ich Nippy nach vorne, damit sie die Leadstimme übernahm. Sie lächelte und machte das gerne, und das Publikum kannte kein Halten mehr. Die Leute riefen und klatschten und winkten, als wären sie in der Kirche. Der Heilige Geist war an diesem Abend bei uns, wirklich und wahrhaftig. Es war nicht die Magie der großen Whitney Houston – es war die Magie von Mutter und Tochter auf einer Bühne, die erfüllt von ihrem Glauben gemeinsam ein Lied sangen.

Der Abend war etwas ganz Besonderes, und es tut mir immer noch weh, daran zu denken, was dann passierte. Schon als kleines Mädchen hatte Nippy sich manchmal in mein Bett gekuschelt und bei mir geschlafen. Und in dieser Nacht kam sie im Hotel wieder zu mir. Aber inzwischen hatte sie die schreckliche Angewohnheit entwickelt, im Schlaf mit den Zähnen zu knirschen – so laut, dass ich kein Auge zubekam. Ich stupste sie an. »Nippy«, sagte ich, »geh in dein eigenes Bett!«

»Mommy, ich will hierbleiben«, sagte sie.

»Nein, Schatz, du musst gehen«, sagte ich. »Ich kann bei diesem Geräusch nicht schlafen!« Also trottete sie davon, so traurig, wie man nur sein kann. Ich bin mir sicher, dass ich in dieser Nacht ihre Gefühle verletzt habe, und wenn ich jetzt noch etwas daran ändern könnte, würde ich es sofort tun. Aber so ist das Leben nicht.

Nippy trat weiterhin auf, und je berühmter sie wurde, desto mehr engagierte sie sich auch für gute Zwecke. Im Sommer 1988 sang sie bei einem Benefizkonzert im Madison Square Garden, das eine Menge Geld für den United Negro College Fund einbrachte. Und im Juni desselben Jahres nahm sie in London an einem großen Solidaritätskonzert für Nelson Mandela teil, das anlässlich seines 70. Geburtstags stattfand. Mandela war damals noch in Südafrika inhaftiert, und die Apartheid war noch längst nicht überwunden. Südafrika war ein heikles Thema, und die Veranstalter des Konzerts hatten es schwer, Künstler zur Teilnahme zu bewegen. Niemand wollte zusagen, bevor nicht andere auch zugesagt hatten, denn alle schienen Angst vor kritischen Gegenstimmen zu haben. Nippy zögerte jedoch nicht. Nichts hätte sie davon abhalten können, Mandela, den sie so sehr für seinen Mut bewunderte, zu würdigen. Sie hatte keine Angst, und ich war stolz auf sie. Aber im folgenden Jahr sollte sie etwas tun, das mich noch stolzer machte.

Nippy hatte immer ein Augenmerk auf benachteiligte Menschen gelegt, die nicht so viel besaßen wie sie. Als sie dann sehr vermögend wurde, versuchte sie, ihr Geld dafür einzusetzen, anderen zu helfen. Der Großteil ihrer wohltätigen Arbeit und ihrer Spenden wurde nicht publik gemacht – Nippy wollte das nicht. Aber sie bedachte Organisationen wie die NAACP – die Nationale Organisation für die Förderung farbiger Menschen –, das Barbara Davis Center für Diabetes bei Kindern, den United Negro College Fund, das Rote Kreuz und viele weitere Einrichtungen. Nippy hatte ein so ausgeprägtes soziales Gewissen, dass sie schon als Jugendliche Anfragen von Modelagenturen abgelehnt hatte, die mit Südafrika Geschäfte machten. Sie wusste genau, wie gesegnet sie war, und sie verstand es als eine Pflicht, ihren Teil zur Verbesserung der Gesellschaft beizutragen.

In den späten Achtzigern erhielt sie Hunderte von Einladungen, bei Benefizveranstaltungen mitzuwirken. Sie versuchte, so viele anzunehmen wie möglich, aber es nahm bald überhand. Die Leute schienen nicht zu begreifen, dass selbst bei Konzerten, die einem guten Zweck dienten, Kosten für Nippy entstanden. Wenn sie nicht auf Tour war, musste sie die Band und ihre Sänger erst eigens zusammentrommeln. Profimusiker und Backgroundsänger werden für Proben natürlich bezahlt, Nippy musste einen Proberaum anmieten, die Transport- und Hotelkosten sowie die jeweiligen Tagespauschalen übernehmen und so weiter. Am Ende konnte ein Auftritt bei einem Benefizkonzert sie mehrere tausend Dollar kosten.

Nippy wusste, dass es einen besseren Weg geben musste, um ihr Geld wohltätigen Zwecken zuzuführen. 1989 gründete sie ihre eigene Stiftung: Die Whitney Houston Foundation for Children setzte sich vornehmlich für Kinder ein, die an Krebs erkrankt, HIV-positiv oder obdachlos waren. Nippy fragte mich, ob ich Präsidentin und Vorstandsvorsitzende der Stiftung werden wollte, und ich sagte gerne zu. Toni Chambers wurde Geschäftsführerin. Nippy wollte, dass das Geld, das in die Stiftung floss, ohne Umwege den Kindern zugutekam, und sie verpflichtete sich, alle Kosten der Stiftung – die Gehälter, Büromaterialien, alles – selbst zu tragen. Von Anfang an stellte Nippy sicher, dass es nie eine Frage sein würde, wie das Geld ausgegeben wurde oder an wen die Spenden gingen. Wenn jemand sie nach ihrer Stiftung fragte, sagte sie mit Stolz: »Das ist alles bestens geregelt.«

Nippys Stiftung leistete fantastische Arbeit. Wir organisierten ein Youth Leadership Program in Washington, D.C. – das Projekt wandte sich an gemeinnützige Organisationen, die mit Jugendlichen arbeiteten, beispielsweise Freizeitbetreuung anboten oder Krisentelefone. Über hundert Kinder kamen aus ganz Amerika für eine Woche nach Washington – einige behindert, im Rollstuhl unterwegs oder gehörlos, schwarze Kinder, weiße Kinder, asiatische und lateinamerikanische Kinder. In dieser Woche konnten sie Menschen treffen, denen sie sonst nie begegnet wären, und sich mit denen verbünden, die sie sonst vielleicht gemieden hätten. Sie lernten viel voneinander und nahmen neue Ideen mit nach Hause. Ich war so stolz auf dieses Projekt, so stolz auf meine Tochter und auf ihre Stiftung.

Nippy arbeitete hart, um die Welt ein bisschen zu verbessern. Auch deswegen machte es mich wütend, wenn sie aus dämlichen Gründen kritisiert wurde. Manche Leute ertragen es einfach nicht, wenn es anderen gut geht, und sie hackten wirklich auf Nippy herum. Der Hauptkritikpunkt war nach wie vor dieser Blödsinn, sie sei nicht »schwarz genug«.

Ich habe mein ganzes Leben lang gerne gute Musik gehört und versucht, gute Musik zu machen. Meine Generation, die in den 50er- und 60er-Jahren erwachsen wurde, schwärmte wirklich aus. Wir wollten in allem, was wir machten, erfolgreich sein, wollten uns nicht in irgendwelche Schubladen stecken lassen, wie die Generationen vor uns es vielleicht noch getan hatten. Und das wollte ich auch Nippy vermitteln. Meine Tochter konnte alles singen – warum sollte sie sich auf einen Stil beschränken, den man ihr offiziell zuerkannt hätte? Sie fühlte eine tiefe Verbindung zu ihren Songs, und sie sang so ausdrucksvoll. Ich habe nie eingesehen, was es daran zu kritisieren gab. 1986, bei den MTV Music Awards, hatte alles angefangen, aber das war noch lange nicht das Ende.

Am schlimmsten traf es sie an dem Abend, als 1989 die Soul Train Awards vergeben wurden. Als Nippys Nominierung in der

Kategorie »Beste R&B-Single« für »Where Do Broken Hearts Go« verkündet wurde, kamen Buhrufe aus dem Publikum, und oben von der Loge rief jemand: »White-ey! White-ey!«, als wäre das ein besonders kluger Beitrag. Da wollten wohl ein paar Leute die Aufmerksamkeit auf sich lenken, aber es verletzte Nippys Gefühle – sie hatte das wirklich nicht verdient. Sie hatte nie versucht, weißen Künstlerinnen nachzueifern. Sie wollte nur singen, ihr gottgegebenes Talent entfalten und sie selbst sein. Wenn es jemandem nicht gefiel, dass sie sich weder freizügig kleidete noch mit ihrem Hintern wackelte, dann war das nicht ihr Problem.

Im Laufe der Veranstaltung gewann Nippy allerdings so viele Preise, dass die Leute aufstanden, um ihr zu applaudieren – ein passender Abschluss von einem schwierigen Abend. Nippy war in vielerlei Hinsicht stark, aber in punkto Kritik war sie immer noch so empfindlich wie als Kind. Deswegen hatte ich ja auch versucht, sie von einer Karriere im Musikgeschäft abzuhalten. Ich wusste, dass sie leiden würde, und obwohl ich ihr immer wieder den Rat gab, ihre Kritiker zu ignorieren oder eben zurückzustänkern, war sie dazu nicht in der Lage. Es war so leicht, sie zu verletzen, und ich hatte es kommen sehen. Als Mutter machte mich das Ganze natürlich wahnsinnig wütend.

Nach der Verleihung war Nippy immer noch aufgebracht, und ich nahm sie in den Arm. »Es wird schon werden«, sagte ich. »Diese Leute wissen es einfach nicht besser. Wenn sie es besser wüssten, würden sie sich auch besser verhalten.«

Sie fühlte sich von den Zwischenrufen zwar angegriffen, aber in der Öffentlichkeit ging sie ziemlich gut damit um, blieb ruhig und äußerte sich nur ein paarmal dazu. Als ein Reporter vom Magazin *Essence* sie auf den Vorwurf ansprach, sie sei nicht »schwarz genug«, hatte sie die perfekte Antwort parat. »Was ist das eigentlich: Schwarz? Das frage ich mich, seit ich im Geschäft bin. Ich habe keine Ahnung, wie ich schwärzer singen sollte – oder weißer. Aber singen kann ich. Musik hat für mich keine Farbe. Musik ist Kunst.«

KAPITEL 10
WELCOME
HOME HEROES

Die Verleihung der Soul Train Awards 1989 sollte Nippy nicht nur in Erinnerung bleiben, weil sie dort ausgebuht worden war. Es war auch der Abend, an dem sie Bobby Brown traf.

Ich wusste vorher nicht viel über Bobby, obwohl ich ihn schon auf der Bühne erlebt hatte. Sein Ruf als Rüpel eilte ihm voraus, aber als ich ihn das erste Mal traf, verhielt er sich mir gegenüber absolut respektvoll. Am Anfang wirkten er und Nippy auf mich wie ein junges Pärchen, das noch zur Highschool geht, als wäre es für ihn die größte Ehre, auf dem Heimweg ihre Bücher tragen zu dürfen. Sie waren wirklich ineinander verknallt.

Über die Jahre war Nippys Name mit einigen Männern in Verbindung gebracht worden, und obwohl sie mir nie etwas Genaues erzählte, nahm ich an, dass nichts Ernstes dabei war, denn Heiraten war nie ein Thema.

Eddie Murphy, Randall Cunningham, der bei den Philadelphia Eagles Football spielte, und der gut aussehende Schauspieler Blair Underwood gingen alle eine Zeit lang mit ihr aus. Ich bin mir nicht sicher, wie nah sie ihr im Einzelnen waren. Eddie behauptet heute noch, dass er und Nippy bloß Freunde gewesen wären, aber viele glauben ihm nicht. Ich denke schon, dass er die Wahrheit sagt.

Nippy und Eddie hatten einen echten Draht zueinander – zumal Nippy sehr lustig sein konnte. Sie war in einem Haus aufgewachsen, wo die ganze Zeit gescherzt und gelacht wurde, und sie alberte mit jedem herum. Wenn sie so richtig loslegte, kamen einem vor Lachen die Tränen, und ich nehme an, dass Eddie das gefiel. Ich sah sie einmal zusammen auf einer Party, umringt von Fotografen, und sie saßen da im Blitzlichtgewitter, lachten und redeten miteinander, als würden sie gar nichts davon mitbekommen. Und ich weiß, dass Eddie Nippy einmal einen wunderschönen Ring geschenkt hat, aber es war kein Verlobungsring.

Randall Cunningham hingegen hätte sie wohl gerne geheiratet. Er liebte sie über alles. Sie lernten sich kennen, als ihr Debütalbum erschien, und waren dann eine Zeit lang miteinander liiert. Ich mochte Randall, und ich weiß nicht, warum aus den beiden nichts geworden ist. Vielleicht war sie so mit der Musik und er mit dem Football beschäftigt, dass sie einfach nicht genug Zeit für eine Beziehung hatten.

Niemand hatte Nippy also so richtig vom Hocker gerissen – aber dann kam Bobby. Mir fiel gleich auf, wie unterschiedlich er und Nippy waren. Ich denke nicht, dass er ein schlechter Mensch war, aber ganz offensichtlich hatten er und Nippy sehr unterschiedliche Persönlichkeiten, seine Familie ähnelte unserer auch nicht besonders. Und schon damals geriet er andauernd in Schwierigkeiten.

Um ganz ehrlich zu sein: Ich habe Nippy von Anfang an gesagt, dass Bobby meiner Meinung nach nicht zu ihr passte. Wir hatten keinen großen Streit deswegen, aber ich erwähnte es ein paarmal, und ich wusste, dass ihr meine Missbilligung nicht gefiel. Sie wollte mit Bobby zusammen sein, also entschied ich mich, die Dinge einfach laufen zu lassen. Immerhin hatten mir meine Schwestern auch von der Beziehung zu John Houston abgeraten – und man weiß, wie brav ich auf sie gehört habe. Nippy war genauso. Sie liebte, wen sie lieben wollte, und sie hatte Bobby auserkoren. Niemand konnte ihr da noch reinreden.

1990 verbrachte Nippy die meiste Zeit mit der Arbeit an ihrem dritten Album, *I'm Your Baby Tonight*. Clive Davis hatte bisher immer die Songs für ihre Alben ausgesucht, aber diesmal wollte sie mitreden.

Nippy war immer die Erste gewesen, wenn es darum ging, Clive und seine Songauswahl auf den ersten beiden Alben zu verteidigen. Sie mochte alle Songs und hatte nicht das Gefühl, dass irgendetwas daran falsch war. Aber gleichzeitig hatten die kritischen Stimmen sie verletzt – die jungen schwarzen Leute, die sie ausgebuht und »White-ey« genannt hatten, genauso wie die schwarzen Kritiker, die ihr vorwarfen, dem schwarzen Publikum den Rücken zuzukehren.

Clive stimmte einem kleinen Richtungswechsel zu, und sie engagierten Luther Vandross, Babyface und L. A. Reid als Produzenten. Die Songs auf dem neuen Album sollten ein urbaneres Gefühl vermitteln, dem Pop wurde ein wenig R&B beigemischt. *I'm Your Baby Tonight* verkaufte sich zwar nicht so gut wie die ersten beiden Platten, aber es brachte ein paar von Nippys Kritikern zum Schweigen. Und natürlich war ein Album von Whitney Houston, das »nicht so gut« lief, immer noch sehr erfolgreich – es wurde die R&B-Platte Nummer eins im Jahr 1991 und verkaufte sich 8 Millionen Mal.

Im Januar 1991, zwei Monate nach der Veröffentlichung von *I'm Your Baby Tonight,* sollte Nippy beim Super Bowl, dem Finale der Football-Profiliga, die Nationalhymne der USA singen. Das war eine große Ehre, und Nippy freute sich sehr. Eine Woche vor dem Spiel baten die Veranstalter sie, die Hymne bereits im Vorfeld aufzunehmen. Das war ein Standardverfahren, um auf der sicheren Seite zu sein, falls Nippy ihre Stimme verlieren sollte oder irgendetwas anderes während der Übertragung schiefging. Die Aufnahme wurde auch benötigt, weil während des Auftritts ein Kampfflugzeug über sie hinwegfliegen sollte und der genaue Zeitpunkt dafür vorher geplant werden musste. Aber die Leute von der Footballliga waren nicht allzu glücklich mit Nippys Version der Hymne.

»Das ist viel zu jazzig«, sagten sie. Nippy hatte eben nicht den spießigen Vortrag gewählt, für den die meisten Sänger sich entschieden, und das konservative Footballvölkchen war dafür noch nicht bereit. Sie verlangten von Nippy, die Hymne konventioneller zu singen.

Aber da schaltete John sich ein. »Nein«, sagte er, »Whitney wird die Hymne auf ihre Art singen. Wenn ihr wollt, dass sie auftritt, dann findet euch damit ab.« Er gab nicht nach, und die Leute von der Footballliga stimmten schließlich zu.

Ich wäre gerne mit im Stadion gewesen an dem Tag, als der Super Bowl stattfand. Aber ich konnte nicht – ich hatte mir den Fuß gebrochen, und die Heilung verlief nicht gut. Es war so ein dummer Unfall gewesen – Luther Vandross hatte mir Blumen nach Hause schicken lassen, und ich wollte den Strauß gerade in meine Wohnung tragen, als der Absatz meines Schuhs in der Lücke zwischen Aufzug und Flur stecken blieb und ich hinfiel. Ein kleiner Sturz, der jedoch eine Operation, Stifte und Schrauben im Gelenk und jahrelange Schmerzen nach sich ziehen sollte.

Und zu diesem Zeitpunkt bedeutete es eben, dass ich Nippy nicht zu ihrem Auftritt beim Super Bowl begleiten konnte. Ich hatte es ihr zwar versprochen, aber ich musste sie dann doch anrufen und absagen. »Mach dir keine Sorgen«, sagte ich ihr. »Du weißt ja, was du tun musst. Und ich schaue dir zu.«

Ich saß zu Hause auf meinem Sofa und sah mir die Fernsehübertragung an, und obwohl ich besser als jeder andere wusste, was Nippy leisten konnte, verblüffte mich ihr Auftritt. In meinem ganzen Leben war ich noch nie so stolz auf meine Tochter gewesen, die dastand und die Nationalhymne mit einer solchen Wucht sang, dass die ganze Welt es gehört haben muss. Die Organisatoren hatten gewollt, dass sie nur die Lippen synchron zum Playback bewegte, aber Nippy war wie ich – sie konnte das nicht. Sie konnte dabei das Timing nicht einhalten, und beim Super Bowl sah man genau, dass sie selber sang. Beim Schlussakkord flogen die Flugzeuge über sie hinweg, und ich glaube nicht, dass irgendwer im Stadion keine Tränen in den Augen hatte.

Danach rief Nippy mich an. »Mommy, wie war ich?«, fragte sie. »Wie habe ich mich geschlagen?«

»Das fragst du noch?«, sagte ich. »Du warst fantastisch, Schatz. Wenn du auf eins in deinem Leben stolz sein kannst, dann auf diesen Auftritt.«

Nicht nur ich war dieser Meinung. Später erfuhr ich, dass so viele Anrufe in ihrem Büro eingegangen waren, dass die Leitungen zusammenbrachen. Auch Arista wurde mit Anrufen und Nachrichten überschwemmt, alle fragten nach einer Aufnahme der Hymne, also beschlossen Arista und BMG, sie als Single zu veröffentlichen. Zur allgemeinen Überraschung landete sie in den Top 20 der Charts. Der Zweite Golfkrieg hatte soeben erst begonnen, und die Menschen waren besonders patriotisch gestimmt. Nippy und ihre Stiftung, die Whitney Houston Foundation for Children, sowie Arista und BMG spendeten alle Einnahmen – mehr als 1 Million Dollar – an einen anlässlich der Golfkrise gegründeten Hilfsfonds vom amerikanischen Roten Kreuz.

Nippy wollte ihren Teil dazu beitragen, die amerikanischen Streitkräfte bei der »Operation Desert Storm« zu unterstützen, und sie plante, in die Golfregion zu reisen und dort für die Truppen zu singen. Sie beauftragte ihr Management, mit den Militärbehörden die Terminplanung und die Logistik abzusprechen. Der Auftritt sollte vor Beginn ihrer Welttournee zu *I'm Your Baby Tonight,* der für London geplant war, stattfinden.

Als Nippys Manager den zuständigen Offizier am Apparat hatte, fragte der als Erstes: »Können wir dieses Telefonat beenden? Ich rufe Sie auf einer sicheren Leitung zurück.« Als sie wieder miteinander verbunden waren, sagte er: »Ich an Ihrer Stelle würde den Plan nicht in die Tat umsetzen.« Nach den Gründen befragt, sagte er: »Weil Krieg herrscht. Whitney Houston ist ein amerikanisches Nationalheiligtum, und das Risiko, dass sie in der Golfregion entführt oder ermordet wird, ist einfach zu groß.« Nippys Manager wandte ein, dass sie immer mit ihren eigenen Sicherheitsleuten unterwegs war, aber der Offizier unterbrach ihn: »Selbst der Präsident wäre auf einer solchen Reise nicht sicher. Auch wenn er seine Leibwächter dabei hat – wenn jemand den Präsidenten ermorden will und bereit ist, dafür selbst zu sterben, dann ist das möglich. Glauben Sie mir, die besten Sicherheitsleute der Welt können Whitney Houston nicht beschützen, wenn ihr jemand ernsthaft etwas antun will.«

Nippys Team musste sich beratschlagen und Entscheidungen treffen. Sie setzten sich mit mehreren Behörden in Verbindung, aber alle rieten von dem Vorhaben ab. Einer von Nippys Mitarbeitern fuhr sogar nach Washington, um persönlich bei den Behörden vorzusprechen, aber wieder wurde gesagt: »Sie sollte nicht dorthin reisen. Sie können Sie nicht beschützen.« Und so wurde am Ende der gesamte Europateil ihrer Tournee verschoben. Viele, die bei der Planung mitgeholfen hatten, waren enttäuscht – aber ich nicht. Ich war erleichtert, als ich hörte, dass Nippy zunächst weder auf Tour gehen noch in die Golfregion reisen sollte.

Seit John der Geschäftsführer von Nippy Inc. war, schien er ein neuer Mensch zu sein. Er sah besser aus, wirkte gesünder und zuversichtlicher. In vielerlei Hinsicht war diese Tätigkeit wohl eine Antwort auf all die Fragen, die er sich nach seinem Herzinfarkt gestellt hatte – sie gab seinem Leben den Sinn, nach dem er gesucht hatte. Er hatte ein großartiges Team für Nippy zusammengestellt, und es machte ihm Spaß, alles Geschäftliche zu erledigen. Sein Traum vom Leben als Manager – schon vor Jahren hatte er ja die Drinkard Singers zum Erfolg führen wollen – war endlich wahr geworden.

Nippy Inc. hatte ein Büro in Fort Lee, New Jersey, eröffnet, und John verbrachte dort viel Zeit, wir sahen uns also nicht besonders häufig. Ich war ebenfalls sehr beschäftigt, war in Nippys Stiftung tätig, leitete den Chor von New Hope und hatte meine Auftritte in New York. Ich arbeitete auch immer noch als Backgroundsängerin, wirkte unter anderem bei den Alben *Some People's Lives* von Bette Midler und *The Power of Love* von Luther Vandross mit. Obwohl wir uns seltener trafen, hatte sich nichts an der lockeren Vertrautheit zwischen John und mir geändert.

Im Winter 1991 ging John allerdings langsam auf Abstand. Ich hatte gleich so einen seltsamen Verdacht, und der bestätigte sich eines Tages im Februar, als ich wegen Komplikationen mit meinem Knöchel im Krankenhaus war.

John hatte die Scheidung eingereicht.

Es zog mir den Boden unter den Füßen weg – ich war überrascht, traurig und wütend. Wir hatten so viele wunderbare Jahre als Paar und als Familie verbracht, und ich konnte nicht glauben, dass John das alles einfach wegwerfen wollte. Ich wusste, dass er sich mit einer anderen Frau traf, aber ich hätte ehrlich gesagt nie damit gerechnet, dass er sich scheiden lassen wollte. Es wollte mir einfach nicht in den Kopf.

Ich wusste, wie lang unsere Kinder die Hoffnung gehegt hatten, dass wir wieder zueinanderfinden würden. Und ich selber hatte geglaubt, dass das nicht nur möglich, sondern sogar wahrscheinlich war. Die meisten Menschen wussten immer noch nicht, dass wir getrennt lebten – wenn wir mit Nippy auf Tour waren, teilten wir uns ein Hotelzimmer, und wir verbrachten gelegentlich auch die Wochenenden miteinander. Für eine Zeit lang hatte es sich so angefühlt, als wären wir wieder zusammen. Ich war überzeugt davon, dass ich John besser kannte als jeden anderen Menschen auf der Welt und dass niemand mich besser kannte als er.

Aber letzten Endes konnte ich mir da wohl doch nicht so sicher sein. Ich war davon ausgegangen, zwischen uns würde die unausgesprochene Vereinbarung herrschen, dass wir trotz unserer Trennung Ehemann und Ehefrau blieben – ein Teil der unzertrennlichen Houston-Familie. Als ich die Scheidungspapiere erhielt, war es damit allerdings vorbei. Da lag ich also im Krankenhaus, schockiert von dieser neuen Wendung, traurig und wütend. Natürlich verstand ich jetzt auch, dass das Selbstvertrauen, das John neuerdings ausstrahlte, nicht nur mit seiner Arbeit zu tun hatte. Es hing auch damit zusammen, dass er sich eine Frau geangelt hatte, die sehr viel jünger war als er.

Gary, Michael und Nippy waren genauso schockiert wie ich, aber die Jungs ergriffen keine Partei für mich. Das tat zwar weh, aber ich konnte es ihnen nicht zum Vorwurf machen. Immerhin war John derjenige, der in ihrer Kindheit immer für sie da gewesen war. Ich war zur Arbeit und auf Tour gegangen, weil irgendwer ja die Rechnungen bezahlen musste, und er war zu Hause geblieben. Er hatte sich um die Sorgen und Nöte der Kinder gekümmert, ich war die strenge Mutter, die so oft fort war. Kein Wunder, dass sie es nicht über sich brachten, ihm an irgendetwas die Schuld zu geben.

Mit Nippy war es allerdings etwas anderes. Sie war wütend. Bae erzählte mir später, dass Nippy, nachdem sie die Nachricht erfahren hatte, John anrief, um ihm zu sagen: »Wenn du dich von meiner Mutter scheiden lässt, dann lässt du dich von mir scheiden.«

Nippy muss wirklich aufgebracht gewesen sein, denn sie betete ihren Vater an, und obwohl es mir guttat, dass sie mir den Rücken stärkte, wusste ich auch, dass John als Geschäftsführer von Nippys Firma gute Arbeit leistete und dass sie ihn brauchte. Nippy wusste das offensichtlich auch, denn John behielt seinen Posten. Letzten Endes stellte sich Nippy weder auf meine noch auf seine Seite – sie war innerlich zerrissen und wusste nicht, wie sie sich verhalten sollte. Aber das wusste keiner von uns. So groß meine Enttäuschung auch war – tief in meinem Inneren wollte ich nicht, dass Nippy ihrem Vater böse war. Es hatte einfach keinen Sinn, einen Keil zwischen John und die Kinder zu treiben – aber ich muss zugeben, dass ich es manchmal gerne getan hätte.

Ich war sehr, sehr verletzt. John und ich waren Freunde, die wunderbare und schwierige Zeiten zusammen durchlebt hatten. Wir hatten zwar nie über unser Verhältnis nach der Trennung gesprochen, aber wir hatten es so lange aufrechterhalten, dass ich mich im Recht fühlte, wütend zu sein.

In meinem Zorn beschloss ich, ihm die Scheidung nicht leicht zu machen. Ich schaltete einen Anwalt ein und unternahm alles, um den Scheidungsprozess zu verlangsamen. Ich wollte John nicht kampflos gehen lassen.

Da Nippy nun doch nicht in die Golfregion reisen sollte, musste sie einen anderen Weg finden, um die Truppen zu unterstützen. Der Fernsehsender HBO hatte sie schon seit einer Weile immer wieder für eine Sondersendung angefragt, aber Nippy hatte abgelehnt. Es gab für sie keinen Grund, abseits von ihrer Tour noch weitere Konzerte zu geben. Aber dann hatte John die Idee, dass Nippy mit HBO eine Sondersendung für die Truppen machen könnte.

Das Ergebnis war ein Konzert unter dem Titel *Welcome Home Heroes,* das für den 31. März 1991 geplant war – Ostersonntag. Ende Februar war Waffenruhe vereinbart worden, und das Konzert war zu Ehren der Truppen gedacht, die aus dem Golfkrieg zurückkehrten. Der Auftritt sollte in einem riesigen Hangar der Marineluftwaffe in Norfolk, Virginia, stattfinden. Es sollte auch Nippys erstes Konzert sein, das live im Fernsehen übertragen wurde.

Am Morgen wurde ein Gottesdienst auf der USS Dwight D. Eisenhower gehalten, einem Flugzeugträger, der an die Militärbasis angedockt war. Ich sollte bei dem Gottesdienst singen, aber da gab es ein Problem. Ich saß im Rollstuhl, weil ich meinen Knöchel noch nicht belasten durfte, und dieses große, alte Schiff hatte keinen Fahrstuhl. Ich habe Angst vor Wasser, und ich war zuvor noch nie auf einem Militärschiff gewesen. Ich hatte keine Ahnung gehabt, wie hoch oben das Oberdeck tatsächlich war.

»Wie soll ich denn da raufkommen?«, fragte ich.

»Keine Sorge«, sagte ein gut aussehender junger Marinesoldat. »Darum kümmern wir uns schon.«

Und das taten sie. Vier Männer trugen mich in meinem Rollstuhl so viele Stufen hoch, dass ich gar nicht mitzählen konnte. Die Treppen verliefen an den Außenwänden des Flugzeugträgers entlang, und ich hatte solche Angst – es ging immer höher und höher, und ich versuchte nur, nicht nach unten zu schauen. Aber die jungen Männer kamen nicht mal ins Schwitzen. Als wir oben waren, stellten sie mich ganz sanft ab, als würden sie so etwas jeden Tag machen. Ich weiß nicht mehr, welches Lied ich bei dem Gottesdienst sang, aber ich legte meine ganze Dankbarkeit hinein.

Am Abend wollte ich mir auch das Konzert im Hangar anschauen. Jeder Besucher musste vorher durch eine Sicherheitsschleuse. Es war ein langer Tag für mich gewesen – ich war am frühen Morgen aufgetreten, war im Rollstuhl die Seitenwände des Schiffes hoch- und wieder runtergetragen worden und ließ nun all die strengen Sicherheitskontrollen über mich ergehen, um in den Hangar zu kommen. Aber das war es mir wert – so angeschlagen ich auch war, wollte ich meinen Schatz unbedingt singen hören. Ich rollte also los, schaute mir den Hangar und all die Militärleute an. »Der ganze Aufwand nur für meine kleine Tochter!«, sagte ich – für mein Mädchen, das ich in Newark, New Jersey, großgezogen hatte.

Natürlich war Nippy eine Sensation, sie gab an diesem Abend einfach alles. Sie trug einen blauen Fliegeranzug, auf den ihr Name gedruckt war, die Piloten hatten ihn ihr geschenkt, und sie eröffnete mit der Nationalhymne. Alle im Hangar flippten aus.

Das Publikum bestand nur aus Marinesoldaten und Matrosen, die im Golfkrieg gedient hatten, und einige versuchten, ihr die Kappe zu schenken, die zu ihren Uniformen gehörte. Nippy sang etwa ein Dutzend Songs und endete mit einer großartigen Interpretation von »The Battle Hymn of the Republic«. John und ich saßen nebeneinander, zwei stolze Eltern, die ihrer unglaublichen Tochter zusahen. In den folgenden Jahren betonte sie oft, dass dieses Konzert und der Besuch bei den Truppen eine der großartigsten Erfahrungen ihrer Karriere gewesen sei.

Das Konzert wurde live im Fernsehen gezeigt und per Satellit auch an die Truppen übertragen, die sich noch in der Golfregion befanden. Nippy war am Vorabend schon einmal aufgetreten, damit eine Sicherheitskopie bereitstand. Aber es musste gar nicht darauf zurückgegriffen werden. Ihr Auftritt war überwältigend, und HBO gab sogar seine Verschlüsselung frei, damit sich noch mehr Menschen die Show ansehen konnten. Und so, wie Nippy bereits die Einnahmen der Nationalhymnen-Single gespendet hatte, gingen alle Erlöse aus dem Verkauf des Videos von dieser Sondersendung an das Rote Kreuz.

Ich denke, dass die Leute Nippy besonders wertschätzten, weil sie so offensichtlich aus einer tiefen Überzeugung heraus handelte. Ein paar Tage zuvor war sie zu einem anderen Flugzeugträger geflogen worden, der USS Saratoga, deren Besatzung im Gefecht Verluste erlitten hatte. Nippy begrüßte die wiederkehrenden Truppenmitglieder persönlich. Tausende von Menschen waren auf diesem Schiff, und Nippy muss jedem Einzelnen die Hand geschüttelt und ein Autogramm gegeben haben. Sie teilte auch Essen aus, besuchte die Krankenstation, sang für die Jungs, hörte sich ihre Lieder an und übernachtete auf dem Schiff. Noch lange nach dem Besuch schwärmte sie davon, wie viel Spaß sie gehabt hatte und wie nett all die Matrosen und Marinesoldaten doch waren.

Am nächsten Tag, als sie nach Norfolk zurückfliegen sollte, sagte einer der Begleitmänner: »Wir können auch einen Hinterausgang nehmen, um zum Helikopter zu kommen. Sie müssen nicht noch einmal rausgehen und sich von allen verabschieden.«

Nippy schaute ihn nur an. »Wieso sollte ich denn darauf verzichten?«, fragte sie. »Genau deswegen bin ich doch hier!« Sie ging hinaus auf das Deck, und die versammelte Mannschaft des Schiffs jubelte ihr zu. Und als sie auf den Helikopter zuging, salutierten sie spontan – Hunderte von Männern und Frauen, die Nippy ihren Respekt erwiesen, die dankbar waren, weil sie sich Zeit für sie genommen hatte. Nippy schaute in all die Gesichter – und brach in Tränen aus.

Ein paar Wochen später begann Nippy in Knoxville, Tennessee, den US-Teil ihrer Tour zu *I'm Your Baby Tonight*. Ich war immer noch lahmgelegt, also konnte ich sie nicht begleiten, aber John, Michael und Tante Bae waren von Anfang an bei ihr, und ich konnte mir letzten Endes auch einige ihrer Shows ansehen. Es war nicht leicht für mich, in Johns Nähe zu sein, denn ich war immer noch wütend auf ihn, aber wir versuchten, die Dinge so locker zu nehmen wie möglich.

Nippy war wie immer in guten Händen, aber es gab einige beängstigende Momente auf Tour – ein spezieller Vorfall in Kentucky sorgte dafür, dass ich beinahe aus meinem Rollstuhl aufgestanden wäre, um einer Person einen kräftigen Tritt in den Hintern zu verpassen.

Nippy und Michael erzählten mir, dass das Ganze eines Abends in der Hotellounge begonnen hatte, wo sie mit ihrem Sicherheitsmann David Roberts und ein paar anderen Leuten zusammensaßen. Nippy hatte soeben ein Konzert gegeben, und sie wollten alle ein bisschen Zeit für sich haben, um abzuschalten. Aber es gab da zwei Typen, die ein Autogramm von Nippy haben oder mit ihr reden wollten, irgendetwas in der Art. Es waren Fans, aber sie waren betrunken, und sie ließen einfach nicht locker. Schließlich hatte Nippy die Nase voll. Sie wollte auf ihr Zimmer gehen, und sie ließ David und die anderen, die noch nicht ausgetrunken hatten, in der Lounge zurück.

Später, als Michael und die anderen sich auch zu ihren Zimmern aufmachten, stellte sich heraus, dass die beiden Typen irgendwie auf Nippys Flur gelangt waren. Das hätte eigentlich nicht passieren dürfen, der ganze Flur sollte abgesichert sein. Die Typen waren weiß, sie waren inzwischen sehr betrunken, und sie sagten etwas Rassistisches zu Michael. Er versuchte, die beiden zu ignorieren, aber der eine ließ nicht von ihm ab und beleidigte ihn weiter. Wie bereits erwähnt, ist Michael genauso wie ich sehr schnell gereizt. Wenn man es zu weit mit ihm treibt, bekommt man das sofort zu spüren.

Michael ging also auf diesen Mann zu und fragte: »Was hast du gesagt?« Und schon waren sie in eine Schlägerei verwickelt. Michael wurde verletzt und begann zu bluten, was ihn nur noch wütender machte. Sie prügelten sich, und Michael packte sich plötzlich diesen Mann und drohte, ihn die Treppe hinunterzustoßen. Tante Bae hatte die Schreie gehört und kam aus ihrem Zimmer, und als sie Michael mit diesem Typ an der Treppe stehen sah, wusste sie, dass gleich die Hölle losbrechen würde.

Jetzt wollte der andere Mann ebenfalls mitmischen, und es bahnte sich eine Schlägerei im ganz großen Stil an. Nippys Sicherheitsmann hatte den Tumult inzwischen auch bemerkt und nahm es mit den Typen auf. Und dann trat Nippy auf den Plan. Sie kam aus ihrem Zimmer gerannt, und als sie sah, dass Michael blutete, drehte sie einfach durch. Nippy ging ja sonst jeder Auseinandersetzung aus dem Weg, aber wenn jemand ihrer Familie etwas antat – speziell Michael oder mir –, dann hielt sie nichts mehr zurück.

Weil ihr Sicherheitsmann schon mitten im Gemenge war, konnte niemand sie stoppen – sie schnappte sich eine Lampe von einem Flurtisch und schrie: »Lasst meinen Bruder in Ruhe!« Sie stellte sich hinter dem Typen auf, der mit Michael kämpfte und, nun ja – das nächste, an das sich alle erinnern konnten, war, dass er zu Boden ging. Ich sage jetzt nicht, wie es dazu kam, denn ich war ja nicht dabei und ich will auch keine schlafenden Hunde wecken, was die rechtliche Seite der Geschichte angeht. Aber dieser Mann ging zu Boden – und kurz darauf auch Tante Bae. Sie hatte an Nippy herumgezerrt, um sie wieder zur Vernunft zur bringen, aber Nippy hatte sie nicht einmal bemerkt. Als sie also einen Schritt zurückmachte, trat sie auf Baes Fuß und brach ihr einen Zeh.

»Was machst du da!«, brüllte Michael Nippy an. »Du hättest verletzt werden können! Mommy hätte mich umgebracht, wenn dir was zugestoßen wäre.« Das stimmte. Wenn Nippy auf Tour irgendetwas passiert wäre, hätte einer dafür büßen müssen. Aber abgesehen von Bae mit ihrem gebrochenen Zeh ging es allen gut. Einer der

Typen drohte zwar mit einer Klage, aber wir hörten nie wieder von ihm. Tatsächlich machten alle sich über ihn lustig, im Fernsehen wurden Bilder von diesem großen, muskulösen Mann gezeigt, den meine kleine, schmale Nippy angeblich niedergestreckt hatte. In diesem Jahr war Nippy auf ihrem Höhepunkt angelangt, und es schien, als könnte nichts und niemand sie jemals aufhalten.

KAPITEL 11

BODYGUARD ... UND BOBBY BROWN

Nachdem Nippy ihre Tour zu *I'm Your Baby Tonight* beendet hatte, begann Kevin Costner sie anzurufen. Einige Monate zuvor hatte er ihr das Drehbuch für einen Film geschickt, den er machen wollte, und seitdem hatte er versucht, sie für die Hauptrolle zu gewinnen.

Zuerst wollte Nippy das Angebot nicht annehmen. Clive Davis war auch dagegen, er hatte das Drehbuch gelesen – eine berühmte Sängerin namens Rachel Marron verliebt sich in ihren Bodyguard – und er hielt Rachel für eine Diva. Clive machte sich Sorgen, dass die Leute denken würden, Nippy selbst sei eine Diva, wenn sie die Rolle überzeugend spielte.

Aber Kevin ließ nicht locker, er wollte den Film mit niemand anderem drehen. Er kannte Nippy nicht persönlich, und dennoch war er überzeugt davon, dass sie die Richtige für die Rolle war. Als Nippys Tour im Herbst 1991 also endete, rief er sie immer und immer wieder an, bis sie schließlich zusagte. Die Verträge waren so gestaltet, dass Nippy im Vorfeld wenig Geld bekam, aber ihr wurde eine großzügige Gewinnbeteiligung zugesichert, und sie verdiente viel am Soundtrack. Als Clive das Geschäft von dieser Seite betrachtete, hielt er das Filmprojekt plötzlich doch für eine gute Idee.

Die Produzenten des Films baten Nippy, für Probeaufnahmen nach Los Angeles zu kommen. Weil Kevin so viele Filmerfolge gelandet hatte, unter anderem mit *Annies Männer* und *Der mit dem Wolf tanzt,* hatte er in Hollywood großen Einfluss, und Nippy hätte die Rolle allein schon deswegen bekommen, weil er es wollte. Sie ging trotzdem zu den Probeaufnahmen. Und sie war ängstlich. Sie hatte ja vorher nur ein paar Fernsehrollen gehabt, Gastauftritte in Serien wie *Silver Spoons* und *Gimme a Break!* So talentiert sie auch war – Nippy hatte sich auf diesem Gebiet lange keiner Herausforderung mehr gestellt. Sie ließ sich durch ihre Angst von nichts abhalten, aber das war nun die Art von Risiko, die Selbstzweifel mit sich brachte. Ich tat mein Bestes, um sie zu ermutigen.

»Konzentrier dich«, sagte ich. »Du kannst alles schaffen, wenn du nur willst.« Sie glaubte vielleicht noch nicht so recht daran, aber ich schon.

Kevin merkte ihr vor den Probeaufnahmen an, wie nervös sie war, also sagte er ihr: »Sei einfach du selbst. Bleib ganz natürlich.« Er riet ihr, dass sie immer dann, wenn sie in einem normalen Gespräch eine Pause machen würde, auch in ihrem Text eine Pause machen sollte. »Tu einfach so, als würdest du dich mit einem Freund unterhalten«, sagte er.

Und sie befolgte seinen Rat. Am Ende wirkte sie vor der Kamera so natürlich und sah zusammen mit Kevin so gut aus, dass das Studio sofort loslegen wollte. Im Spätherbst 1991 sollten die Aufnahmen beginnen.

In der Zwischenzeit ging es in Nippys Leben nach *Welcome Home Heroes* und der Tour zu *I'm Your Baby Tonight* immer noch hoch her. Im Sommer hatte das *People*-Magazin sie unter die 50 schönsten Menschen der Welt gewählt. Ich bin mir nicht sicher, ob Nippy sich etwas daraus machte, aber andere schien das schon sehr zu beeindrucken, wie mir eines Morgens klar wurde.

Ich hatte geschlafen, und als ich aufwachte, lief der Fernseher noch. Ein riesiges Bild von Nippys Gesicht wurde gezeigt, und irgendein Arzt zeichnete Linien darauf ein. Was war denn jetzt los? War irgendetwas mit Nippy passiert? Ich war noch halb im Schlaf, und ich fragte mich nur: *Was zur Hölle stellt der Mann da mit meiner Tochter an?* Aber als ich mich auf die Sendung konzentrierte, begriff ich, dass der Arzt ein Schönheitschirurg war. Er analysierte Nippys Gesichtszüge, die sehr symmetrisch waren, und behauptete, es sei so nah an einem perfekten Gesicht wie nur möglich. Ich musste lachen. Ich wusste, dass Nippy schön war, aber ich hätte niemals damit gerechnet, dass ich eines Tages aufwachen würde, um mir von einem Arzt im Fernsehen erklären zu lassen, wie perfekt sie war.

In einem Interview für das *People*-Magazin sprach ein Reporter Nippy auf den Ring an ihrem Finger an. Er versuchte herauszufinden, mit wem sie liiert war, indem er fragte: »Und wer darf zu Ihnen sagen: *I'm Your Baby Tonight?*« Nippy lächelte nur. »Das weiß derjenige schon selber«, sagte sie.

Die ganze Familie wusste, wer derjenige war, und die meisten von uns waren nicht allzu glücklich damit. Nachdem sie Bobby Brown 1989 bei den Soul Train Awards getroffen hatte, lud sie ihn auf die Party zu ihrem 26. Geburtstag nach Mendham ein, und kurz darauf begannen sie, miteinander auszugehen.

Am Anfang schien es eine eher lockere Geschichte zu sein. Bobby war sechs Jahre jünger als Nippy, und er wirkte nicht wie der Typ, der sich gleich festlegen will. Sie trafen sich, wenn er in New York war oder wenn sie zufällig in derselben Stadt waren. Manchmal verreiste sie auch, um ihn zu besuchen, aber das kam selten vor. Sie hatten eben sehr unterschiedliche Lebenswandel. Nachdem Nippy beim Super Bowl die Nationalhymne gesungen hatte, trafen sie sich aber plötzlich häufiger.

In der Zeit, als Nippy und Bobby miteinander ausgingen, hatte ich die Gelegenheit, ein bisschen mehr über ihn zu erfahren. Er hatte wohl eine harte Kindheit in Boston gehabt, war einmal auf einem Straßenfest sogar angeschossen worden. Aber das beeindruckte mich nicht. Ich fand heraus, dass er schon ein paar Kinder hatte, und es gab viele Gerüchte in der Musikwelt, die seinen Ruf als Rüpel betrafen und sich um andere Künstlerinnen rankten, die etwas für ihn übrig hatten.

Bobby konnte sehr charmant sein, daran bestand kein Zweifel. Und ich bin mir sicher, dass es Nippy gefiel, als er auf sie aufmerksam wurde, denn er hatte nun mal dieses Image, ein rauer Kerl von der Straße zu sein. Ich weiß nicht – vielleicht fand sie das ja besonders attraktiv. Vielleicht hatte sie ihr eigenes Image als bürgerliches, christliches, braves Mädchen satt. Ein paar Jahre zuvor hatte sie noch herumerzählt, sie wäre im »Ghetto« aufgewachsen – und jetzt war sie an jemanden geraten, der wirklich aus einem Ghetto kam. Und er hatte sich für sie entschieden.

Nippy und Bobby meinten es also ernst miteinander, und es wurde nicht mehr darüber geredet, dass Bobby schlecht für sie sein könnte. Ich hatte ihr schon zu Beginn gesagt, dass ich mir nicht sicher war, ob Bobby der richtige Partner für sie war, und ich denke, viele in ihrem Umfeld sahen das genauso. Aber es wurde einfach nicht andauernd wiederholt. Menschen, die ihr nahestanden, wussten möglicherweise, dass sie nicht die beste Wahl getroffen hatte – aber es war das, was Nippy wollte. Und letzten Endes war ich auch bereit, Nippy zu unterstützen, wenn es um die nächsten Schritte ging. Wenn sie Bobby heiraten wollte, sollte ich sie nicht davon abhalten.

Ende 1991, als in Los Angeles die Dreharbeiten zu *Bodyguard* begannen, waren Nippy und Bobby schon heimlich miteinander verlobt – und zwar seit April. Nur wenige Menschen außerhalb der Familie wussten davon, und als ich es erfuhr, war ich nicht überrascht. Sie hatten die Verlobung leicht geheim halten können, weil Nippy nicht auf Tour war und es auch nirgends bekanntgab. Seitdem hatten sie bereits zweimal eine kleine Feier geplant und wieder verschoben. In Los Angeles lebte Nippy in einem Haus mit Bae und ihren Freunden Carol Ensminger, Tommy Watley und Robyn zusammen. Bobby verbrachte viel Zeit mit ihnen, und dort legten sie dann auch den Termin für ihre Hochzeit fest: den 18. Juli 1992.

Etwa zur selben Zeit ereilte mich ein neuer Schock, was John betraf. Gerade als Nippy ihre eigene Hochzeit vorbereitete, erfuhr ich, dass John, kurz nachdem unsere Scheidung über die Bühne gegangen war, seine Freundin Peggy geheiratet hatte. Sie hatten nur wenige Freunde zur Feier eingeladen. Nippy, Michael und Gary waren nicht dabei – er hatte sie nicht einmal eingeweiht.

Ich konnte es nicht glauben – weder, dass er wieder geheiratet hatte, noch, dass er es selbst vor seinen eigenen Kindern geheim gehalten hatte. Und um alles noch schlimmer zu machen, fragte John, ob er Peggy zu Nippys Hochzeit im Juli mitbringen dürfe.

John war vom Sternzeichen Jungfrau, er konnte also manchmal sehr verletzend sein. Und er wollte gerne bestimmen. Aber er hatte nie über mich bestimmen können, und als Nippy erwachsen war, auch nicht mehr über sie. John stand ihr immer noch nah, aber hier gab es keinen Zweifel. »Du kannst Peggy nicht mitbringen«, sagte sie zu ihrem Vater. »Nicht, wenn Mommy auch kommt.« Sie wünschte sich einen schönen, harmonischen Hochzeitstag für uns alle, ohne Streit und großes Drama.

John passte Nippys Entscheidung nicht, und er versuchte, Nippy und alle anderen, die Einfluss auf sie haben könnten, unter Druck zu setzen, aber sie blieb stark. Er sagte ihr schließlich, dass er alleine kommen würde, um sie zum Altar zu führen, aber dass er ihre Hochzeit sofort danach wieder verlassen würde. Und sie sagte ihm, dass sie hoffte, er würde das nicht wirklich tun, aber wenn er es für das Richtige hielt, wäre es eben seine Entscheidung.

Die Dreharbeiten zu *Bodyguard* hatten in Los Angeles begonnen, und Anfang 1992 zog die Produktion an andere Filmschauplätze am Lake Tahoe und in Florida um. Nippy war da schon schwanger, aber ein paar Wochen später hatte sie eine Fehlgeburt.

Man hatte ihr die Schwangerschaft noch nicht ansehen können, und sie hatte niemandem davon erzählt, also bekamen die Filmleute gar nichts mit. Aber als sie Kevin Costner und den Produzenten davon erzählte, wurden die Dreharbeiten für eine Woche unterbrochen. Ich hatte auch nichts von der Schwangerschaft gewusst, bis Nippy mich von Miami aus anrief und mir alles erzählte. Und dann sagte sie das, worauf ich immer gehofft hatte. »Mommy«, sagte sie, »ich brauche dich. Bitte komm.« Ich flog sofort nach Florida – Nippy konnte sich auf mich verlassen.

Sie wirkte relativ gefasst, als ich sie sah. Sie war natürlich traurig, denn sie hatte sich auf das Baby gefreut, aber die Fehlgeburt war in einem so frühen Stadium der Schwangerschaft eingetreten, dass Nippy bald wieder zu Kräften kam. Sie wollte, dass ich bei ihr war, und sie wünschte sich auch ihren Daddy herbei. Also rief sie John an, und er kam dazu.

Trotz allem, was John und ich durchgemacht hatten, mussten wir nun miteinander zurechtkommen. Er war ein mieser Hund, machte manchmal Bemerkungen darüber, wie schlank und jung seine zweite Frau doch sei. Nun – wenn er dermaßen idiotisch war, so etwas wichtig zu finden, konnte ich ihm auch nicht helfen. Er machte einen ganz schön verkommenen Eindruck, jetzt, wo er nicht mehr mit mir zusammen war, und als ich ihm das sagte, musste er doch auch lachen.

Nach ein paar Tagen Ruhe fühlte Nippy sich besser, und die Dreharbeiten wurden fortgesetzt. Ich hatte das Glück, in Florida dabei zu sein, als Nippy in ihrer Rolle als Rachel »I Will Always Love You« sang. Kevin Costner hatte das Lied ausgesucht, das ursprünglich von Dolly Parton geschrieben und im Countrystil aufgenommen worden war. Nippy mochte es am Anfang nicht, aber Kevin bat sie, es trotzdem zu singen. Zusammen mit dem Produzenten David Foster änderte sie das Arrangement zu einer Soulballade um, und während sie daran arbeiteten, wuchs auch ihr der Song ans Herz.

Jeder liebte dieses Lied, ganz besonders Clive Davis, der erklärte, es wäre der größte Song, den Nippy jemals gesungen hätte. Ich war mir da nicht so sicher. Meiner Meinung nach war Nippys

Interpretation von »Greatest Love of All« unübertroffen. Aber Clive war begeistert, und tatsächlich kam er nach Florida, um Nippy für den Film singen zu hören.

Normalerweise hätte Nippy den Song im Studio aufgenommen und die Filmleute hätten dann erst die Szene dazu gedreht. Aber sie hatten sich für eine andere Vorgehensweise entschieden. Nippy sollte das Lied vor laufender Kamera singen, weil es ihr in der Rolle als Rachel vielleicht noch besser gelingen würde, Kraft und Gefühl in ihre Stimme zu legen.

Am Tag, als die Szene im Festsaal des Fontainebleau Hotels gedreht werden sollte, besuchte ich das Filmset. Als ich Nippy sah, dachte ich als Erstes: *Verdammt, sie sieht wunderschön aus.* Und dann dachte ich: *Das ist meine Tochter!* Manchmal kann man die Dinge ja selber kaum fassen. Die Leute am Set blieben stehen und starrten Nippy an, als sie an ihnen vorbeiging. Und diese Leute hatten schon eine Menge Stars gesehen. Aber Nippy war einfach ein bezaubernder Mensch – innerlich wie äußerlich.

Und dann stand sie da auf der Bühne, sang die ersten Zeilen – »*If I should stay ... I would only be in your way*« – und mir kamen die Tränen. Der Song hatte mir schon in seiner ursprünglichen Fassung gefallen, aber Nippy hatte sich von Dolly Partons Interpretation entfernt und etwas vollkommen Eigenes daraus gemacht. Es war ein sehr emotionaler Moment für mich als Mutter. Ich dachte an all die Höhen und Tiefen, durch die ich Nippy schon begleitet hatte, und musste einfach weinen. So sind Mütter eben.

Außerdem ist es ein Abschiedslied. »*I will always love you*«: Ich werde dich immer lieben, aber ich kann nicht mit dir zusammen sein. John stand neben mir, wir schauten unserer Tochter beim Singen zu, und die Tränen liefen mir nur so übers Gesicht. Ich konnte John nicht ansehen, und ich wollte nicht, dass er mich weinen sah. Aber ich konnte nicht aufhören. Ich dachte an ihn – daran, dass wir nie wieder zusammen sein, aber einander immer lieben würden. Denn so war es – ja, so war es.

Im Juli heirateten Nippy und Bobby auf ihrem Anwesen in Mendham. Es war eine große, schöne Feier an einem wunderbaren Sommertag, und obwohl John angedroht hatte, gleich nach der Trauung wieder zu verschwinden, blieb er noch stundenlang. Damit hatte ich auch gerechnet, und am Ende hatten sogar wir zwei unseren Spaß miteinander – es war eben einer dieser Tage.

Alle hatten schon angefangen zu lächeln, als Michaels zweieinhalbjährige Tochter Blaire hereinkam. Die Blumenmädchen und alle anderen Kinder hatten sich vor der Zeremonie kämmen und frisieren lassen, aber Blaire hatte mit dem Fuß aufgestampft und sich geweigert. Dieses Kind war einfach unwillig, und obwohl Nippy zuerst entrüstet war, sagte sie am Ende: »Wenn Blaire nicht frisiert werden will, dann eben nicht.«

Blaire kam also den Gang entlanggehüpft, ihre Haare standen in alle Richtungen ab, und sie warf die Blüten nach rechts und links, sodass sie überall landeten, nur nicht dort, wo sie hingehörten. Jeder, der ihr zuschaute, musste lachen.

Als John Nippy zum Altar geleitete, dachte ich nicht an Bobbys Vergangenheit, nicht daran, ob er der richtige Mann für Nippy oder ein übler Kerl war. Ich schob all meine Zweifel beiseite, und mein einziger Gedanke war, wie unglaublich schön meine Tochter aussah. Bobby stand vorne und schaute ihr entgegen, und er muss dasselbe gedacht haben, denn ihm traten die Tränen in die Augen. So groß meine Sorge auch war, wie sich Bobby Brown als Ehemann machen würde, muss ich sagen, dass er an diesem Tag äußerst hingebungsvoll wirkte. Die beiden schienen sich wirklich zu lieben. Der Gospelsänger und Pastor Marvin Winans, der ein enger Freund der Familie war, führte durch die Zeremonie, und Bobby fragte ihn immer wieder: »Darf ich sie jetzt küssen?« Er streckte schon die Arme nach Nippy aus, ein breites Lächeln auf dem Gesicht, und Marvin sagte jedes Mal: »Jetzt noch nicht, mein Sohn.«

»Aber *jetzt* darf ich sie küssen?«, fragte Bobby am Ende.

Marvin lachte und sagte: »Ja, jetzt darfst du die Braut küssen!«

Bobby hob Nippy in die Luft, und alle standen auf und klatschten. In guten wie in schlechten Zeiten – nun war meine Tochter verheiratet.

Die Party fand draußen im Garten statt, und alles war mit Lavendelblüten geschmückt – violett war Nippys Lieblingsfarbe. Sie hatte mich gebeten, die Gäste zu begrüßen, also hielt ich eine kleine Rede, und alle stießen miteinander an. Nachdem ein bisschen Champagner geflossen war, stürmten die Leute die Tanzfläche – sogar John und ich tanzten miteinander. Es war ein schöner Abend, und die Party ging immer weiter und weiter. So viele Menschen waren dabei, die Nippy liebten und unterstützten – Clive Davis, Dionne, Kevin Costner, die Winans und natürlich unsere ganze Familie. Wenn man die Zukunft einer Ehe anhand der Hochzeit vorhersagen könnte, dann hätte diese Ehe wohl ewig gehalten.

Am nächsten Tag starteten Nippy und Bobby in die Flitterwochen, eine zehntägige Kreuzfahrt durchs Mittelmeer, die Arista und MCA den beiden geschenkt hatte. Nippy wollte außer Bobby noch andere Gesellschaft haben, also lud sie ihren Bruder Michael und dessen Frau Donna ein, mitzukommen. Ich bin mir nicht sicher, ob Bobby so begeistert war, dass sein Schwager bei den Flitterwochen dabei war – mir hätte das nicht gepasst –, aber sie kamen alle gut miteinander aus und unternahmen ohnehin viel gemeinsam. Michael war sowieso begeistert und erzählte später gerne Anekdoten von der Zeit auf der Yacht.

Einmal machten Nippy, Bobby und er einen Ausflug auf Jetbooten. Nippy und Michael waren gerne im Wasser, wir hatten in der Dodd Street ja auch einen Pool gehabt, und sie waren beide gute Schwimmer. Ozeane, Seen, Pools – alles Nasse war ihnen recht. Aber Bobby konnte nicht schwimmen, und als er mit seinem Jetboot umkippte, geriet er in Panik. Michael erzählte, dass Bobby, der überhaupt nicht in Gefahr war, um Hilfe schrie, während Michael und Nippy ihn umkreisten und sich über ihn kaputtlachten. Bobby war wütend, und an diesem Tag wechselte er kein Wort mehr mit Michael, aber ansonsten hatten sie eine tolle Zeit.

Nach den Flitterwochen ging es für Nippy und Bobby gleich zurück ans Werk. Nippy schloss die Arbeit am Soundtrack zu *Bodyguard* ab, der im November erscheinen sollte, noch bevor der Film in die Kinos kam. Und Bobby plante eine Tour zu seinem neuen Album *Bobby,* das vor der Hochzeit in die Läden gekommen war.

Ich wusste zwar, dass Bobby als Sänger Erfolg hatte. Ich wusste, dass seine Gruppe New Edition beliebt war und dass die jungen Leute ihn für cool hielten. Aber mir war seine Musik egal. Und ich verstand überhaupt nicht, was an dem Hit so toll sein sollte, den er damals hatte – »Humpin' Around«. Ich konnte den Song nicht ausstehen – ebenso wenig das dazugehörige Video, in dem Bobby mit einer Menge Frauen zugange war. Mir war schon klar, dass anzügliche Posen zu Bobbys Auftritten dazugehörten, er bezog dabei seine Tänzerinnen und manchmal sogar das Publikum mit ein, aber viele Leute meinten, dass er es mit »Humpin' Around« ein wenig übertrieben hatte.

Nippys Songs handelten alle von der Liebe – »The Greatest Love«, »I Will Always Love You«, »Saving All My Love for You« … Nippy sang über etwas, das einem Halt gibt, das eine tiefere Bedeutung hat. Von Anfang an hatte ich ihr geraten, auf die Texte der Lieder zu achten, und sie versuchte immer, Songs auszuwählen, die eine Botschaft transportieren. Ich weiß ja nicht, was andere darüber denken, aber ich bezweifle, dass Titel wie »Humpin' Around« überhaupt so etwas wie eine Botschaft haben.

Ich war mir zu dem Zeitpunkt noch nicht sicher, was ich von Bobby halten sollte, aber wir konnten alle nur hoffen, dass Nippy mit ihm glücklich werden würde. Es gab nicht viel, was man noch hätte tun können – außer abwarten und schauen, wie sich die Dinge entwickelten.

KAPITEL 12

ICH HABE NIE
UM DIESEN WAHNSINN
GEBETEN

Im Herbst 1992, nur ein paar Monate nach der Hochzeit, war Nippy wieder schwanger. Ich hoffte und betete, dass dieses Mal alles gut gehen würde. Immerhin passte der Zeitpunkt – sie hatte keinen Stress mehr mit dem Filmdreh, sondern konnte viel Zeit zu Hause in Mendham verbringen, während sie den Soundtrack zu *Bodyguard* fertigstellte. Bobby war mit seinem Album auf Tour, also zog Bae bei Nippy ein, um sich um sie zu kümmern. Ich wusste, dass ich Bae diese Aufgabe anvertrauen konnte, sie machte das ganz wunderbar – als wäre Nippy ihr eigenes Kind.

Bobbys Tour begann im November, und meine Söhne Gary und Michael begleiteten ihn. Gary sang im Background, und Michael unterstützte das Sicherheitsteam. Sie sollten vier Monate unterwegs sein und das Land von New York bis nach Kalifornien einmal durchqueren. Ich schaute mir natürlich keine der Shows an, aber Michael erzählte gerne davon, als er wieder zurück war. Nachdem er so lange mit Nippy auf Tour gewesen war, war er erstaunt, dass es mit Bobby ganz anders zuging.

Nippy war ein Star, und sie bekam auf Tour alles, was sie wollte – die beste Unterkunft, luxuriöse Tourbusse, einen Haufen Personal und was sie sich eben sonst noch so wünschte. Bobby hatte ein kleineres Budget. Seine Auftritte ähnelten vom Ablauf her den Abenden damals im Apollo Theater, als immer erst vier oder fünf Künstler auftraten, bevor der eigentliche Star auf die Bühne kam. Solche Shows konnten Stunden dauern, und sie endeten erst spät in der Nacht.

Verglichen mit einem Konzert von Whitney Houston, bei dem der Gesang im Vordergrund stand, ging es bei Bobbys Auftritten mehr ums Tanzen und das Entertainment. Die Leute sagten, dass er als Tänzer ein Naturtalent war, und er hatte eine derbe Art, die manchen offenbar gefiel. Er holte immer Mädchen aus dem Publikum auf die Bühne, wenn es wieder einmal Zeit für »Humpin' Around« war, und bekam deswegen sogar ein- oder zweimal Ärger mit den Behörden. Nippy wollte nach ihren Konzerten normalerweise zurück ins Hotel oder mit Freunden abhängen, und Michael erzählte, dass Bobby im Gegensatz dazu gerne noch ausging und mit seinen Leuten feierte.

Es machte Nippy ein wenig nervös, schwanger zu Hause zu sitzen, während Bobby auf Tour war, und sie bat Michael, Bobby im Auge zu behalten und ihn wenn nötig daran zu erinnern, dass er jetzt ein verheirateter Mann war. Bobby war schon lange im Geschäft, und er wusste genau, wie man Partys feiert. Das allein verunsicherte Nippy schon.

Aber auch wenn sie sich manchmal fragen mochte, was er wohl gerade anstellte, gab es ebenso Momente, die ganz klar zeigten, wie sehr Bobby sie liebte.

Einmal veranstaltete Nippy eine Abschlussparty zu einer ihrer Touren. Bobby war dabei und ich zufälligerweise auch. Er war betrunken, aber nicht wirklich blau, er rannte nur mit einem etwas dämlichen Lächeln auf dem Gesicht herum. Er hatte einen sehr alten Scotch geschenkt bekommen und bot jedem, der durstig aussah, einen Schluck davon an.

Irgendwann kam er auf mich zu und sagte: »Ich bin mit Whitney Houston verheiratet.« Er lächelte so breit, als hätte er im Lotto gewonnen.

Ich tätschelte seine Wange und sagte zu ihm: »Bobby, wenn du weiterhin mit ihr verheiratet sein willst, dann gehst du jetzt besser ins Bett.«

In solchen Momenten mochte ich ihn. Er hatte etwas Kindliches an sich. Als Mitglied einer Boygroup war er sehr jung ins Musikgeschäft eingestiegen, und ich hatte das Gefühl, dass er seine Jugend nachholte, als er schon in seinen Zwanzigern war. Obwohl er bereits einige schlimme Dinge angestellt hatte und obwohl es mir manchmal nicht gefiel, wie er Nippy behandelte, hielt ich ihn in meinem Herzen für einen guten Menschen. Das tue ich heute noch.

Ihre ganze Schwangerschaft über sah Nippy kerngesund aus, sie strahlte förmlich. Und sie hörte nicht auf zu singen – genauso wenig wie ich, als ich mit ihr schwanger gewesen war. Sie nahm das Video zu »I Will Always Love You« auf, als sie etwa im sechsten Monat war – sie saß auf einem Stuhl und lehnte sich nach vorne, um ihren Bauch zu verbergen. Sie genoss ihre Schwangerschaft, aber in den letzten Wochen, als ihre Füße und Beine anschwollen, hatte sie dann auch langsam genug.

Sie machte sich allerdings Sorgen wegen der Geburt. Nippy konnte keine Schmerzen ertragen, selbst wenn sie bloß Bauchkrämpfe hatte, blieb sie manchmal im Bett. Ich nehme an, sie hatte nie so richtig darüber nachgedacht, was es eigentlich bedeutet, ein Kind zu bekommen. Jetzt stand das Ereignis kurz bevor, und Nippy hatte Angst vor den Schmerzen.

Die Wehen setzten am 4. März 1993 ein, und ich machte mich ins St. Barnabas Medical Center in Livingston, New Jersey, auf, um Nippy beizustehen. Ich war bei ihr im Kreißsaal; sie war so erschöpft, hielt meine Hand und weinte. »Maaa!«, schrie sie, wenn die Schmerzen zu heftig wurden. Ich konnte nicht viel sagen außer: »Es dauert nicht mehr lange, Schatz. Halt durch.« Nach stundenlangen Wehen entschieden die Ärzte, das Kind per Kaiserschnitt zu holen. Und so kam ein wunderschönes kleines Mädchen auf die Welt.

Sie nannten sie Bobbi Kristina – eine sehr viel bessere Wahl als ursprünglich angedacht. Ein paar Tage zuvor hatte ich Bobby und Nippy noch gefragt, ob sie sich schon einen Namen überlegt hätten, und Bobby nannte mir einen verrückten Namen, den ich nicht einmal aussprechen konnte – *Tekatia* oder *Takeka* oder irgend so einen Quatsch.

»Oh nein«, sagte ich und schaute ihn streng an. »Auf gar keinen Fall! Das könnt ihr eurem Kind nicht antun!«

»Mommy!«, sagte Nippy, aber sie konnte sich nicht beherrschen – sie musste lachen.

»So heißt das arme Kind doch sein Leben lang!«, sagte ich. »Das kommt für meine Enkeltochter nicht infrage.«

»Mommy, er ist der Vater!«, sagte Nippy. Sie lachte immer noch.

»Und wenn er der König der Welt wäre!«, sagte ich. »Ich lasse das nicht zu. Dieser Name kommt mir nicht in die Familie.«

»Wie sollen wir sie denn deiner Meinung nach nennen?«, fragte Nippy.

»Keine Ahnung! Nennt sie Christina oder so, es gibt doch viele schöne Namen«, sagte ich. Und am Ende nannten sie sie Bobbi Kristina – Christina mit C wäre ihnen wohl zu gewöhnlich gewesen.

Nippy musste wegen der Geschichte möglicherweise Kritik von Bobbys Seite einstecken, aber das war mir egal. Mit dieser Kritik musste sie fertigwerden. Ich habe immer noch das Gefühl, dass ich Bobbi Kristina, die wir erst Bobbi Kris und dann einfach Krissi riefen, vor einem Leben voller Ärger mit diesem anderen Namen bewahrt habe.

Ach, wie sehr wir dieses Baby liebten! Alle – Nippys Freunde, die Familie, ihre Mitarbeiter – waren völlig vernarrt in sie. Sie war so ein hübsches, süßes Kind, lachte und lächelte viel, und jeder wollte sie anschauen und halten. Ein paar Monate nach Krissis Geburt rief Nippy mich einmal an und tat ganz beleidigt. »Was soll das denn?«, beschwerte sie sich. »Niemand kümmert sich noch um mich – es geht immer nur um Krissi. Wo ist Krissi? Ist sie wach?«

Aber ich hörte das Lächeln in ihrer Stimme – Nippy war stolz auf ihr Kind. Und sie verwöhnte es nach Strich und Faden.

Natürlich liebte ich Krissi auch, aber ich versuchte, sie nicht allzu sehr zu verhätscheln. Als sie vielleicht ein Jahr alt war, ließen wir uns in Phoenix, wo Nippy gerade *Warten auf Mr. Right* drehte, für das Magazin *Ebony* fotografieren. Wir saßen am Pool, und der Fotograf versuchte, ein gutes Bild von uns dreien zu machen, aber Krissi konnte nicht stillhalten. Ich hielt sie, und sie krümmte sich und heulte und ließ sich nicht beruhigen.

»Alles klar, das war's«, sagte ich schließlich. »Nippy, ich schmeiße dieses Kind in den Pool.« Nippy brach in Gelächter aus, aber Krissi war plötzlich ganz ruhig, und weil Nippy und ich so lachen mussten, machte der Fotograf schnell ein paar Aufnahmen von uns. Auf dem Titel der *Ebony* vom Mai 1995 erschien dann ein schönes Bild von mir und Nippy, wie wir uns amüsieren, während Krissi geradeaus in die Kamera schaut, als wäre sie das wohlerzogenste Kind auf Erden.

Nur vier Monate nach Krissis Geburt ging Nippy wieder auf Tour, diesmal um den Soundtrack zu *Bodyguard* zu bewerben. Obwohl sie eine frischgebackene Mutter war, gab es keine Diskussion: Krissi kam mit auf Reisen. Wenn Nippy beschäftigt war, kümmerte sich Bae um Krissi. Alle gewöhnten sich schnell an die neue Situation, und im Alter von einem Jahr war Krissi schon einmal um die Welt gereist.

Obwohl es für Nippy schön war, Krissi dabeizuhaben – diese Tour im Jahr 1994 war hart. Seit 1985 ihr erstes Album erschienen war, bestand Nippys Leben aus einer Abfolge von Konzerten, Interviews, Werbetouren, Preisverleihungen und so weiter. Die vergangenen neun Jahre und die Geburt ihres Kindes waren nicht spurlos an Nippy vorübergegangen – auch nicht an ihrer Stimme.

Im Juli 1994, ein paar Wochen nach Tourstart, sollte Nippy in Los Angeles bei der Abschlussfeier der Fußballweltmeisterschaft auftreten. Ein großes Konzert in einem Freiluftstadion war geplant, es sollte sehr gut bezahlt werden, aber Nippys Stimme streikte.

So etwas passierte nicht zum ersten Mal. Nippy wurde älter, und das merkte man hin und wieder auch ihrer Stimme an. Wenn sie mit 19 oder 20 einmal heiser wurde, war schon am nächsten Tag nichts mehr davon zu merken. Inzwischen war sie allerdings 30, die Dinge änderten sich, und auch ihre Stimme brauchte länger, um sich zu erholen.

Nippy fand allein schon den Gedanken schrecklich, das Konzert absagen zu müssen, aber sie wusste nicht, was sie sonst tun sollte. Also sagte sie einem ihrer Assistenten: »Ruf meine Mutter an. Ich brauche sie hier.«

Ich nahm den nächsten Flug nach Los Angeles, und im Hotel ging ich gleich zu Nippy und nahm sie in meine Arme. Nippy begann zu weinen. »Mommy«, sagte sie, »was soll ich nur tun?« Wir setzten uns auf die Couch, und sie legte den Kopf auf meinen Schoß, wie sie es schon als Kind getan hatte, und weinte und weinte.

Nippy war wirklich in einer schwierigen Lage, denn obwohl es ihr nicht gut ging, drängten die Veranstalter sie, trotzdem aufzutreten. Sie war beim Arzt gewesen, und er hatte festgestellt, dass ihr Hals ganz vereitert war. Sie riskierte bleibende Schäden, wenn sie ihren Stimmbändern keine Ruhe gönnte. Der Arzt hatte ihr empfohlen, für die nächsten zwei Wochen alle Konzerte abzusagen.

Wie es bei großen Veranstaltungen Standard war, hatte Nippy zur Sicherheit bereits im Vorfeld eine Aufnahme der Songs abgeliefert, die sie bei ihrem Auftritt singen wollte. Sie mochte dieses Verfahren nicht, aber der Vertrag verlangte es, und in diesem Fall war es eine gute Sache. Die Veranstalter wollten eigentlich nicht darauf zurückgreifen, aber als wir uns am nächsten Morgen alle versammelten, sagte ich: »Wir benutzen diese Aufnahme.« Ich wandte mich an Nippy. »Die Ärzte haben dir gesagt, dass du zwei Wochen aussetzen musst, damit dein Hals heilen kann, also machst du das auch. Dein Team kümmert sich um alles Weitere. Mach dir keine Sorgen.«

Bis zu diesem Zeitpunkt hatte Nippy kaum einmal einen ihrer Auftritte absagen müssen – und wenn doch, dann ging sie nicht leichtfertig damit um. Sie wusste, dass andere sich auf sie verließen, begonnen bei der Band, ihren Mitarbeitern, bis hin zu den Fans, die gutes Geld bezahlt hatten, um sie singen zu hören. Wenn sie sich einen Abend freinahm, war das keine Privatangelegenheit, sondern hatte Auswirkungen auf hunderte, wenn nicht gar tausende Menschen. Und das nahm Nippy sehr ernst.

Wenn wir nun also die nächsten zwei Wochen ihrer Tour absagen würden, musste ihr gesamtes Team wieder nach Hause fahren, und der Lohn fiel für diese Zeit auch weg. Nippy fühlte sich elend. »Die Leute zählen auf mich, Mommy. Sie müssen ihre Familien ernähren«, sagte sie. »Aber ich kann einfach nicht mehr.« Sie wollte niemanden hängen lassen, also arbeitete sie mit allen eine finanzielle Einigung für diese zwei Wochen aus. Sie hätte das nicht tun müssen – aber sie hielt es für richtig.

Nippy trat bei dem Konzert zur Fußballweltmeisterschaft wie geplant auf. Dieses eine Mal war es ihr wirklich recht, dabei ein Vollplayback zu verwenden. So sehr sie es sonst auch verabscheute, nur so zu tun, als würde sie singen – es war besser, als das Konzert abzusagen.

Nippys Bruder Michael, der oft mit ihr auf Tour war, staunte darüber, wie sie das alles aushielt. »Hunderte auf der Gehaltsliste, tausende Fans, ein Auftritt nach dem nächsten«, sagte er. »Die ganze Last auf Nippys schmalen Schultern.« Er fragte sich, wie es ihr gelang, unter dieser Last nicht zusammenzubrechen. Und zu dem Zeitpunkt stellte Nippy sich diese Frage wohl auch selbst.

Sie war jetzt 30 Jahre alt, hatte einen Ehemann, ein Baby und mehr Geld, als sie jemals würde ausgeben können. Sie hatte mehr erlebt und gesehen, als es den meisten Menschen überhaupt möglich ist. Sie sprach damals nicht mit mir darüber, aber ich erfuhr später, dass Nippy damals ernsthaft überlegte, ihre Karriere zu beenden. Sie war müde.

Alle zerrten an ihr, und sie konnte anderen Menschen gegenüber einfach nicht unhöflich sein. Wenn sie in einem Restaurant saß oder zu ihrem Auto ging, kamen die Leute auf sie zu, um ein Foto von ihr zu machen – oft ohne zu fragen, ohne überhaupt etwas zu sagen. Auf Flügen wurde sie von Stewardessen um Autogramme gebeten. Nachdem *Bodyguard* in die Kinos kam, wurde Nippy, die schon zu den berühmtesten Menschen der Welt zählte, zu einem noch größeren Star. Auch wenn sie sich jetzt aus dem Rampenlicht zurückgezogen hätte – die Leute auf der Straße hätten sie immer noch erkannt.

Manchmal sagte sie zu mir: »Ma, ich bin müde.« Ich sagte dann: »Schatz, du musst nicht weitermachen.« Aber sie hatte sich für eine Karriere im Musikgeschäft entschieden, und vielleicht wusste sie nicht, wie sie das Ganze beenden sollte. Einmal, sie schaute aus dem Fenster und wirkte sehr nachdenklich, sagte sie: »Weißt du, ich habe nie um diesen Wahnsinn gebeten. So hatte ich mir das nicht vorgestellt.« Und niemand hätte sie auf all das vorbereiten können, was sie noch durchmachen sollte.

Die Wahrheit ist, dass Nippy einfach immer nur singen wollte. Aber weil sie so talentiert war und so schön, war »einfach nur singen« nie eine Option gewesen. »Gott hat es gut mit dir gemeint, Schatz«, sagte ich. Es würde mich nicht wundern, wenn sie sich das manchmal anders gewünscht hätte.

Bei alldem hatte Nippy ein großes Verantwortungsbewusstsein. Egal, wie müde sie war, wie sehr ihr Hals wehtat, wie viel lieber sie zu Hause bei Bobby und Krissi geblieben wäre, dachte sie immer auch an ihre Fans. Für sie gab Nippy alles – Abend für Abend für Abend.

Weil Bobby schon seit seiner Kindheit im Geschäft war, hatte er eine andere Einstellung zu den Dingen. Er sagte Nippy, dass sie nicht arbeiten müsse, wenn sie nicht wollte, selbst dann nicht, wenn es Vereinbarungen gab – er meinte, sie müsse nichts und niemandem dienen. Nach seiner »Humpin'-Around«-Tour ließ er es locker angehen, und er ermunterte Nippy, das auch zu tun.

Ich war einmal bei Bobby und Nippy, als sie über ihre Erschöpfung klagte. Er drängte sie, eine ihrer Verpflichtungen abzusagen, und ich sagte ihm meine Meinung dazu sehr deutlich.

Nippy war kurz nach der Veröffentlichung von *Bodyguard* gebucht worden, um an drei Abenden hintereinander in einem Kasino in Atlantic City aufzutreten. Aber der Film wurde ein solcher Erfolg, dass Nippy inzwischen genug Presserummel und Auftritte hatte. Sie hatte keine Lust, im Kasino zu singen. Sie hatte diese Art von Veranstaltungsorten nie sonderlich gemocht, und die Bezahlung sollte auch nicht besonders gut sein.

Atlantic City war nur eine zweistündige Fahrt von meinem Zuhause entfernt, also besuchte ich Nippy. Wir waren alle zusammen im Hotel, und Nippy jammerte. »Ich bin so müde«, sagte sie. »Ich wünschte, ich müsste nicht auftreten.«

Ich fand es zwar richtig, dass Nippy sich freinahm, wenn sie Zeit für sich brauchte, aber wenn man eine Verpflichtung eingegangen ist, dann muss man der auch nachkommen. Und das sagte ich ihr.

Als Nippy das Zimmer kurz verließ, meldete Bobby sich zu Wort. »Sie muss nicht auftreten«, sagte er. »Was soll schon passieren? Dass sie von der Gesellschaft verstoßen wird? Sie haben versucht, *mich* zu verstoßen, und ich bin immer noch da.«

Ich schaute ihn ein wenig von oben herab an. »Ganz recht«, sagte ich. »Und wie weit hast du es gebracht?«

Bobby passte diese Bemerkung gar nicht, und er beschwerte sich wohl bei Nippy, denn sie kam später auf mich zu. »Ma! Was hast du zu Bobby gesagt?«, fragte sie und musste ein Grinsen unterdrücken. »Du hast seine Gefühle verletzt!« Wir brachen beide in Gelächter aus. Sie liebte ihn, aber sie bemerkte es eben auch, wenn er sich lächerlich machte.

Im Oktober 1994 wurde Nippy die riesige Ehre zuteil, im Weißen Haus zu singen. Das allein hätte wohl schon jeden beeindruckt, aber es kam noch besser: Sie sollte bei einem Staatsbankett für einen ihrer persönlichen Helden singen – für Nelson Mandela.

Nippy beschäftigte sich schon seit Langem mit den Lebensumständen schwarzer Menschen in Südafrika. Bereits als Jugendliche hatte sie sich geweigert, für Unternehmen zu arbeiten, die das Apartheidregime unterstützten. 1988 hatte sie als eine der ersten Künstlerinnen zugesagt, beim Solidaritätskonzert anlässlich von Mandelas 70. Geburtstag mitzuwirken. Tatsächlich hatte sie einen Auftritt in Italien absagen müssen und war extra nach London geflogen, um daran teilzunehmen.

Mandela, der inzwischen aus der Haft entlassen und zum Präsidenten von Südafrika gewählt worden war, wusste von Nippys Engagement. Und so wie sie sein Fan war, war er auch ihr Fan. Als sie beim Staatsbankett also »People«, »Love's in Need of Love« und »The Greatest Love of All« sang, umarmte Mandela sie und fragte sie dann, ob sie für einen Auftritt nach Südafrika kommen wolle. Nippy sagte sofort zu. Es wurden drei Konzerte für den November 1994 geplant. Nippy sollte somit eine der ersten großen Künstlerinnen sein, die nach dem Ende der Apartheid in Südafrika auftraten.

Die drei Konzerte fanden unter dem Titel *Whitney – das Konzert für ein neues Südafrika* statt, und Nippy versprach, alle Einnahmen aus dem Kartenverkauf an wohltätige Organisationen vor Ort zu spenden – darunter Waisenhäuser und ein Museum, das von Menschen geleitet wurde, die schwarzen Kindern das Lesen beigebracht hatten, als das noch gegen das Gesetz war. Weil *Welcome Home Heroes* so ein Erfolg gewesen war, wollte HBO auch ihre Konzerte in Südafrika für eine weitere Sondersendung begleiten. Nippy war einverstanden, und es wurde beschlossen, das zweite Konzert, das im Ellis Park in Johannesburg stattfinden sollte, live im Fernsehen zu übertragen.

Nippy bat mich, mit ihr zu reisen, aber ich wollte zuerst nicht. Ich hatte lange Flüge noch nie ausstehen können, und Afrika war wirklich sehr weit weg. Aber als ich darüber nachdachte, wurde mir klar, wie wichtig diese Angelegenheit war. Nippys Konzert sollte das erste in Südafrika sein, bei dem das Publikum nicht mehr durch die Apartheid getrennt war – das war eine große Sache. Also willigte ich doch ein.

Bevor ich anreiste, war für Nippy eine Pressekonferenz und ein Auftritt in Durban geplant. Sie lernte dort auch Nelson Mandelas Familie kennen. Seine Tochter Zindzi und Nippy verstanden sich auf Anhieb, und Zindzi nahm sie mit nach Soweto, um ihr das Haus zu zeigen, in dem sie aufgewachsen war. Nelson Mandela hatte dort mit seiner Familie gelebt, bevor er 1962 verhaftet worden war. Es war ein bescheidenes Haus mit Betonböden und Löchern in den Wänden, und Zindzi zeigte Nippy das winzige Esszimmer, in dem die Familie sich immer zu den Mahlzeiten versammelt hatte. Nippy war so bewegt, dass sie Zindzi in die Arme schloss – sie weinten beide.

Nippy war zuvor noch nie in Südafrika gewesen, aber sie fühlte sich diesem Land und seiner Bevölkerung auf eine Art verbunden, die sie veränderte. Bei einer Pressekonferenz, auf der sie ihre Spende an das Museum bekanntgab, traten ihr wieder die Tränen in die Augen. »Als ich ein kleines Mädchen war, war Afrika für mich ein Ort auf der Landkarte«, sagte sie. »Jetzt ist es ein Ort in meinem Herzen.«

Allerdings war Südafrika immer noch ein unruhiges Gebiet, und vor dem ersten Konzert in Durban gab es Gerüchte über Todesdrohungen. Offenbar waren die Menschen nicht unzufrieden mit Nippy, sondern mit der Art und Weise, wie die Konzerte organisiert waren – wer Geld hineingesteckt hatte und wer daran verdiente. Es wurde überlegt, das erste Konzert zu verschieben, doch die Sicherheitsleute meinten, sie hätten alles unter Kontrolle. Weil es aber nicht genügend Eintrittskarten für alle gab, versammelte sich eine Menschenmasse vor dem Stadion und drohte mit einem Aufstand. Nippy ging auf die Bühne und zog ihren Auftritt durch, wie sie es immer machte. Sie hätte die Menschen im Publikum nie enttäuscht – nicht nach all den Jahrzehnten, die sie auf ein solches Konzert hatten warten müssen.

Johannesburg war die nächste Station, und dort kam auch ich hinzu. Ich litt immer noch unter dem Jetlag, als Nippy und ich zusammen mit den mitreisenden Freunden und Familienangehörigen zu einem Treffen mit Nelson Mandela in sein Büro eingeladen wurden.

Eins steht fest: Nelson Mandela ist ein beeindruckender Mann. Ich verstand sofort, warum alle ihn verehrten. Er war sehr charmant, machte Nippy und mir Komplimente und lachte und lächelte die ganze Zeit über. Er erzählte uns auch von seiner Zeit im Gefängnis, und ich sagte ihm, wie sehr John und ich ihn immer bewundert hatten.

»John konnte nicht mitkommen, weil er krank ist«, sagte ich. »Er war deswegen so enttäuscht, denn Sie sind einer seiner Helden.«

»Wirklich?«, fragte Mandela. »Wie ist denn seine Nummer?« Da saßen wir also in seinem Büro, und er nahm den Telefonhörer in die Hand und rief John an. »Hallo«, sagte er zu ihm. »Hier spricht Nelson Mandela.«

Ich hätte zu gerne Johns Gesicht in diesem Moment gesehen! Ich bin mir sicher, dass er einfach nicht glauben konnte, wen er an der Strippe hatte.

»Wie schade, dass Sie nicht bei uns sein können!«, sagte Mandela und berichtigte sich dann: »Ein bisschen schade jedenfalls! Nicht sehr – denn so habe ich diese beiden schönen Frauen ganz für mich alleine!«

Mandela sprach etwa fünf Minuten mit John, neckte ihn wegen Nippy und mir und schwärmte von Nippys Lächeln. Dieser Anruf muss eine Riesenfreude für John gewesen sein. Wer wird schon morgens zum Frühstück von Nelson Mandela angerufen?

Präsident Mandela war so warm und herzlich, wie man es sich nur vorstellen kann. Er verhielt sich, als wären wir alte Freunde. Aber ich muss sagen, dass Winnie Mandela mich mindestens genauso beeindruckte. Da die beiden kein Paar mehr waren, trafen wir sie zu einer anderen Gelegenheit, und wir waren einander sofort sympathisch. Als ich später gefragt wurde, wie sie war, sagte ich: »Wie ich.« Winnie war stark. Man konnte ihr nichts vormachen, und das mochte ich ganz besonders an ihr.

Bei einer Veranstaltung bekam ich mit, wie ein Mann Winnie auf all die Dinge ansprach, die sie im Kampf um die Unabhängigkeit Südafrikas unternommen hatte. Winnie schaute ihn nur an und sagte: »Und wenn es meine eigene Mutter wäre, die die Leute betrogen hätte – dann würde ich alles tun, um sie zu vernichten.« Sie war eine Kämpferin, und man verstand schnell, wie entschlossen sie für ihre Ziele eintrat. Das musste man respektieren.

Das letzte Konzert fand in Kapstadt statt, und Bobby kam uns überraschend besuchen. Wegen eigener Verpflichtungen hatte er bei den ersten beiden Konzerten nicht dabei sein können, aber beim dritten betrat er plötzlich die Bühne – und Nippy war überwältigt. Sie setzten sich auf die Showtreppe und sangen gemeinsam. Es war ein sehr liebevoller Moment zwischen den beiden. Bobby blieb bis ans Ende der Reise, und ich kann mich nicht daran erinnern, sie jemals so glücklich miteinander erlebt zu haben wie damals. Aber bald sollten die guten Zeiten seltener werden.

KAPITEL 13

I KNOW HIM SO WELL

Nach *Bodyguard* zweifelte in Hollywood niemand mehr daran, dass Whitney Houston schauspielern konnte. Als Terry McMillan also einen ihrer Romane in das Drehbuch zu *Warten auf Mr. Right* umarbeitete, fragte sie Nippy, ob sie in der Verfilmung eine Rolle übernehmen wolle.

Zuerst sollte sie Bernadine Harris spielen, eine Frau, die von ihrem Mann wegen einer anderen verlassen wird, aber Nippy gefiel eine andere Rolle besser: Savannah Jackson, eine Fernsehproduzentin, die eine Beziehung zu einem verheirateten Mann hat. Die Produzenten hatten dafür bereits Angela Bassett vorgesehen, aber Nippy meinte, Savannah besser als Bernadine verkörpern zu können, also legte sie alles daran, diese Rolle zu bekommen.

Sie schickte Terry ein Dutzend Rosen der Sorte Sterling Silver, die eine zartviolette Färbung haben, und fügte eine einfache Nachricht hinzu: »Ich bin Savannah.« Und Terry ließ sich überzeugen. »Du darfst dir deine Rolle aussuchen, Whitney«, sagte sie. »Hauptsache, du spielst mit!«

Das Produktionsbudget für *Warten auf Mr. Right* betrug etwa 16 Millionen Dollar. Nach *Bodyguard* hätte Nippy die Hälfte davon allein schon als Gage für sich verlangen können, aber der Film war ihr wichtig, also spielte sie auch für weniger Geld mit. Sie freute sich darauf, mit Angela Bassett und dem Regisseur Forest Whitaker arbeiten zu dürfen.

Natürlich wollte Nippy auch den Soundtrack beisteuern. Clive Davis schlug vor, ein ganzes Album nur mit ihren Songs zu veröffentlichen, aber Nippy hatte da eigene Vorstellungen. Sie wollte drei Lieder singen und dann noch andere Künstlerinnen mit ins Boot holen, darunter junge, aufstrebende Talente. Schließlich handelte der Film von Frauen, die einander unterstützen, warum sollte der Soundtrack das nicht auch widerspiegeln?

Jetzt konnte Nippy ihren Geschäftssinn einbringen. Einige Jahre zuvor hatten sie und Robyn Crawford, die Nippy immer begleitet hatte – erst als Chefassistentin und nun als Geschäftspartnerin –, eine Plattenfirma namens Better Place Records gegründet. Sie betreuten einige tolle junge Künstlerinnen, und eine von ihnen übernahm einen Song auf dem Soundtrack. Am Ende kam eine Reihe von großartigen bekannten wie noch unbekannten Stimmen zusammen, darunter Aretha, Mary J. Blige, Toni Braxton, Brandy und Patti LaBelle. Arista konnte sicher sein, dass der Soundtrack sich auf jeden Fall verkaufen würde – egal, wie der Film lief.

Es stellte sich aber heraus, dass der Film gar keine Hilfe brauchte. Im Dezember 1995 schoss er sofort auf die Nummer eins der Kinocharts und erzielte so hohe Einspielerfolge, dass Nippy bereits Tantiemen erhielt, während der Film noch in den Kinos war. Er war in der Weihnachtszeit angelaufen, und überall im Land sahen Frauen ihn sich zusammen mit ihren Müttern, Töchtern, Schwestern und Freundinnen an. Der Soundtrack wurde im Januar veröffentlicht und hatte sogar noch mehr Erfolg.

Die erfolgreichste Singleauskopplung war Nippys »Exhale (Shoop Shoop)«. Die Geschichte zu dem Song ist ganz lustig. Babyface, der die meisten Songs für das Album geschrieben hatte, hatte hier nur die Musik komponiert, ein paar Textzeilen hinzugefügt und das Ganze dann an Nippy weitergegeben, damit sie den Text zu Ende schrieb. Aber als er ein paar Wochen später nachfragte, hatte sie immer noch nichts daran getan. Bei den Proben sang sie dann einfach »Shoop, shoop«, und allen gefiel das so gut, dass Babyface den restlichen Text um diese Wörtchen herumschrieb.

Nippy erzählte mir, dass sie mit Forest Whitaker und den Frauen, die im Film mitspielten – Angela Bassett, Loretta Devine und Lela Rochon –, im Ivy Restaurant in Los Angeles zum Abendessen verabredet war, als sie plötzlich Lust bekam, ihnen den Song vorzuspielen. Forests Auto hatte einen CD-Player, also quetschten sich alle in den Wagen. Forest stellte die Musik ganz laut, und dann saßen die fünf da und lauschten – wie am Ende des Films. Nippy hatte eine tolle Zeit mit diesen Frauen.

Eigentlich hatte sie während des gesamten Drehs eine tolle Zeit. Die Filmarbeiten fanden in Phoenix statt, und sie lebte dort mit Krissi und Tante Bae, die sich um den Haushalt kümmerte. Ich besuchte sie – damals entstand auch das Titelfoto für das *Ebony*-Magazin. John und Bobby kamen ebenfalls vorbei, obwohl sie das Set mieden, wenn Nippy Liebesszenen drehte. Sie wollten das beide nicht mit ansehen.

Die Monate in Phoenix taten Nippy wirklich gut. In dieser Phase ihres Lebens wog das Problem, Karriere und Familie zu vereinbaren, plötzlich nicht mehr so schwer. Sie musste jetzt nicht mehr jedes Jahr ein neues Album aufnehmen, und es schien, als hätte sie die Balance gefunden, nach der sie gesucht hatte – als Schauspielerin, Sängerin, Chefin ihres eigenen millionenschweren Unternehmens, als Ehefrau und Mutter. Sie arbeitete an Projekten, die ihr am Herzen lagen, und die Schauspielerei erlaubte ihr einen anderen Zeitplan als die Tourneen oder Plattenaufnahmen.

Leider hielt diese Phase nicht lange an, und kurz nachdem sie die Dreharbeiten zu *Warten auf Mr. Right* beendet hatte, nahmen die Dinge eine üble Wendung.

Mit zwei Filmerfolgen war Nippy als Schauspielerin jetzt genauso gefragt wie als Sängerin. Nach *Warten auf Mr. Right* wurde ihr eine

Rolle in *Rendezvous mit einem Engel* angeboten, einem Weihnachts-film über einen Engel, der auf die Erde kommt, um eine Kirche und eine Ehe zu retten. Es war eine Neuverfilmung von *Jede Frau braucht einen Engel* mit Loretta Young, Cary Grant und David Niven. Penny Marshall sollte bei der neuen Fassung Regie führen – und Denzel Washington sollte mitspielen.

Nippy wollte die Rolle annehmen, aber Bobby war dagegen. Während der Verhandlungen mit den Produzenten nörgelte er nur herum, obwohl ihr eine Gage von 10 Millionen Dollar angeboten wurde – was sie zu einer der bestbezahlten Schauspielerinnen Hollywoods machen sollte. Die Produzenten waren verzweifelt und hätten ihr wohl jeden Wunsch erfüllt, damit sie den Vertrag unter-schrieb.

Letzten Endes schaltete sich sogar Nippys Agent ein und ver-suchte, Bobby davon zu überzeugen, was für ein großartiges Ange-bot diese Rolle war. Normalerweise schrieb Bobby Nippy nicht vor, bei welchen Projekten sie mitarbeiten sollte. Nippy fragte ihn oft nach seiner Meinung, aber er stellte sich ihr selten in den Weg. Aus irgendeinem Grund sagte er nun jedoch sehr deutlich, dass er nicht wollte, dass sie in *Rendezvous mit einem Engel* mitspielte. Es war einer der wenigen Fälle, an die ich mich erinnern kann, dass ihre Meinungen über eine ihrer Karriereentscheidungen ernsthaft aus-einandergingen.

Niemand verstand, was Bobby eigentlich einzuwenden hatte. Warum sollte Nippy einen solchen Haufen Geld ablehnen – wenn es noch dazu um einen Weihnachtsfilm mit einem großen Star wie Denzel ging? Es machte einfach keinen Sinn – aber für Bobby war Denzel das Problem. Während der Vorführung von *Bodyguard* hatte er das Kino verlassen, wenn Nippy und Kevin Costner sich auf der Leinwand küssten. Er hielt so was nicht aus – er war zu ei-fersüchtig. Es überraschte mich also nicht, dass Bobby auf Denzel genauso eifersüchtig war. Vielleicht war er auch eingeschüchtert. Denzel sah gut aus, war ein vollkommener Schauspieler und allseits beliebt. Wie wahrscheinlich viele Männer verunsicherte Bobby die Vorstellung, dass seine Frau mit einem solchen Mann Zeit verbringen sollte.

Nach wochenlangem Hin und Her gab Bobby seinen Widerstand schließlich auf. Nippy unterschrieb den Vertrag, und ich bekam auch eine kleine Rolle – ich spielte die Chorleiterin Mrs. Havergal. Obwohl wir nicht viele gemeinsame Szenen hatten, freute ich mich sehr darüber, mit meiner Tochter in einem Film zu spielen, besonders weil es darin um die Kirche und um Gospelmusik ging. Ich dachte, es würde schon lustig werden – und das war es die meiste Zeit auch. Aber wie ich später herausfand, hatte Nippy offenbar während der gesamten Dreharbeiten mit Drogen zu tun.

Ich weiß immer noch nicht, was da genau vor sich ging oder um welche Substanzen es sich eigentlich handelte. Von Leuten, die dabei waren, wurde mir gesagt, dass Nippy damals bereits angefangen hatte, regelmäßiger Drogen zu nehmen. Und obwohl das natürlich schlimm war, beeinflusste es sie nie so weit, dass sie einen Drehtermin verpasst oder sich unprofessionell verhalten hätte. Und nur so hätte ich überhaupt etwas von all dem mitbekommen können. Was auch immer Nippy anstellte, sie hielt es vor mir verborgen. Weder bekam ich jemals Drogen zu Gesicht, noch bemerkte ich deren Einfluss auf Nippys Verhalten.

Wir mussten bei den Dreharbeiten oft auf Abruf bereitstehen, und das war hart und ermüdend. Manchmal wurde man um zwei Uhr nachts angerufen und musste sich fertig machen, und dann fing der Dreh doch erst um fünf an. Nippy war noch nie eine Frühaufsteherin gewesen, und ich wusste, dass sie manchmal unpünktlich war oder einen Anruf verpasste. Aber ich dachte mir nichts dabei – der frühe Drehbeginn war ein Teil des Filmgeschäfts, den sie schon immer verabscheut hatte. Bei jedem ihrer Filme war sie hin und wieder zu spät am Set erschienen, das war nichts Ungewöhnliches. Ich stand ja auch nicht gerne um zwei Uhr nachts auf, und das hatte nichts mit Drogen zu tun.

Mich bewegte die Arbeit an *Rendezvous mit einem Engel* sehr – vor allem die Filmmusik lag mir am Herzen. Nippy sang alle Lieder so schön, und es waren Lieder, die ich sie besonders gerne singen hörte. Ich übernahm auch eins: »The Lord Is My Shepherd«, zusammen mit dem Hezekiah Walker Chor. Ich habe diese Zeit als glücklich in Erinnerung. Ich hatte keine Ahnung, in was für einer schlechten Verfassung Nippy bereits war und wie viel schlimmer alles noch kommen sollte.

Rendezvous mit einem Engel kam im Dezember 1996 in die Kinos, und aus irgendeinem Grund sah ich Nippy danach eine Weile lang nicht. Im Frühjahr drehte sie den Fernsehfilm *Cinderella,* und dann ereignete sich im Sommer 1997 ein Vorfall, der Nippy verändern sollte.

Sie und Bobby hatten beschlossen, noch einmal mit Michael und Donna auf Kreuzfahrt zu gehen. Sie waren auf einer Yacht im Mittelmeer, als Nippy sich am 21. Juli abends eine tiefe Platzwunde im Gesicht zuzog. Sie und Bobby schworen später, dass es nur ein dummer Unfall gewesen wäre, dass Bobby sich wegen irgendetwas aufgeregt und mit der Faust auf den Tisch geschlagen hätte. Angeblich zerbrach dabei ein Stück Geschirr, eine Scherbe flog Nippy ins Gesicht und hinterließ einen hässlichen, fünf Zentimeter langen Schnitt an ihrer Wange.

Alle erkannten den Ernst der Lage. Donna presste ein Handtuch gegen Nippys Gesicht, und sie steuerten schnell das Land an, um Nippy ins nächste Krankenhaus zu bringen. Immerhin ging es um ihr Gesicht, und wenn sie nicht gleich behandelt wurde, würde vielleicht eine große Narbe zurückbleiben – oder Schlimmeres, ein Gesichtsnerv hätte ja auch betroffen sein können. Michael schlief, als es passierte, und das war gut, denn er hätte sich wahrscheinlich Bobby vorgeknöpft – Unfall hin oder her. Nippy hatte Bobby wohl schon angebrüllt: »Du bist ein toter Mann! Du bist verdammt noch mal ein toter Mann, wenn meine Mutter das sieht!«

Die italienischen Ärzte nähten die Wunde mit zwei Stichen, gerade so, dass Nippy in die USA zurückfliegen konnte. Sie kannte einen weltberühmten plastischen Chirurgen in Miami, und es bestand Hoffnung, dass er in der Lage wäre, sichtbare Folgen der Verletzung zu verhindern. Ich flog so schnell nach Miami, wie ich konnte. Ich war verrückt vor Sorge um Nippy und fragte mich, was wirklich zwischen Bobby und ihr geschehen war.

Als ich ankam, war Nippy bereits operiert worden. Ich sah ihr Gesicht mit dem riesigen Verband, und mein Mutterherz raste vor Wut. Nippy wusste das. Sie fing sofort an zu betteln, dass ich Bobby nichts antun solle, der dort in ihrem Zimmer auf dem Boden saß. »Mommy, bitte«, sagte sie. »Es war ein Unfall. Ich schwöre es!«

Ich schaute Bobby an. »Sag kein Wort«, sagte ich. »Ich will nichts von dir hören.« Und er schwieg.

Ich weiß, dass manche Leute dachten, Bobby hätte Nippy geschlagen. Aber Nippy und Donna behaupteten, es wäre ein Unfall gewesen. Ich war nicht dabei, also musste ich ihnen wohl oder übel glauben. Aber selbst wenn es wirklich ein Unfall war, hatte Bobby ihn verursacht. Vielleicht nicht mit Absicht – aber er war letzten Endes doch für die Wunde verantwortlich. Ich hätte ihn umbringen können.

Nippy zuliebe hielt ich mich zurück. Ich wollte nicht, dass sie sich noch mehr aufregte als ohnehin schon. Ich sagte nichts weiter zu Bobby – ich schaute ihn nicht einmal an. Ich musste mich sehr beherrschen, ihm nicht an die Gurgel zu gehen, aber ich behielt mich unter Kontrolle.

Seit Nippy als Mädchen von ihren Mitschülerinnen schikaniert worden war, wusste sie, dass ich es mit jedem aufnehmen würde, der versuchte, sie zu verletzen. So war ich als Mutter schon immer gewesen – man kann sich mit mir anlegen, aber nicht mit meinen Kindern. Bobby war das auch klar, und zumindest in meiner Anwesenheit benahm er sich normalerweise anständig. Egal, was also die Leute sagten – es gab für mich keinen Grund, bei den beiden dazwischenzugehen.

Zumal Nippy sich bei mir nicht ein einziges Mal über Bobby beschwerte. Sie redete einfach nicht über ihn – nur dann, wenn es etwas Gutes zu berichten gab. Sie wusste, dass ich ihre Beziehung von Anfang an nicht befürwortet hatte, also achtete sie wohl darauf, mir nur von seinen positiven Seiten zu erzählen. Sie wollte eine Erwachsene sein und ihre Angelegenheiten selber regeln. Wenn sie sich einen Rat von mir wünschte, fragte sie danach. Und wenn nicht, dann nicht.

Sie war als Ehefrau sehr loyal, und sie wollte wirklich, dass ihre Beziehung funktionierte. Natürlich gab es Gerüchte darüber, dass sie und Bobby so ihre Auseinandersetzungen hatten. Alle hatten davon gehört. Aber bei den sehr seltenen Gelegenheiten, bei denen ich Nippy darauf ansprach, ließ sich mich einfach abblitzen. »Mommy, du weißt doch, wie die Leute sind«, sagte sie. »Die reden viel, wenn der Tag lang ist.« Was natürlich stimmt. Was hätte ich also noch einwenden sollen?

Eins muss ich allerdings noch sagen: Ich glaube, dass es für Bobby schwer war, in Nippys Schatten zu stehen. Sie gehörte zu den größten Stars der Welt, und er wurde nie so berühmt wie sie. Für einen Mann wie Bobby war es nicht leicht, »Mr. Whitney Houston« zu sein. Nippy wusste das, und sie bemühte sich sehr, ihm das Gefühl zu geben, er wäre der Chef. Meiner Meinung nach ließ sie ihn deswegen bei ihren Entscheidungen mitreden – der Streit um *Rendezvous mit einem Engel* ist da nur ein Beispiel. Indem sie ihn mitbestimmen ließ, wollte sie ihm wohl den Eindruck vermitteln, dass er im Grunde das Sagen hatte. Sie sagte immer: »Ich bin Mrs. Brown, nicht umgekehrt.« Wenn Bobby stärker gewesen wäre, selbstbewusster, wäre das alles vielleicht kein Thema gewesen. Aber er war noch jung – 26 oder 27 Jahre alt – und er konnte nicht mit dem Kräftespiel umgehen, damit, was es bedeutete, Whitney Houstons Ehemann zu sein.

Ich wusste nie genau, was zwischen den beiden vor sich ging, und Nippy zuliebe hielt ich mich raus. Ich wollte ihr nicht noch mehr Probleme bescheren, als sie ohnehin schon hatte, wollte sie nicht in Verlegenheit bringen. Ich wollte auch ihn nicht beschämen – das machte er selbst schon gründlicher als jeder andere. Ich wusste, dass Bobby rücksichtslos sein konnte, aber nicht gewalttätig. So, wie ich die Lage beurteilte, tat Bobby ihr nicht absichtlich weh – und das sehe ich heute noch so.

Wie dem auch sei – der Vorfall veränderte Nippy. Der Chirurg leistete fantastische Arbeit, um das Narbengewebe zu minimieren, er konnte selbst die Gesichtsnerven wieder miteinander verknüpfen. Aber obwohl sie sich körperlich so gut erholte, wirkte Nippy traurig – als hätte sie irgendetwas für immer verloren. Von außen konnte man ihr die Verletzung zwar nicht mehr ansehen, aber wie es in ihrem Inneren aussah, war möglicherweise eine andere Geschichte.

Nippys Vater ging es damals gesundheitlich nicht sonderlich gut. Er war inzwischen beinahe 80 Jahre alt, und er hatte Diabetes, Probleme mit dem Herzen und konnte nicht mehr gut laufen. Er hatte mittlerweile zwar seinen Posten in Nippys Firma aufgegeben, aber es war ihm so wichtig, weiterhin mitzumischen, dass sein Büro nicht geräumt werden durfte. Er hatte immer noch all seine Sachen dort, als wollte er im nächsten Moment hereinspazieren, um weiterzuarbeiten.

Nippy liebte ihren Vater, und es war ihr wichtig, dass er gut versorgt war. Obwohl die beiden wie alle Töchter und Väter auch einmal Schwierigkeiten miteinander hatten und John als Geschäftsführer ihres Unternehmens manchmal genauso sehr auf seinen eigenen Vorteil bedacht war wie auf ihren, kamen sie gut miteinander aus. Aber kurz nach der Hochzeit mit Peggy hatte John etwas getan, das Nippy wirklich verletzte.

Früher war Nippy Johns Prinzessin gewesen – sie war seine einzige Tochter, und er betete sie an. Wenn John mir an Feiertagen Blumen mitbrachte, schenkte er ihr auch immer welche, und er fand viele Mittel und Wege, um ihr zu zeigen, dass sie geliebt und geschätzt wurde. Nippy brauchte Liebe, und sie verließ sich auf die Zuwendung von ihrem Vater. Selbst als die Dinge später komplizierter wurden, konnte er ihr immer noch das Gefühl geben, etwas Besonderes und sein größter Schatz zu sein.

Peggy hatte eine junge Tochter namens Alana aus einer früheren Beziehung mit in die Ehe gebracht. Das war natürlich kein Problem. Aber dann beschloss John heimlich, Alana zu adoptieren. Er wollte nicht, dass Nippy davon erfuhr.

Eines Nachmittags, einige Jahre nachdem John und Peggy geheiratet hatten, rief Nippy einmal bei ihnen an, und Alana ging ans Telefon. Als Nippy nach John fragte, rief Alana ihn zu sich: »Daddy!«, so nannte sie ihn inzwischen. Nippy war sprachlos. Sie legte einfach auf.

Kurz darauf redete Nippy mit Bae darüber. »Was ist das denn für eine Sache mit Alana und meinem Vater?«, fragte sie. Bae wusste es nicht, aber sie fragte John. Und da gab John zu, das Mädchen adoptiert zu haben.

»Hast du Nippy davon erzählt?«, fragte Bae.

»Nein«, blaffte er. »Muss ich das?«

Und dabei blieb es bis zu einem Tag, als Nippy, John und Bae alle zusammen in seinem Büro waren. Sie redeten und scherzten über irgendetwas, als Nippy plötzlich sagte: »Daddy, ich habe gehört, ich habe eine neue Schwester?« Bae stand auf und wollte das Büro verlassen, aber Nippy sagte: »Nein. Ich will, dass du bleibst.«

Es war ein heikler Moment. »Was meinst du?«, fragte John. »Habe ich dir etwa gesagt, dass du eine Schwester hast?«

»Nein«, sagte Nippy. »Aber ich habe davon gehört.«

»Du hast keine Schwester, bis ich es dir sage«, sagte John. Und dann ging er raus. Er gab Nippy gegenüber nie zu, dass er dieses Mädchen adoptiert hatte, aber sie wusste es. Und die Tatsache, dass er sie angelogen hatte, verletzte sie wahrscheinlich mehr als alles andere. Es hielt sie nicht davon ab, weiterhin mit ihm zu reden und zu scherzen, aber sie hatte das Gefühl, dass jemand anderes nun ihren Platz im Leben ihres Vaters eingenommen hatte, und das machte sie traurig.

Sie hätte vielleicht über die Sache mit Alana hinwegkommen können, aber die ganze Geschichte zeigte eine dunkle Seite von John, die erst langsam zum Vorschein gekommen war. Als Geschäftsführer von Nippys Unternehmen hatte er viel Macht gehabt, und manchmal verhielt er sich auf eine Art manipulativ, die mit seinem Wunsch zusammenhing, alles zu kontrollieren. Wenn er wollte, konnte John immer noch der Mann sein, der vor so vielen Jahren selbst Elvis bezaubert hatte, aber als er älter wurde, musste er andauernd klarstellen, dass er das Sagen hatte. Das hatte er auch Nippy spüren lassen, als es um Alana ging.

Obwohl er sie verletzt hatte, liebte Nippy ihren Vater abgöttisch, und als er Probleme mit dem Herzen bekam, war sie sehr besorgt um ihn. Im Oktober 1997 hatte John einen Termin bei einem renommierten Kardiologen in der Nähe von Washington, D.C., und zufälligerweise waren Nippy, Michael, Gary und ich zur selben Zeit auch in der Stadt – die dritte Sondersendung von HBO, *Classic Whitney,* stand an.

Wir entschieden uns, ein Familientreffen abzuhalten, um über Johns medizinische Versorgung zu sprechen. Damals hatte ich kaum noch etwas mit ihm zu tun, aber ich muss zugeben, dass ich es schön fand, wieder ein bisschen in seine Angelegenheiten miteinbezogen zu werden. Zum ersten Mal seit fünf Jahren war die ganze Familie zusammen – das war wunderbar. Der Zeitpunkt hätte für Nippy allerdings nicht ungünstiger sein können. Sie versuchte krampfhaft, sich auf das Konzert vorzubereiten, und musste sich gleichzeitig mit dem familiären Drama auseinandersetzen.

Die ersten beiden HBO-Sondersendungen waren ein großer Erfolg gewesen, und jetzt wollte der Sender am 5. Oktober ihren Auftritt in der DAR Constitution Hall live im Fernsehen übertragen. Nippy musste eine Show zusammenstellen – eine Mischung aus

Hits und Gospelliedern, Hommagen an andere Sänger und eine Art Erzählstrang, um das Ganze zusammenzuhalten. Es ist eine Menge Arbeit, eine solche Show auf die Beine zu stellen. Die Tatsache, dass die gesamte Familie in der Stadt war, ununterbrochen über John sprach und ich mir große Sorgen um ihn machte, war ihr dabei sicher keine Hilfe. Es war außerdem der erste große Auftritt nach ihrer Gesichtsoperation, vielleicht verunsicherte sie das auch.

Und leider war Nippys Stimme nicht in der besten Form für ein solches Konzert. Über Jahre hinweg hatte sie einfach alles gesungen, was sie wollte, und dabei jeden Ton getroffen. Aber nach zwölf Jahren Karriere war sie müde. Hinzu kam die Sorge um ihren Vater sowie ihre Drogenprobleme, die offenbar zunahmen – das alles schadete ihrem Auftritt bei dem *Classic-Whitney*-Konzert.

Ich sollte bei dem zweiten Lied mitsingen, einer Ballade, die wir gemeinsam für ihr Album *Whitney* aufgenommen hatten: »I Know Him So Well« aus dem Musical *Chess*. Es ist ein Duett – eine Ehefrau und eine Geliebte singen über denselben Mann. Aber der Text hätte auch von John handeln können:

> *Though I move my world to be with him*
> *Still the gap between us is too wide ...*

Nippy und ich saßen einander zugewandt auf der Bühne, und wir ließen uns vollkommen aufeinander ein. Der Text, das Zusammenspiel der beiden Stimmen und die wunderbaren Harmonien machten das Ganze zu einem sehr gefühlvollen Moment für uns beide. Wir hielten uns an den Händen, sangen die letzte Zeile: »*I know him so well ... It took time to understand him ... but I know him so well.*« Und dann stand Nippy auf und schloss mich in ihre Arme.

»Danke, Mama«, sagte sie, bevor sie sich dem Publikum zuwandte. »Das ist meine Mutter! Meine Mom!«, verkündete sie. Ich war so stolz und glücklich wie jedes Mal, wenn ich mit meiner Tochter gemeinsam hatte singen dürfen.

Später an diesem Abend nahm Nippy ihre kleine Krissi mit auf die Bühne und hielt sie in ihren Armen, während sie »Exhale (Shoop Shoop)« sang. Dann kamen Bobbys Kinder und Nippys Neffen und Nichten dazu. Sie wollte alle bei sich haben, also improvisierte sie und sang: »Kommt hoch zu mir ... Ich weiß doch, dass ihr auch hier oben stehen wollt... Kommt hoch ...« Das Publikum lachte Tränen.

Und natürlich kam auch Bobby auf die Bühne. Immer, wenn er sie zu einem ihrer Auftritte begleitete, versuchte Nippy, ihn miteinzubeziehen. Er war ein sehr talentierter, wenn auch wechselhafter Tänzer und Entertainer. Manchmal war er brillant, aber manchmal konnte ich über seine Auftritte auch nur den Kopf schütteln. Nippy bat ihn immer auf die Bühne, und er tanzte, obwohl sein Stil nicht wirklich zu ihrer Musik passte. Er riss sich das Hemd vom Leib, gab sich wie ein Typ von der Straße – und obwohl er in der Constitution Hall an diesem Abend zu »Mr. Bojangles« tanzte, meinte er am Ende doch, sein Hemd aufknöpfen und seinen nackten Oberkörper herzeigen zu müssen. Es war ein seltsamer Anblick, Nippy in ihrer glamourösen Robe und daneben Bobby mit seinem offenen Hemd, aber nach der Show erzählte sie jedem, wie toll sein Auftritt gewesen sei.

Nippy wusste, dass sie sich bei *Classic Whitney* nicht in Bestform gezeigt hatte, und sie weinte, als der Abend vorbei war. Als treu ergebene Ehefrau musste sie natürlich hinzufügen: »Aber zumindest Bobby war gut.«

KAPITEL 14

EIN SEHR SCHLECHTES JAHR

Obwohl Nippy mit ihren Filmen und Soundtracks Erfolg hatte, waren seit ihrem letzten Studioalbum sieben Jahre vergangen. Clive Davis drängelte wegen neuer Aufnahmen, und ich wusste damals noch nicht, dass er auch größere Sorgen hatte.

Toni Chambers und der Anwalt Sheldon Platt sprachen als Nippys Vertreter mit Clive darüber, wann die Aufnahmen für ein neues Album beginnen könnten. Aber Clive waren ein paar Geschichten über Nippy zu Ohren gekommen, und er wusste, dass einige ihrer letzten Auftritte nicht ihrem Standard entsprochen hatten. Sie hatte hin und wieder auch Konzerte abgesagt, und das war bis vor Kurzem extrem selten vorgekommen.

Nippy war Clive zu wichtig, als dass er lange um den heißen Brei herumgeredet hätte. »Wie ist das mit den Drogen?«, fragte er geradeheraus. »Ich habe da so einiges gehört, was gar nicht gut klang.«

Ich hatte zu diesem Zeitpunkt immer noch keine Ahnung, dass Nippy überhaupt Drogen nahm. In den späten 80er-Jahren hatte Robyn Crawford einmal mit mir darüber geredet, und ich hatte Nippy darauf angesprochen. Aber dann war es nie wieder Thema gewesen. Ich war davon ausgegangen, dass Nippy die Sache schon im Griff hatte. Falls sie irgendwelche Drogen nahm, dann ganz sicher nicht, wenn ich dabei war. Und falls andere Leute dabei waren – nun, dann erzählten die mir nichts davon.

Ich hatte mitbekommen, dass sie hier und da einige Auftritte abgesagt hatte, und ich fand das natürlich nicht besonders toll. Aber ich glaubte Nippy, wenn sie mir erzählte, dass sie krank war oder Probleme mit ihrer Stimme hatte. Vielleicht war es ja tatsächlich so, dass sie zu viel feierte oder überhaupt nicht in der Lage war zu singen, aber ich sah dafür keinerlei Anzeichen. Für mich lag die Geschichte mit Nippy und den Drogen längst in der Vergangenheit – die Unterhaltung mit Robyn Crawford war zehn Jahre her.

Aber Clive verfügte offenbar über einige Informationen, die mir fehlten, denn er war wirklich besorgt. Toni erzählte Nippy von seiner Reaktion, und Nippy bekam Angst, dass andere von ihrem Problem wussten. Sie hatte es viele Jahre lang geheim gehalten, und die Vorstellung, dass Leute im Musikgeschäft mitbekamen, was sie da machte, erschreckte sie. Wie sie es manchmal schon getan hatte, schaltete sie also ihren Vater ein, damit der vermittelte.

Obwohl John offiziell gar nicht mehr für sie arbeitete, sprach er mit Clive. Und als Clive vorschlug, Nippy in eine Entzugsklinik einzuweisen – er empfahl sogar eine Einrichtung in Connecticut –, informierte sich John auch darüber. Aber anstatt sich mit mir zu beratschlagen, nahm John Robyn mit, um sich die Klinik anzuschauen, und erzählte mir kein Wort von alldem.

Ich war wahnsinnig wütend, als ich sehr viel später herausfand, was John und Robyn damals heimlich unternommen hatten, ohne die Freundlichkeit zu besitzen, mir davon zu berichten. Seit unserer Scheidung hatte John immer wieder versucht, mich aus der ein oder anderen Entscheidung herauszuhalten, und ich hatte mir nichts daraus gemacht. Aber das ging zu weit. John war ein guter Mensch, ein liebender Vater und ein wundervoller Ehemann, aber wenn es um die Sicherheit meiner eigenen Kinder ging, hätte er es besser wissen müssen. Wenn Nippy solche Probleme hatte und sich deswegen in Behandlung begeben sollte, dann ging das auch mich etwas an. Ich hätte informiert werden müssen. Ja, John war ihr *Daddy* – aber ich war ihre Mutter. Wenn irgendjemand über alles Weitere hätte entscheiden sollen, dann John und ich – nicht John und Robyn.

Nippy machte damals noch keinen Entzug, und sie überzeugte Clive offenbar davon, dass es ihr gut genug ging, um ein neues Album für Arista aufzunehmen: *My Love Is Your Love*. Trotz allem, was sie durchmachte, leistete sie hervorragende Arbeit. Zuerst wollte Clive nur eine Platte mit ihren größten Hits und wenigen neuen Songs zusammenstellen, aber bei den Aufnahmen lief alles so gut, dass ein vollkommen neues Album entstand. Es erschien im November 1998, und obwohl es sich nicht so gut verkaufte wie Nippys frühere Platten, hielten viele es für ihr bestes Album. Was auch immer sonst mit ihr los war – meine Tochter konnte immer noch singen.

Im Sommer 1999 begann die Tour zu *My Love Is Your Love*. An die Stelle der großen Bühnenshows traten jetzt Konzerte in Theatern und anderen kleineren Veranstaltungsorten. Nippy wünschte sich eine intimere Atmosphäre für ihre Auftritte. Sie war inzwischen 35 Jahre alt, und ihr neues Album war für ein erwachseneres Publikum gedacht – und für dieses Publikum wollte sie auch auf die Bühne gehen.

Ich nehme an, sie hatte außerdem die Hoffnung, bei kleineren Konzerten ihre Stimme etwas schonen zu können. Im Studio klang ihr Gesang wunderbar, aber bei den Auftritten machte ihr Hals ihr immer mehr Probleme. Wieder musste sie einige Termine absagen – zwei davon in ihrer Heimatstadt Newark. Die Leute zerrissen sich darüber natürlich das Maul – alle meinten ja zu wissen, was mit ihr los war, aber niemand wusste es wirklich. Die Wahrheit ist, dass die Probleme, die Nippy mit ihrer Stimme hatte, dadurch verstärkt wurden, dass sie so viel feierte – dass sie, wie ich später erfuhr, auch rauchte, und zwar nicht nur Zigaretten.

Wie keine Zweite konnte Nippy ihre Privatangelegenheiten für sich behalten – zumindest mir gegenüber. Auf jeder ihrer Tourneen hatte ich mir einige Konzerte angeschaut, und alle, die mit Nippy unterwegs waren, wussten, dass Zucht und Ordnung angesagt war, wenn ich kam. Sehr früh hatte Robyn mir bereits den Spitznamen »Big Cuda« verpasst – eine Kurzform für Barrakuda – und dieser Name passte hervorragend zu mir. Immer, wenn ich Nippy besuchen kam, warnten sich ihre Leute also gegenseitig vor, dass Big Cuda im Anmarsch war.

Die Menschen, die eng mit ihr zusammenarbeiteten, bekamen es natürlich mit, wenn sie Probleme hatte – mit den Drogen, mit Bobby oder mit sonst was. Aber Nippy hatte das Sagen, und wenn sie etwas vor mir geheim halten wollte, dann hielten ihre Leute auch dicht. Sie wussten, dass Nippy sich sonst betrogen fühlen würde, und sie wollten ihre Arbeit nicht verlieren. Selbst wenn sie mich also gerne über irgendetwas informiert hätten, wäre das nicht so einfach gewesen.

Und so sehr ich meine Tochter auch liebte – sie war sicher kein Engel. Wenn ihre Mitarbeiter etwas ausplauderten, kannte sie keine Gnade. Sie war der Kopf eines millionenschweren Unternehmens, einer Firma, die um ihre Person herum aufgebaut war und ohne sie nicht existieren würde. Sie konnte sehr gut dafür sorgen, dass die Dinge so liefen, wie sie es sich vorstellte. Und das brachte die Menschen, die für sie arbeiteten, sicherlich in eine schwierige Lage.

Nippy forderte ihr Team also auf, mich im Dunkeln zu lassen. Dabei half ihr die Tatsache, dass ich nie Boulevardzeitungen las. Jahrelang hatte ich diese Blättchen gemieden, das hatte mich vor einer Menge haltloser Gerüchte und hässlichem Klatsch und Tratsch bewahrt. Aber als Nippys Drogenprobleme zunahmen, blieb ich auch von all den Spekulationen verschont, die sich um ihren Zustand rankten.

Trotz allem drang hin und wieder etwas zu mir durch. Meistens nichts Konkretes – ich hörte dann nur, dass Nippy dieses oder jenes getan hätte, manchmal auch gemeinsam mit Bobby. Es reichte aus, um den Verdacht zu schöpfen, dass etwas nicht in Ordnung war, aber es war nicht genug, um zu wissen, was ich tun oder ob ich es überhaupt glauben sollte. Manchmal träumte ich auch von Dingen, die mich beunruhigten. Und ich wollte sichergehen, dass Nippy zurechtkam. Ab und zu rief ich Toni an. »Was ist los mit Nippy?«, fragte ich, und sie druckste herum und versuchte, sich herauszureden. »Toni, ich habe keine Zeit für Spielchen«, sagte ich dann. »Was ist mit meiner Tochter los?«

Ich hatte keine andere Wahl – ich musste mit Menschen sprechen, die ihr nahestanden, denn Nippy meldete sich in diesen Jahren nicht sonderlich häufig bei mir. Es ist schwer zu sagen, wann es angefangen hatte, aber zwischen uns war ein Abstand entstanden, der immer größer wurde. Nippy wusste, dass ich mich sofort einschalten würde, wenn ich mitbekam, dass es bei ihr schlecht lief, und sie wollte das nicht. Sie wollte ihre Angelegenheiten selber regeln, und um das zu erreichen, sprach sie nicht mit mir, verhinderte meine Beteiligung.

Sie wusste auch, dass ich ihr immer die Wahrheit sagen würde, und die wollte sie nicht unbedingt hören. Nippy, Michael und Gary waren mit einer Mutter aufgewachsen, die ihnen stets sagte, was sie dachte. Wenn es darum ging, die Kinder in den Arm zu nehmen, sie zu küssen und zu umsorgen, dann machte ich das auch. Aber ich sagte Nippy die Wahrheit immer mitten ins Gesicht – anders als manche ihrer Mitarbeiter, die vermeiden wollten, dass sie sich aufregte. Sie konnte andere ziemlich einschüchtern, und sie hatte keine Scheu, diese Fähigkeit für ihre Zwecke zu verwenden.

Michael sagte immer, dass er und ich die Einzigen waren, die Nippy nicht alles durchgehen ließen. Wenn sie sich also bestimmten Dingen nicht stellen wollte, dann schloss sie uns eben aus. Ich habe diese Geheimniskrämerei nie verstanden. »Nippy, du darfst nicht immer alle auf Abstand halten«, sagte ich oft zu ihr. »Ach Ma, ich will einfach nicht, dass du dir Sorgen machst«, sagte sie dann. Aber ich machte mir sehr viel mehr Sorgen, wenn sie mir nichts von sich erzählte – es war eine frustrierende Situation, und manchmal hätte ich Nippy am liebsten gepackt und durchgeschüttelt und gefragt: »Was ist eigentlich dein Problem, Kind?«

Es gab allerdings noch einen anderen Grund, warum sie mir nie etwas erzählte – und ich nehme an, der wog für sie noch schwerer. Nippy hatte Angst, mich zu enttäuschen. Lieber tat sie so, als wäre alles in Ordnung und schulterte ihre Last ganz allein, als dass sie mir ihre Schwäche offenbart hätte. Ich versuchte ihr zu sagen, dass jeder mal versagt, aber sie wollte ihre Fehler vor mir verbergen. Sie setzte sich damit selbst unter Druck, das war ebenfalls Teil unserer Beziehung. Was auch immer sie an sich selbst nicht perfekt fand, sie wollte es vor mir verstecken – möglicherweise hatte sie auch Angst, dass ich nichts davon wissen wollte.

Ich weiß nicht – vielleicht dachte Nippy, dass sie für mich das niedliche kleine Mädchen mit der Schleife im Haar bleiben musste, dessen Lächeln jeden bezauberte. Vielleicht hatte sie das Gefühl, dass niemand sie lieben würde, wenn sie doch anders war. Ich weiß, dass ich oft sehr streng mit ihr war, aber dieses Gefühl wollte ich ihr nie geben. Selbst wenn mich ihr Verhalten manchmal enttäuschte – als Tochter enttäuschte sie mich nie. Und ich habe niemals aufgehört, sie zu lieben.

Ich kann nur hoffen und beten, dass meine Nippy das wusste. Ich wünschte, ich hätte es ihr häufiger gesagt.

Im Januar 2000 – Nippy und Bobby waren auf Hawaii gewesen und wollten wieder abreisen – fand das Sicherheitspersonal am Flughafen Marihuana in ihrer Handtasche. Die Polizei wurde gerufen, aber Nippy hatte keine Lust, herumzusitzen und darauf zu warten, verhaftet zu werden. Sie und Bobby stiegen in den Flieger. Obwohl sie noch am Boden waren, als die Polizei eintraf, wurden sie nicht aufgehalten, denn es war bloß eine kleine Menge gefunden worden.

Alle redeten darüber, denn Nippy war zuvor noch nie mit dem Gesetz in Konflikt geraten. Mit Bobby war es etwas anderes – er war schon so oft wegen so vieler Vergehen verhaftet worden, dass er immer witzelte, in jeder Stadt einen Anwalt zu kennen. Ich weiß nicht, was genau auf Hawaii vorgefallen ist, aber ich konnte einfach nicht glauben, dass Nippy mit Marihuana in ihrer Handtasche herumspazierte. Mir war klar, dass sie schon einmal einen Joint geraucht hatte und dass ihre Leute das ohnehin manchmal taten – es war also nicht der plötzliche Beweis dafür, dass alles stimmte, was ich über ihre ernsteren Probleme gehört hatte. Ich war zwar besorgt, aber ich nahm den Vorfall auf Hawaii nicht als Zeichen dafür, dass mit Nippy etwas grundlegend nicht in Ordnung war. Es wirkte auf mich wie ein überraschender Einzelfall, und ich war bereit, darüber hinwegzusehen.

Aber das war bloß der Anfang eines sehr schlechten Jahres für Nippy. Im Februar sollte sie bei der Oscarverleihung auftreten. Burt Bacharach, seit vielen Jahren ein Freund der Familie, war dort für die Musik verantwortlich. Aber bei den Proben war Nippy offensichtlich nicht ganz auf der Höhe. Menschen, die dabei waren, meinten, sie hätte unter Drogen gestanden. Bobby war mit ihr dort, und sie sang die ganze Zeit in seine Richtung, verpasste ihre Einsätze, sang das, was sie wollte, und nicht das, was sie sollte, verließ die Bühne, um Bobby zu umarmen, und benahm sich allgemein daneben. Nach einer Weile bat Burt sie zu gehen. Verständlicherweise war er sehr wütend auf sie.

Nippy war bereits auf vielen Preisverleihungen aufgetreten. Anders als andere Künstler sang sie lieber live, als auf ein Playback zurückzugreifen, sie musste also immer alles geben. Egal, was passierte – vor ihren Auftritten riss sie sich zusammen, und sie dachte wohl, sie wäre dazu immer noch in der Lage. Aber die Oscarverleihung sollte live im Fernsehen übertragen werden, und Burt war nicht bereit, irgendein Risiko einzugehen. Deswegen ersetzte er sie.

Für Nippy war das ein Schock. Bis zu diesem Zeitpunkt war die Bühne immer der Ort gewesen, an dem sie über alles die Kontrolle hatte. Sie strahlte bei ihren Auftritten eine Selbstsicherheit aus, die ihr im Alltag manchmal fehlte. Sie wusste, dass sie sich einfach hinstellen und alles mit ihrer Stimme anstellen konnte, was sie nur wollte, und jahrelang waren selbst die Shows, bei denen sie nicht in der allerbesten Form war, immer noch überwältigend gewesen. Nippy sang so gerne, und sie konnte sich mit ihrer Stimme so gut ausdrücken. Deswegen hatte die Bühne immer ihr gehört, ganz gleich, wo sie war.

Aber jetzt verlor sie diese Gewissheit. Und obwohl der Kontrollverlust ihr Angst machte, glaube ich nicht, dass sie eine Verbindung zwischen den Problemen bei ihren Auftritten und ihrem Drogenkonsum sah. Sie schien einfach nicht zu wissen, was sie tun sollte.

Zu diesem Zeitpunkt wurde mir Stück für Stück klarer, dass etwas wirklich nicht in Ordnung war. Es gab keinen großen Aha-Moment, aber all die Kleinigkeiten, von denen ich gehört hatte, begannen sich zu einem Bild zusammenzusetzen. Je genauer ich nachfragte, desto schwieriger wurde es auch für Nippys Team, sie zu decken.

Schließlich bereitete ihre Filmagentin Nicole David in Los Angeles eine Intervention vor – ein ernstes Gespräch, bei dem Nippy von Familienangehörigen und Freunden mit ihrem Problem konfrontiert werden sollte. Sie bat mich, daran teilzunehmen. Manche werden mich für naiv halten, aber ich war ernsthaft überrascht, was das Ausmaß von Nippys Problemen anging. Obwohl ich schon seit einer Weile daran herumrätselte, hatte sie alles doch gut vor mir geheim halten können, und ich hatte nicht begriffen, wie schlecht es um sie stand. Wenn ich Klatschmagazine gelesen oder mir Boulevardsendungen angeschaut hätte, wäre ich vielleicht früher darauf gekommen. Aber so bekam ich nur dann mit, dass Nippy in Schwierigkeiten war, wenn ich es mit meinen eigenen Augen sah oder wenn Menschen mir davon erzählten, denen ich vertraute. Und solange beides nicht passierte, ging ich davon aus, dass bei ihr alles in Ordnung war.

Ich flog nach Los Angeles, und zusammen mit Robyn Crawford, CeCe Winans und Michaels Frau Donna besuchte ich Nippy im Hotel. »Wir sind hier, um dir die Hilfe zu organisieren, die du brauchst, Schatz«, sagte ich. Sie war geschockt, uns alle zu sehen, und fing sofort an zu weinen. Sie flehte uns an, sie nicht in eine Entzugsklinik zu schicken.

»Mommy«, sagte sie, »bitte lass nicht zu, dass sie mir das antun. Ich kann mich selber darum kümmern.« Davon war ich nicht überzeugt, aber Nippy gab nicht auf. »Lass uns das zusammen angehen«, sagte sie. »Komm zu mir nach Hause und pass auf mich auf, und ich höre auf mit den Drogen. Ich verspreche es! Bitte, Mommy!« Sie bettelte jetzt wirklich. »Ich weiß, dass wir das gemeinsam schaffen können.«

Nun ja – ich ließ mich von ihr überreden. Tief in meinem Inneren hatte ich meine Zweifel. Nachdem mir das gesamte Ausmaß ihrer Probleme klar geworden war, glaubte ich eigentlich nicht mehr, dass sie alleine von den Drogen loskommen könnte. Aber meine Tochter sagte mir, dass sie mich brauchte, sie bat mich, nach Mendham zu kommen, um ihr zu helfen – und das war mehr, als ich ertragen konnte. Ich versprach, alles für sie zu tun. »In Ordnung, Schatz«, sagte ich. »Ich komme mit dir. Ich werde dir helfen.«

Also zog ich für ein paar Wochen bei Nippy ein. Aber das Haus war so groß, dass Nippy sich einfach irgendwo einschließen konnte und nicht wieder hervorkam. Wenn sie sich doch einmal zeigte, schwor sie mir hoch und heilig, nichts getan zu haben. Aber sie versteckte sich zu viele Stunden vor mir, als dass ich ihr geglaubt hätte. Ich hätte alles getan, um Nippy beim Entzug zu helfen. Und ich nehme an, ihr war klar, dass es in diesem Haus unmöglich war, sie die ganze Zeit im Auge zu behalten.

Ich denke, Nippy wollte damals wirklich mit den Drogen aufhören – sie wusste bloß nicht, wie. Ich konnte sie zu nichts zwingen, und deswegen zog ich irgendwann wieder aus. Ich hatte gehofft, dass wir uns gemeinsam ihren Dämonen stellen könnten, aber ich hätte mich nie überreden lassen dürfen, die Intervention abzubrechen. Denn die Wahrheit war, dass ich einfach nicht wusste, wie ich ihr helfen sollte. Ich wusste nur, dass sie mich um Hilfe gebeten hatte und ich nicht ablehnen konnte. Ich hätte an Nippys Seite gegen den Rest der Welt gekämpft. Aber dieses eine Mal war ich nicht in der Lage, ihr Problem zu lösen. Sie steckte immer noch in Schwierigkeiten, und es sollte alles noch schlimmer kommen.

Nippy kapselte sich immer mehr von der Außenwelt ab. Robyn gab ihre Stelle in Nippys Firma auf, und das war gar nicht gut. Egal, was ich über Robyn dachte – wenigstens hatte sie immer versucht, sich um Nippy zu kümmern. Nun bekam ich kaum noch etwas von ihr mit. Schon vor der Intervention hatte sie angefangen, sich zurückzuziehen, aber es wurde extremer, nachdem ich wieder bei ihr ausgezogen war. Sie meldete sich nur noch selten und ging oft nicht ans Telefon, wenn ich anrief.

Ihr Bruder Michael verbrachte viel Zeit mit ihr, aber unglücklicherweise nahm auch er Drogen. Michael und Nippy standen sich sehr nah, und er hätte alles für sie getan. Selbst wenn sie ihn mitten in der Nacht anrief, ließ er Donna und seine zwei Kinder allein, um zu ihr zu fahren, und manchmal blieb er wochenlang bei ihr.

Nippy ließ außer ihrem Bruder, Bobby und Krissi kaum noch jemanden an sich heran. Michael erzählte mir später, dass es zwischen Bobby und ihr nicht gut lief. Bobby geriet andauernd mit dem Gesetz in Konflikt, im Mai 2000 musste er in Florida sogar ins Gefängnis, weil er betrunken Auto gefahren war. Nippy hielt zu ihm, und als er im Juli wieder freigelassen wurde, benahm sie sich, als wäre er aus dem Krieg heimgekehrt. Die Welt schien sich für sie nur noch um Bobby zu drehen.

Trotz all seiner Fehler blieb Nippy ihm treu ergeben. In gewisser Weise war diese Beziehung vielleicht Nippys Art zu rebellieren. Bobby gegenüber musste sie nicht das perfekte Mädchen oder Amerikas Liebling spielen. Sie konnte sich entspannen und einfach die

Person sein, die sie wirklich war. Im Gegensatz zu anderen Menschen gebe ich Bobby weder die Schuld dafür, Nippy an die Drogen herangeführt zu haben, noch für die Dinge, die danach passierten. Gleichzeitig glaube ich nicht, dass er viel unternahm, um ihr zu helfen. Er musste seine eigenen Dämonen bekämpfen, verbrachte ziemlich viel Zeit auf gerichtlich angeordneten Entzugskuren und mit dem Versuch, nüchtern zu bleiben. Aber wenn es darum ging, endgültig von den Drogen loszukommen, waren Nippy und er nie zur selben Zeit am selben Ort, und das erschwerte die Sache.

Die Menschen, die Nippy umgaben, meinten, sie hätte damals eine Depression gehabt. Wenn Bobby nicht da war, lief sie den ganzen Tag im Schlafanzug herum, und Michael traf sie manchmal auch nachts an, wenn sie durch das Haus schlurfte und offenbar nicht wusste, was sie mit sich anfangen sollte. Sie nahm stark ab – sie hatte ohnehin nicht viel gewogen, es blieb also kaum etwas von ihr übrig.

Trotz allem schloss Arista im August 2001 einen neuen Vertrag mit Nippy ab. Clive glaubte immer noch an Nippy und an ihr Talent, und L. A. Reid, der damals der Chef von Arista war, verpflichtete sie für weitere sechs Alben. Clive meinte, das könnte der Anfang eines Comebacks sein, ihre Chance, allen zu zeigen, dass sie ihre Probleme überwunden hatte. Auch L. A. Reid, der bereits mit Nippy zusammengearbeitet hatte und ein guter Freund geworden war, war überzeugt, dass sie der Welt beweisen könnte, dass sie immer noch Whitney Houston war.

Nach den Anschlägen vom 11. September legte Arista Nippys Aufnahme der amerikanischen Nationalhymne noch einmal neu auf. Das gab vielen Menschen im Land Kraft und Zuversicht und erinnerte sie daran, welche Magie Nippys Stimme verströmen konnte.

Aber all das Gute sollte nicht lange vorhalten. Im September 2001, bei einem Konzert zu Michael Jacksons 30. Jubiläum als Solo-Entertainer, schockierte Nippy alle mit ihrem Anblick.

Das Konzert fand im Madison Square Garden in New York statt, und ich kam in die Stadt, um Nippy zuzusehen. Als ich ihre Garderobe betrat, traute ich meinen Augen nicht. Sie war dermaßen abgemagert, dass sie fast aussah wie ein Skelett. Ihr Gesicht war ganz ausgemergelt und sie wirkte übermüdet. Ich war zu Tode erschrocken. Was war mit meinem Schatz passiert? Aber ich hatte solche Angst, sie zu verschrecken, dass ich kein Wort dazu sagte. Ich befürchtete, dass sie mich sonst wieder nur ausschließen würde.

Außerdem wusste Nippy ja, wie sie aussah. Es war nicht so, dass ein Zauberwort von mir sie plötzlich dazu bewegt hätte, ihr Leben zu ändern. Ich musste mich selber trösten, indem ich mir sagte: *Zumindest darf ich sie besuchen. Zumindest bin ich noch Teil ihres Lebens.* So, wie sich alles entwickelt hatte, machte ich mir Sorgen, dass sie einfach für immer verschwinden würde. Nippy war ein stures, eigensinniges Mädchen. Sie ließ es nicht zu, dass irgendjemand die Führung in ihrem Leben übernahm, ganz besonders nicht ihre Mutter. Also versuchte ich, ihr Raum zu geben, sie zu respektieren. Aber sie dachte wohl immer noch, dass ich sie kontrollieren wollte, und ich wusste, dass ihr das nicht passte.

Als ich sie an diesem Tag sah, war mir endgültig klar, dass mein Aufenthalt in ihrem Haus nicht geholfen hatte, sie von den Drogen wegzubekommen. Und es war eines der wenigen Male, an die ich mich erinnern kann, dass ich Nippy nicht sagte, was ich dachte. Ich hatte immer darauf vertraut, dass sie wusste, wann sie zu weit ging, und offensichtlich traf ich in dieser Situation eine falsche Entscheidung – aber damals war es die einzige Möglichkeit, die ich sah, um weiterhin ein Teil ihres Lebens zu bleiben. Ich wusste nicht, wie ich unser Verhältnis hätte verändern können, um ihr wirklich beizustehen.

In Mendham, wo Nippy erst mit Robyn, dann mit Bobby lebte, hatte ich sie nie oft besucht. Manchmal fuhr ich wegen Krissi hin, und alle Jubeljahre einmal schneite ich einfach vorbei, wenn mir danach war. »Mommy, würdest du bitte vorher anrufen?«, sagte Nippy immer, aber manchmal hatte ich den spontanen Wunsch, sie zu sehen, und dann machte ich mich eben auf den Weg.

Eines Tages fuhr ich also hin – und ich war fassungslos, als Nippy die Tür öffnete. Sie war völlig zugedröhnt. So hatte ich noch nie jemanden erlebt – ihre Augen waren glasig und sie stand komplett neben sich. »Nippy, was zur Hölle hast du getan?«, fragte ich.

»Ach, Mommy, mach dir doch nicht immer solche Sorgen«, sagte sie.

Ich zitterte vor Wut. »Sieh zu, dass du mal wieder runter- kommst!«, sagte ich. »Sonst sorge ich dafür!« Ich hatte meine Toch- ter noch nie so gesehen, und es machte mir Angst. Ich konnte nicht einfach darüber hinweggehen. Wahrscheinlich hatte sie deswegen nicht gewollt, dass ich unangemeldet vorbeikam – weil sie wusste, dass ich ausrasten würde, wenn ich sie in diesem Zustand antraf. Vielleicht wollte sie tun, was auch immer sie da tat, ohne dass es jemand bemerkte.

Bis zu diesem Zeitpunkt hatte ich Nippy noch nie unter Drogen erlebt. Deswegen hatte ich ja auch immer so stur an der Überzeu- gung festgehalten, dass es nicht so schlimm um sie stand, wie an- dere behaupteten.

Nippy versuchte, meine Sorgen zu zerstreuen. Aber nicht mit mir – jetzt hatte ich mit eigenen Augen gesehen, dass sie ein Prob- lem hatte. Ich war erschüttert, und weil es keinen Sinn hatte, in die- ser Situation mit ihr zu diskutieren, drehte ich mich um und ging. Als ich später versuchte, mit ihr zu reden, stritt sie alles ab. »Ich bin nicht abhängig«, sagte sie. »Ich bin eine erwachsene Frau. Ich kann für mich selber sorgen.«

Nun, ich bin keine bessere Mutter als andere Mütter – ich liebte meine Tochter, wie alle Mütter ihre Töchter lieben. Aber an diesem Tag brach Nippy mir das Herz. Das ist alles, was ich dazu sagen kann. Sie brach mir das Herz.

Und ihre Brüder auch, denn sie machten alle dasselbe. Ich war schockiert, und es ekelte mich an. Ihre Brüder hätten Nippy beschützen sollen, aber ihnen passierte genau das, was auch ihr passierte. Ich war erschüttert, verletzt und verwirrt. Ich habe es damals nicht verstanden und tue es heute noch nicht. Ich werde es wohl nie verstehen.

Dritter Teil

KAPITEL 15

ATLANTA

John hatte mir über die Jahre hinweg den ein oder anderen Schock versetzt – sei es, indem er die Scheidung eingereicht oder indem er heimlich Peggy geheiratet hatte. Aber im August 2002 schockierte er nicht nur mich, sondern uns alle, denn seine Firma, John Houston Entertainment, verklagte Nippy. Es ging um 100 Millionen Dollar.

Nippy wurde beschuldigt, Leistungen des Managements nicht bezahlt zu haben. Bevor John eine eigene Firma gegründet hatte, war er Geschäftsführer von Nippys Unternehmen gewesen, und ich garantiere, dass er ein überaus angemessenes Gehalt bekam. Selbst als er im Ruhestand war, sorgte Nippy noch dafür, dass er sein Auskommen hatte. Allein der Gedanke, dass er sie verklagte, weil sie ihn angeblich nicht bezahlt hatte, war jenseits aller Vernunft. Es verletzte Nippy sehr, und es traf sie zu einer Zeit, in der sie seine Unterstützung dringend gebraucht hätte.

Ich war schon oft wütend auf John gewesen, aber als ich von der Klage hörte, war ich so wütend wie noch nie. Ich kam darüber hinweg, wenn er mich verletzte, aber wenn es um unsere Kinder ging, war es eine andere Sache.

Ich begriff nicht, wie jemand bei klarem Verstand auf die Idee kommen konnte, Nippy hätte ihren Vater hintergangen. Und dann dachte ich, dass Johns Verstand vielleicht gar nicht mehr so klar war.

Er war inzwischen über 80, und ich vermutete, dass er schon ein bisschen senil war. Einer seiner Mitarbeiter, ein junger Mann namens Kevin Skinner, muss ihn wohl dazu gebracht haben, etwas dermaßen Dämliches zu tun. Skinner erzählte überall herum, dass die Klage eine gemeinsame Sache von ihm und John wäre, aber ich glaube das nicht. Ich muss davon ausgehen, dass er John überredet hat. Und es ist eine Schande. Nippy war wirklich aufgebracht. Sie fühlte sich betrogen und konnte nicht glauben, dass ihr Vater, ihr geliebter Daddy, so etwas getan hatte.

Johns schlechter Gesundheitszustand erschwerte die Situation. Er wurde immer noch von der Diabetes, seinen Herzproblemen und den damit verbundenen Komplikationen geplagt, und kurz nachdem er die Klage eingereicht hatte, musste er ins Krankenhaus. Kevin Skinner kam dann an sein Krankenbett und brachte John offenbar dazu, dem Fernsehen irgendeinen Mist über Nippy zu erzählen. Michael machte das so wütend, dass er einen Wachmann vor Johns Zimmer abstellte.

Was auch passierte – Nippy hatte sich immer auf ihre Familie verlassen können. Sie und Michael waren fast wie Zwillinge. Wenn Nippy nicht schlafen konnte, unterhielten sie sich bis tief in die Nacht. Auch Gary und seine Frau Pat, die oft mit Nippy auf Reisen war, standen ihr nah. Und obwohl sie es nicht so oft tat, wie ich es mir gewünscht hätte, wusste Nippy, dass sie mich jederzeit anrufen konnte, wenn sie etwas brauchte. Bis zu der Klage hatte sie auch auf ihren Vater zählen können. Aber jetzt, an seinem Lebensabend, hatte er eine Dummheit begangen, um sie von sich zu stoßen. Dasselbe hatte er Jahre zuvor nach seinem Herzinfarkt mit mir gemacht. Damals hatte er sich verletzlich und krank gefühlt und mir die Schuld daran gegeben. Und nun gab er Nippy die Schuld.

Nippy hatte schwer damit zu kämpfen, und zu diesem Zeitpunkt kam auch Bobby andauernd mit dem Gesetz in Konflikt. Immer wieder wurde er verhaftet – wegen Trunkenheit am Steuer, Körperverletzungen und was es sonst noch alles gab. Er ging keiner Strei-

Nippy mit Bobby Brown, seinen Kindern Bobby Jr. und LaPrincia und Krissi mit rosafarbenem Hut.

Laurie, eine Freundin der Familie, hat dieses Foto von Nippy und Krissi beim gemeinsamen Nickerchen gemacht.

Hier sieht sie zwar nicht ganz glücklich aus, aber Krissi war wirklich ein süßes Baby.

Dieses Foto von Ellin Lavar zeigt Krissi – bereit für die Sonne mit Schlapphut und Badeanzug.

Das bin ich mit Blaire, der Tochter von meinem Sohn Michael. Von allen Enkeln sieht sie mir wohl am ähnlichsten.

1997 hielt Nippy eine Rede anlässlich der Umbenennung ihrer Schule in »Whitney E. Houston Academy«. Es war lange her, dass meine Tochter als das kleine, dünne Mädchen mit der großartigen Stimme in East Orange gelebt hatte.

Bobby, Nippy und Krissi in ihrem Haus in Mendham, New Jersey.

Nippy war mit einer so großartigen Stimme gesegnet. Ich sagte ihr immer: »Gott hat es gut mit dir gemeint, Schatz.« Aber sie hätte es sich manchmal vielleicht anders gewünscht.

Als sie noch ein Mädchen war und in der Kirche sang, sagte ich Nippy: »Lass die Menschen erst aufspringen und dann hinknien.« Das war wirklich ihre Gabe.

Auf Nippys Deutsch-
landtour waren
einmal alle Straßen
verstopft, weil so
viele Menschen zu
ihrem Konzert
wollten – also musste
Nippy einen Heli-
kopter nehmen.
(*Foto von Ellin Lavar*)

Nicht jede Dreijährige
bekommt die Gelegen-
heit, in einem Helikop-
ter zu fliegen – aber ich
bin mir nicht sicher, ob
Krissi alt genug war,
das wertzuschätzen.
(*Foto von Ellin Lavar*)

Krissi mit ihrem Hund Doggie
vor einer Preisverleihung.
(*Foto von Ellin Lavar*)

Nippy und ihr Bruder Gary bei einem Auftritt.

Nächster Auftritt, nächste Garderobe. Nippy nahm ihre Arbeit immer ernst, auch als sie unter dem Druck auf Tour zu leiden begann.

Ich bin dankbar, dass Nippy der Welt etwas Großes hinterlassen konnte.
Aber ich würde alles geben, um meine Tochter zurückzubekommen.

Die vielen Auftritte gingen nicht spurlos an Nippys Stimme vorüber, dennoch hat sie jahrelang ihr Publikum begeistert.

Krissi bei Nippy auf der Bühne. Nippy holte auch Bobby gerne für Tanzeinlagen dazu.

Ich liebe dieses Familienfoto – es wurde 1998 während Nippys Europatour in Monte Carlo aufgenommen. *Von links nach rechts, vordere Reihe:* Krissi, Michaels Frau Donna, Nippy; *mittlere Reihe:* Blaire, Toni Chambers, Bae White; *hintere Reihe:* Laurie Badami, Robyn Crawford. *Im Pool:* Gary.

Krissi in ihrem Sonntagskleid.

Ich habe seit den
späten Fünfzigern
im Studio gearbeitet,
und es wurde mir nie
zu viel.

Beim Dirigieren von
Sängern im Studio.

In den Neunzigern wurden mir zwei Grammys für die besten traditio-
nellen Soul-Gospelalben verliehen – für *Face to Face* und *He Leadeth Me*.

Ob ich nun den Chor von New Hope leitete oder an Background-Arrangements feilte – ich habe immer gerne mit anderen Sängern zusammengearbeitet.

Von meinem Vater habe ich gelernt, dass Gospelmusik den eigenen Glauben stärkt und andere inspiriert. In meinem Backgroundchor singen Gary (*Fünfter von rechts*) und seine Frau Pat (*Dritte von rechts*).

Nippy hat die Zusammenarbeit mit Kelly Price (*links*) und Faith Evans (*rechts*) für »It's Not Right but It's Okay« sehr genossen.

Bevor Nippy auf die Bühne ging, sagte sie manchmal: »Okay, jetzt muss ich raus und Whitney Houston sein.«

Nippy war umgeben von Menschen, die hart für sie arbeiteten – darunter diese talentierten Tänzerinnen und Tänzer.

Als dieses Video in den späten Neunzigern gedreht wurde, kursierten schon Gerüchte darüber, was wirklich mit Nippy los war. Aber sie ging weiter jeden Tag ihrer Arbeit nach.

Reverend Joe Carter, mein Pastor in der New Hope Baptist Church, half mir bei der Feier zu meinem 70. Geburtstag.

Ein Tänzchen mit Gary, meinem Erstgeborenen.

Meine Söhne Gary (*links*) und Michael (*rechts*). Von klein auf haben die beiden auf Nippy aufgepasst.

Manchmal wünsche ich mir, ich könnte meine Tochter nur noch ein einziges Mal umarmen. Ich hätte niemals gedacht, dass sie vor mir gehen würde.

Nippy, ich werde dich immer lieben.

terei aus dem Weg, und er und Nippy nahmen immer noch Drogen. Falls irgendjemand daran noch Zweifel haben sollte – Nippy stellte es Ende 2002 in einem Interview mit Diane Sawyer selber klar.

Das Interview sollte eigentlich Nippys Comeback nach den schwierigen letzten Jahren einleiten. Aber alles, was davon hängen blieb, war Nippys Ausspruch »*Crack is whack*« – Crack ist billige Scheiße. Ich fand das gesamte Interview schrecklich. Es lag sicher nicht an Diane, aber Nippy war offensichtlich noch nicht so weit, sich zur besten Sendezeit im Fernsehen zu zeigen. Ich hörte von Leuten, die dabei waren, dass Diane ihr Bestes getan hätte, um Nippy die Situation zu erleichtern, aber das Ergebnis war trotzdem eine Katastrophe.

Und natürlich trieb Bobby sich die ganze Zeit im Hintergrund herum. Diane bat ihn schließlich dazu. Es war unangenehm, sich das Ganze anzuschauen, aber ich kann weder Bobby noch Diane noch sonst wem die Schuld daran geben. Nippy war eine erwachsene Frau, und sie hatte sich für das Interview entschieden.

Sie brachte es selbst auf den Punkt, als Diane sie nach dem größten Teufel in ihrem Leben fragte. »Das bin wohl ich«, sagte Nippy. »Niemand kann mich zwingen, etwas zu tun, wenn ich es nicht will. Es ist meine Entscheidung. Der größte Teufel bin ich. Ich bin entweder meine beste Freundin oder meine schlimmste Feindin.«

Nur sechs Monate nachdem John die Klage gegen Nippy eingereicht hatte, starb er im Alter von 82 Jahren. Er und Nippy waren nicht mehr dazu gekommen, sich zu versöhnen. Nippy war sehr traurig. Sie dachte an die guten Zeiten mit ihrem Vater, an seine Liebe, ihr gemeinsames Lachen, und nicht mehr an sein seltsames Treiben im letzten Jahr vor seinem Tod.

Ich war auch traurig, aber es tat mir vor allem für Michael, Gary und Nippy leid. Ich hatte nie aufgehört, John zu lieben, aber wir waren schon so lange geschieden und so viele Dinge waren zwischen uns vorgefallen, dass mein Kummer nicht allzu groß war.

Wahrscheinlich wäre ich nicht einmal zu seiner Beerdigung gegangen, wenn Nippy und Bae nicht darauf bestanden hätten. Meinen Kindern zuliebe schloss ich mich an.

Am Tag vor der Beerdigung ging ich mit Nippy, Gary, Michael und ihren Familien zur Totenwache. Garys Frau Pat arbeitete damals für Nippy. »Kümmer dich um alles, was sie brauchen«, sagte Nippy zu ihr. Peggy sollte also Geld bekommen für die Beerdigung und alles, was sonst noch nötig war. Nippy hatte keinerlei Beziehung zu Peggy – niemand von uns hatte das –, aber aus Achtung vor ihrem Vater bot sie ihre Unterstützung an. Klage hin oder her – bis zum Ende zeigte Nippy sich ihrem Vater gegenüber großzügig.

Aber während der Totenwache redete Peggys Tochter Alana die ganze Zeit über John: »Mein Daddy« hier, »mein Daddy« da. Das war zu viel für Nippy. Nach allem, was zuletzt passiert war, konnte sie das nicht mit anhören. Sie kannte Alana nicht und hatte nichts gegen sie persönlich, aber sie war nie darüber hinweggekommen, dass John Alana adoptiert hatte. Sie war zur Totenwache gegangen, aber sie entschied, der Beerdigung fernzubleiben. Sie war verletzt und hatte das Gefühl, aus Liebe und Respekt ihrem Vater gegenüber alles getan zu haben, was sie tun konnte. Mehr war ihr nicht möglich.

Am nächsten Tag fegte ein furchtbarer Schneesturm über New Jersey hinweg. Ich hätte meine Wohnung am liebsten gar nicht erst verlassen, aber ich hatte es Michael und Gary versprochen, also ging ich zu Johns Beerdigung. Johns erste Frau war auch da, sie saß hinten und weinte die ganze Zeit. Ich hingegen vergoss keine einzige Träne. Das überraschte mich selbst, immerhin war John die Liebe meines Lebens gewesen. Ich bin mir sicher, wenn unser Verhältnis zuletzt besser gewesen wäre, hätte ich auch geweint – und wie.

Er starb allerdings zu einem Zeitpunkt, als meine Wut auf ihn größer war als das Gefühl, ihm nahezustehen. Wegen der Klage hatte ich aufgehört, mit ihm zu sprechen. Das war sehr ungewöhnlich, denn John und ich waren einander auch nach unserer Trennung und der Scheidung verbunden geblieben. Er war immer für mich da gewesen, und ich immer für ihn.

Ich erinnere mich an eine Situation nur ein paar Jahre vor seinem Tod, als er furchtbar unter den Auswirkungen seiner Diabetes litt. Wir waren beide auf einer Wohltätigkeitsveranstaltung zu Nippys Ehren. John ging am Stock, und er kam kaum vorwärts.

Er war in einer so schlechten Verfassung wie schon seit Langem nicht mehr – und er hatte zu große Schmerzen, um noch dumme Sprüche zu machen. Es musste also wirklich schlimm sein. »John, was ist los mit dir?«, fragte ich. »Cissy, ich schaffs nicht bis zum Tisch. Meine Beine tun so weh«, sagte er. Ich hatte ja auch Probleme mit meinem Fußknöchel, hatte mir inzwischen sogar ein künstliches Kniegelenk einsetzen lassen, aber es ging mir besser als ihm. Ich schaute ihn nur an und sagte: »Na, dann stütz dich bei mir ab. Ich bringe dich hin.« John legte seinen Arm um mich und gemeinsam humpelten wir zum Tisch. Ich weiß nicht, wo seine Frau war, und es war mir auch egal. Wenn John meine Hilfe brauchte, dann half ich ihm.

So war unsere Beziehung immer gewesen. Egal, worum es ging – wir waren füreinander da. Wenn wir uns vor seinem Tod nahe gewesen wären, wenn er nicht diese Klage eingereicht hätte, wäre es für mich alles andere als leicht gewesen, ihn gehen zu lassen. Und seltsamerweise denke ich, dass John das wusste. Er war so verrückt und ein derartiger Kontrollmensch – vielleicht hatte er es extra so eingefädelt, dass ich zum Schluss wütend auf ihn war. Für mich war es am Ende jedenfalls beinahe ein Segen.

1982 hatte John unser Haus in der Dodd Street verlassen – und Nippy kurz darauf auch, um gemeinsam mit Robyn Crawford nach Woodbridge zu ziehen. Jetzt, mehr als 20 Jahre später, geschah etwas Ähnliches. Nur wenige Monate nach Johns Tod zog Nippy mit Bobby von New Jersey, wo sie ihr gesamtes Leben verbracht hatte, nach Atlanta.

Obwohl ich Nippy nicht besonders häufig getroffen hatte, war es mir doch ein Trost gewesen, dass sie nur einen Katzensprung entfernt wohnte. Aber nun zog sie so weit weg an einen Ort, wo sie einfach verschwinden konnte, wenn sie wollte. Wenigstens zogen Gary und Pat auch nach Atlanta, um in Nippys Nähe zu bleiben. Dennoch wusste ich, dass ich sie in Zukunft noch seltener als bisher zu Gesicht bekommen sollte.

Nippy kaufte ein großes Haus am Tullamore Place in Alpharetta, Georgia. Es hatte fünf Schlafzimmer, sieben Bäder und war von einem Grundstück mit vielen Bäumen umgeben. Ein Zaun sicherte das Gelände ab, Nippy hatte dort also wirklich ihre Ruhe. Wahrscheinlich war ihr das wichtiger als alles andere. An diesem Ort konnte Nippy darüber bestimmen, wer sie sah und wann.

Und tatsächlich errichtete sie dort eine Mauer um sich. In New Jersey hatten wir oft miteinander telefoniert, aber aus Atlanta rief sie mich kaum noch an. Sie schien auch nie Zeit für ein Treffen zu haben, selbst dann nicht, wenn ich anbot, zu ihr zu kommen. »Ach, ich bin so beschäftigt, Mommy!«, sagte sie immer und zählte irgendwelche Gründe auf, die gegen ein Treffen sprachen. Ich redete mit Gary und Pat, und Tante Bae lebte eine Weile bei Nippy, sie erzählte mir auch einiges. Aber im Großen und Ganzen hatte ich keinen Einblick mehr in das Leben meiner Tochter.

Der Umzug war zwar Bobbys Idee gewesen, aber ich denke, Nippy wollte inzwischen auch nicht mehr mit mir oder anderen Menschen zusammen sein, die sie zur Verantwortung gezogen hätten. Sie wollte sich wohl von allen Verpflichtungen frei machen und mied jeden, der ihr Verhalten hinterfragt hätte – ganz besonders mich. Es kam nie zu einem großen Zerwürfnis, aber sie wollte den Abstand, der sich sowohl räumlich als auch emotional zwischen uns aufgetan hatte, noch vergrößern. Sie wusste, dass ich mir Sorgen um sie machte und dass ich einfach auftauchen würde, wenn ich der Meinung war, dass sie mich brauchte. Nachdem ich sie in Mendham völlig zugedröhnt erlebt und mir das Interview mit Diane Sawyer angeschaut hatte, schien es mir offensichtlicher als je zuvor, dass Nippy Hilfe benötigte. Aber sie wollte keine Hilfe. Sie wollte mich und andere nicht enttäuschen. Deswegen sorgte sie dafür, selber bestimmen zu können, wem sie überhaupt begegnete. Wahrscheinlich meinte sie, über alles andere in ihrem Leben genauso bestimmen zu können, aber das war ein Irrtum. Sie hatte sicher nicht gewollt, dass alles außer Kontrolle geriet. Aber genau das geschah – schon bald.

Pat und Gary wussten, dass sie in Schwierigkeiten steckte, und sie versuchten ihr auf ihre Weise zu helfen. Kurz nach dem Umzug reisten sie mit Nippy und Bobby nach Israel. Ich nehme an, sie wollten ihnen helfen, mit der Kraft des Glaubens von den Drogen loszukommen. Sie trafen sich mit einer Gruppe, die sich Black Hebrew Israelites nannte – schwarze hebräische Israeliten –, und obwohl ich Pats Einsatz schätzte, wollte ich davon nichts weiter wissen. Ich glaube fest an Jesus Christus, auch Nippy war mit dem christlichen Glauben aufgewachsen, und ich hoffte, das würde ihr helfen, ihre Probleme zu bewältigen. Als Nippy und Bobby aus Israel zurückkamen, hatte sich die Lage der Dinge jedenfalls nicht verbessert.

Ende 2003 wählte Nippy den Notruf. Sie sagte, dass ihr Mann etwas getan hätte, und als man sie nach ihrem Namen fragte, legte sie auf. Sie wurde zurückgerufen, aber Nippy wollte nichts weiter sagen. Die Polizei verfolgte den Anruf zurück, und als sie am Haus ankamen, war Bobby schon weg. Ich weiß bis heute nicht, was damals passiert ist, denn Nippy hat es mir natürlich nie erzählt, aber Bobby bekam eine Anzeige wegen häuslicher Gewalt.

Ich war wie immer sehr besorgt um Nippy. Ich wünschte, sie hätte nicht so unbedingt mit Bobby zusammenbleiben wollen. Während unserer Ehe war ich John treu ergeben, aber ich schwöre, wenn er jemals die Hand gegen mich erhoben hätte, wäre es das Ende gewesen. Nippy blieb nicht nur bei Bobby, sie kam auch mit ins Gericht, um ihn zu unterstützen, als über die Anzeige verhandelt wurde. Bobby behauptete, es wäre bloß eine kleine Kabbelei gewesen, sie hätten nur Quatsch gemacht. Und Nippy stand an seiner Seite und beschützte ihn, wie sie es immer tat.

Viele fragten sich, warum sie bei ihm blieb. Es gab einen sehr einfachen Grund – sie hatte ihn geheiratet, er war ihr Ehemann, Punkt. Ich denke aber auch, dass sie es den Leuten beweisen wollte. Alle Welt hatte behauptet, dass ihre Ehe nicht lange halten würde – und Nippy gab ihr Bestes, um zu zeigen, dass alle Welt ja wohl überhaupt keine Ahnung hatte. Wenn Nippy eins war, dann stur. Und sie hatte ihren Stolz.

Der andere Grund war, dass sie Bobby wirklich liebte. Und er wusste, wie er das für sich nutzen konnte. Ich sage nur so viel: Sie hatten es beide raus, sich gegenseitig auf die Palme zu bringen, und es gab Zeiten, da hat er sie emotional missbraucht. Aber er wusste genau, was er tun musste, um sie wieder zurückzugewinnen, wenn er sich wie ein Idiot benommen hatte.

Ich weiß, wovon ich rede, weil ich es miterlebt habe. In den späten Neunzigern waren wir während einer von Nippys Touren alle zusammen in England, und Bobby spielte sich auf, wie er es manchmal machte. Sie waren an diesem Abend zusammen in einem Club gewesen, und nachdem sie »gefeiert« oder was auch immer getan hatten, ging Bobby nicht ins Bett, sondern schimpfte und pöbelte die ganze Zeit herum. Sie stritten sich, seit sie zurück im Hotel waren, und ihre Stimmen wurden immer lauter, bis Nippy ihn schließlich aus ihrer Suite warf. Und da begann er, gegen die Tür zu treten.

Das ging eine ganze Weile lang so, und andere Hotelgäste riefen bei der Rezeption an, um sich zu beschweren. Bae stand auf und versuchte, Bobby in ihr Zimmer zu bringen und mit ihm zu reden, aber er gab keine Ruhe. Er war stinksauer, und das durfte gerne jeder wissen.

Schließlich hatte auch ich genug. Ich stand auf, zog mich an und ging den Flur hinunter zu Baes Zimmer. Bobby war immer noch nicht nüchtern, und er fing an, sich zu verteidigen. Er sagte, dass Nippy auch mit ihm gestritten hätte, dass sie genauso schlimm wäre wie er. Er meinte, alle wären immer auf Nippys Seite, und drohte damit, nach Hause zu fliegen. Er meinte das wahrscheinlich nicht ernst, aber ich sagte: »Okay. Tu das.« Nippy musste arbeiten, und sie brauchte Ruhe – wenn Bobby und sie sich dermaßen fetzten, dann blieb er besser nicht in ihrer Nähe. Sie musste fit sein für ihre Auftritte.

Als ich ihm das sagte, wollte er zuerst mit Nippy sprechen. Er trottete zu ihrer Suite. Nippy hatte ihm sowieso schon halb vergeben, sie konnte nie lange wütend auf ihn sein. Er entschuldigte sich bei ihr. »Nip, bitte. Es tut mir leid«, sagte er. »Du weißt doch, wie sehr ich dich liebe.« Ihr Gesicht wurde ganz weich, und sie ließ ihn einfach so wieder rein.

Bobby wusste, dass er sie nur mit seinem Hundeblick anschauen musste, süß und traurig und liebevoll, dann würde sie ihm schon vergeben. Er hatte sich wie ein Wahnsinniger benommen, hatte das halbe Hotel mit seinem Geschrei geweckt, aber als er sie mit seinen traurigen Augen anschaute, schmolz Nippy dahin. So war sie immer – wenn man traurig aussah, nachdem sie sich über einen geärgert hatte, vergab sie einem alles. Sie hasste Konflikte, und egal, wer Schuld war – sie wollte, dass jeder Streit bald wieder ein Ende hatte.

Später wurde mir klar, dass sich diese schnelle Versöhnung, die ich in England miterlebt hatte, in vielen weiteren Nächten wiederholt haben muss. Ich nehme an, nur so konnten die beiden ein Paar bleiben.

KAPITEL 16

MEIN EINSCHREITEN

Nachdem Nippy nach Atlanta gezogen war, sah ich sie zwar seltener – aber es konnte immer noch passieren, dass sie mich anrief und sagte: »Mommy, ich brauche dich.« Und dann kam ich sofort zu ihr, das wusste sie.

Im September 2004 sollte Nippy bei den World Music Awards singen, die in dem Jahr in Las Vegas vergeben wurden. Clive Davis erhielt einen Preis, und er hatte sich einen Auftritt von ihr gewünscht. Clive war immer stolz darauf gewesen, Whitney Houston entdeckt zu haben, und trotz aller Vorfälle der vergangenen Jahre schätzte er sie sehr. Er wusste, dass sie die Leute immer noch begeistern konnte.

Nippy hatte in der letzten Zeit nicht viel gearbeitet, und es war das erste Mal seit Langem, dass sie vor einem großen Publikum singen sollte. Sie war sich nicht sicher, ob ihre Stimme kräftig genug war. Das machte sie nervös – und deswegen rief sie mich an.

Vor ihrem Auftritt war ich bei Nippy in der Garderobe. Ich sah ihr an, dass sie Angst hatte. »Ich glaube, ich bin erkältet«, sagte sie mit vor Nervosität gepresster Stimme.

»Du bist nicht erkältet«, sagte ich. »Dir geht's gut. Du musst nur auf Gott vertrauen.« Nippy betete immer, bevor sie auf die Bühne ging, und das war dieses Mal nicht anders. Wir baten um Kraft und

Gottes Führung. Kurz bevor sie raus musste, fragte ich, wo ich auf sie warten solle. »Möchtest du, dass ich hier in der Garderobe bleibe?«, fragte ich.

»Nein«, sagte sie. »Ich will dich mit dabeihaben, ganz vorne.« Ich sollte mich ins Publikum setzen, so nah an die Bühne, dass Nippy mich sehen konnte, während sie sang. Vermutlich beruhigte sie der Gedanke, mich anschauen zu können, während sie sang. Manchmal weiß man nicht, ob man sich auf seine Stimme verlassen kann, und wenn die Nerven flattern, wird es schwierig, die richtigen Töne zu treffen. Nippy wusste, dass ich diese Situation nachvollziehen konnte, und ich denke, das allein schon gab ihr Kraft. Sie bezog ihre Energie oft von den Menschen, die sie umgaben und umsorgten. Wenn sie unsicher war, wie sie während eines Auftritts wirkte, suchte sie im Publikum nach einem bekannten Gesicht – und wenn der Ausdruck auf diesem Gesicht ihr verriet, dass alles in Ordnung war, dann war es auch so.

Ich suchte mir also einen Platz nah an der Bühne, und dann kündigte Clive sie an. »Meine Damen und Herren«, sagte er, »die derzeit beste Sängerin der Welt: Miss Whitney Houston.« Und da sah ich meine Tochter im Gegenlicht. Sie trat auf die Bühne, die Musik wurde lauter, und das Publikum flippte einfach aus. Die Leute jubelten, klatschten und trampelten, um Nippy ihre Zuneigung zu zeigen. Aber ich konnte diesen Moment noch nicht genießen. Ich hielt den Atem an, bis Nippy schließlich anfing zu singen.

Der erste Song war »I Believe in You and Me«, und als sie den ersten Ton traf, dankte ich Gott. Jetzt wusste ich, dass alles gut gehen würde. Nippy und ich schauten uns an, und ich lächelte ihr zu. Und eins muss ich sagen: Sie sang dieses Lied genau so, wie es gesungen werden soll. Als sie zu »I Will Always Love You« überleitete, hatte sich das Publikum schon von den Plätzen erhoben. Die Leute warfen die Arme in die Luft, als wären sie in der Kirche, vollkommen begeistert von Whitney Houstons einzigartiger Stimme. Meine Tochter sang alle in Grund und Boden. Ich war so stolz, dass ich überhaupt nicht wusste, wohin mit mir. Ich schaute zu und lauschte, kostete jede Sekunde aus, und als ihr Auftritt zu Ende war, liefen mir die Tränen über das Gesicht.

Ich ging sofort zurück in Nippys Garderobe. Nippy weinte auch – sie war so erleichtert, und die Gefühle hatten sie einfach überwältigt. Ich nahm sie in meine Arme. Und dann setzten wir uns dort in der Garderobe auf die Couch, und Nippy legte ihren Kopf auf meinen Schoß und schluchzte. Ich hatte ein weißes Kleid an, und es war am Ende ganz verschmiert von ihrem Make-up, aber das war mir egal. Ich hielt Nippy und schaukelte vor und zurück, sagte ihr, wie stolz ich auf sie war. Ich hätte sie am liebsten nie wieder losgelassen.

Das war der schönste Moment des Jahres 2004. In der restlichen Zeit unternahm Nippy etwas, das ich für einen Fehler hielt. Zusammen mit Bobby ließ sie sich für eine Realityshow namens *Being Bobby Brown* filmen.

Bobby hatte nicht mehr viel gemacht, seit er mit Nippy verheiratet war. Als ein paar Produzenten also mit der Idee für diese Sendung auf ihn zukamen, sagte er zu. Sie waren natürlich nicht nur an ihm interessiert – sie hatten es auf Nippy abgesehen, denn sie war berühmt, und es interessierte die Leute, was mit ihr los war. Nippy wollte ihrem Mann immer gefallen, also machte sie mit. Und dann kamen die Kameraleute in ihr Haus und fingen an zu drehen.

Es gibt wahrscheinlich nichts, was Nippy nicht für Bobby getan hätte. Sie hatte Hunderttausende bezahlt, damit er wegen Trunkenheit am Steuer nicht ins Gefängnis musste. Sie hatte ihn zum Gericht begleitet, als es um die Anzeige wegen häuslicher Gewalt ging. Sie kam für den Unterhalt seiner Kinder auf. Sie machte wirklich alles, was er verlangte. Ich konnte das nicht verstehen – aber ein Teil von Nippy muss gewollt haben, dass ihr Ehemann das Sagen hatte. Sie hatte in einem sehr jungen Alter ihre eigene Firma gegründet, und alle verließen sich darauf, dass sie sang und auftrat und Geld verdiente. Vielleicht war es entlastend für sie, auch einmal sagen zu können: »Hier bin ich nur die Ehefrau.«

Being Bobby Brown wurde 2005 ausgestrahlt, aber ich schaute mir nur einen Teil der ersten Folge an. Mehr konnte ich nicht ertragen. Ich erkannte Nippy nicht wieder – diese Person auf dem Bildschirm war mir völlig fremd. Es war ein Elend. Nippy wirkte ganz anders als meine geliebte Tochter, und ich konnte nicht fassen, was ich da sah. Manche Leute behaupten ja, Bobby hätte Nippy gegenüber keinen Respekt gehabt, und das hätte man in der Show sehen können. Vielleicht stimmt das. Aber wenn man mich fragt, geht es doch eigentlich um etwas anderes. Warum hatte Nippy für sich selbst keinen Respekt übrig?

Die Dinge liefen offensichtlich sehr schlecht, während die Show gedreht wurde, aber danach sollte es noch schlimmer werden. Nippy war auch deswegen nach Atlanta gezogen, weil sie dort für sich sein konnte, und das schien auch Bobbys Wunsch zu sein. Vielleicht irre ich mich, aber es scheint mir, dass es ihm umso besser gefiel, je weiter ihre Familie entfernt war. In den ersten Jahren hatte Tante Bae wenigstens bei ihnen gewohnt und die Situation im Auge behalten. Aber 2005 ließ Nippy – möglicherweise beeinflusst von Bobby – Bae gehen. Nachdem Bae nach New Jersey zurückgekehrt war, brach dort unten in Atlanta die Hölle aus.

Anfang 2005, bevor *Being Bobby Brown* überhaupt auf Sendung ging, rief Gary mich an. »Ma, ich glaube, Nippy steckt wirklich in Schwierigkeiten«, sagte er – und es war nicht seine Art zu übertreiben. Er und Pat wohnten in Nippys Nähe, und sie reisten mit ihr, also wussten sie besser über ihre Verfassung Bescheid als jeder andere. Wenn sie sich solche Sorgen machten, dass sie mich anriefen, dann war es wohl an der Zeit, etwas zu unternehmen. Ich wusste, dass es Nippy nicht gefallen würde, aber das kümmerte mich nicht – ich flog sofort nach Atlanta. Mein Sohn hatte mir gesagt, dass meine Tochter Hilfe brauchte, also war es überhaupt keine Frage, was ich zu tun hatte.

In Atlanta angekommen, fuhren Gary und ich zu Nippys Haus. Wir klingelten, und Bobbys Schwester Tina öffnete uns. »Deine

Mutter ist hier!«, rief sie in Richtung der oberen Etage, wohl um Nippy zu warnen. Ich verstand ihre Antwort nicht, aber Nippy kam nicht herunter. Was auch immer gerade mit ihr los war – ganz offensichtlich wollte sie nicht, dass ich sie sah.

Wenn Nippy sich in einem auch nur halb so schlechten Zustand befand wie das Haus, dann musste es ihr wirklich mies gehen. Noch nie in meinem Leben hatte ich ein solches Haus gesehen – es wirkte überhaupt nicht wie das einer Multimillionärin. Ich war schockiert. Es war verdreckt und chaotisch, aber das war nicht einmal das Schlimmste. Als ich mich umschaute, entdeckte ich Dinge, die mir einen Schauer über den Rücken jagten.

Jemand hatte die Türen und Wände besprayt, mit riesigen Augen und eigenartigen Gesichtern bemalt. Sie sendeten böse Blicke aus, starrten einen bedrohlich an. Wer machte so etwas? Es wirkte wie die Tat eines Wahnsinnigen – überall im Haus waren diese seltsamen Sprayereien an den Wänden. In einem anderen Zimmer sah ich ein großes gerahmtes Foto von Nippy, Bobby und Krissi – aber irgendjemand hatte Nippys Kopf herausgeschnitten und das Porträt dann wieder an die Wand gehängt. Es war mehr als verstörend, dieses Foto anzuschauen, auf dem Nippys Gesicht fehlte. Es machte mir Angst.

Gary war hochgegangen, um Nippy zu holen, aber sie wollte nicht kommen. Ich sah sie nur kurz, oben an der Treppe, und sie sah nicht aus wie jemand, den ich kannte. Sie muss wohl unter Drogen gestanden haben, denn sie wirkte auf mich so zugedröhnt wie damals in Mendham. Sie war in diesem Moment nicht sie selbst. Sie schrie mich wütend an, sagte mir, ich solle das Haus verlassen und Schlimmeres. Ich erinnere mich nicht mehr an alles – und selbst wenn, würde ich es nicht wiederholen. Das war einfach nicht Nippy, und ich will sie so auch ganz bestimmt nicht in Erinnerung behalten.

»Komm«, sagte ich zu Gary, »lass uns gehen.« Es hatte keinen Sinn zu bleiben – nicht, solange Nippy in dieser Verfassung war.

Wir gingen zum Auto und stiegen ein, und während wir uns immer weiter vom Haus meiner Tochter entfernten, sprachen wir darüber, was als Nächstes zu tun war.

Ich wusste nicht, welche Optionen wir hatten, ob man eine Person überhaupt gegen ihren Willen in eine Entzugsklinik einweisen konnte. Aber eins wusste ich: Wir mussten es versuchen. Ich hatte Angst, dass Nippy die ganze Sache sonst nicht überleben würde.

Ich rief alle möglichen Leute an, um Genaueres herauszufinden. Ich sprach mit einem befreundeten Anwalt, und wir fingen an, die Rechtslage zu recherchieren. Wir redeten mit Natalie Cole, deren Mutter sich als Vormund hatte einsetzen lassen, als Natalie mit Drogen zu kämpfen hatte. Das hieß, dass die Mutter im Namen ihrer Tochter Entscheidungen treffen konnte. Ich fasste Hoffnung – vielleicht konnten wir etwas Ähnliches mit Nippy erreichen, wenigstens bis sie sich wieder berappelt hatte.

Die Gesetze unterschieden sich von Staat zu Staat, also suchten wir einen Anwalt in Atlanta auf. »Bitte helfen Sie mir«, sagte ich. »Ich tue alles, was nötig ist. Ich kann meine Tochter nicht sterben lassen.« Denn ich befürchtete, dass genau das geschehen würde, wenn wir sie nicht aus diesem Haus herausbekamen.

Der Anwalt empfahl mir, eine gerichtliche Verfügung zu beantragen, die besagte, dass Nippy unabhängig von ihrer Zustimmung in Behandlung gebracht werden müsse. Der Antrag sollte von Menschen unterzeichnet werden, die Nippy in den letzten 48 Stunden gesehen hatten, also unterschrieben Gary, Pat und ich. Wir brauchten auch eine ärztliche Bestätigung, dass Nippy nicht mehr in der Lage war, für sich selbst zu sorgen. Als wir alle Unterschriften zusammen hatten und der Antrag durch war, gingen wir zur Polizei.

Ich bat dort um tätliche Hilfe, Nippy aus dem Haus zu holen und in die Klinik zu bringen. Und so kehrten Gary und ich zusammen mit zwei Polizistinnen an den Tullamore Place zurück. Ich hatte extra nach Frauen gefragt, weil ich annahm, dass Nippy sich von ihnen nicht so bedroht fühlen würde. Ich wusste, dass es ein Kampf werden würde, und ich wollte das Möglichste tun, um es für uns alle leichter zu machen.

Mit den Gerichtspapieren in der Hand standen wir also vor Nippys Haus. Diesmal war Bobby auch da. Die Tür öffnete sich, Nippy und er standen im Eingang. Als Bobby die Polizistinnen sah, wandte er sich augenblicklich Nippy zu, aber ich sagte nur zu ihm: »Einen Schritt weiter, und du wirst sofort verhaftet.« Er blieb wie angewurzelt stehen und starrte mich an.

»Nippy«, sagte ich, »ich habe hier eine gerichtliche Verfügung. Wir werden dir die Hilfe besorgen, die du brauchst, Schatz.« Ich zitterte vor Aufregung, als ich ihr die Papiere hinhielt. »Lass uns gehen. Du schaffst das. Wenn du jetzt nicht freiwillig mitkommst, müssen wir dich zwingen. Entweder so oder so – aber du kommst mit uns.«

Sie stand nur da und schaute mich an. Das Licht in ihren Augen war erloschen, und sie sah unendlich müde aus. Ich redete weiter, versuchte verzweifelt, zu ihr durchzudringen: »Wenn du möchtest, kannst du im Fernsehen verkünden, dass du dich aus dem Showgeschäft zurückziehst, okay? Denn das ist es doch alles nicht wert, Schatz. Das ist es alles nicht wert.« Jetzt musste ich die Tränen zurückhalten. »Ich lasse es nicht zu, dich zu verlieren, Nippy«, sagte ich. Meine Stimme wurde wieder fester. »Ich werde nicht danebenstehen und zuschauen. Ich will meine Tochter zurück.« Ich dachte, mein Herz würde zerspringen, so zornig und traurig und verängstigt war ich. Und sie sagte immer noch nichts.

»Ich liebe dich, Nippy«, sagte ich und blickte ihr in die Augen. »Und du kommst jetzt mit uns.«

Die Polizistinnen traten vor und nahmen sie an den Armen, Bobby schaute bloß zu. Nippy leistete keinen Widerstand, sie wehrte sich nicht. Sie war wütend, aber sie wusste wahrscheinlich, dass sie nichts mehr ausrichten konnte. Sie wurde zum Auto gebracht und ins Krankenhaus gefahren. Sie hatte Gewicht verloren und war dehydriert, also musste sie zuerst versorgt werden, bevor es in eine Entzugsklinik oder sonst wohin ging.

Ich hätte wohl erleichtert sein sollen, vielleicht sogar glücklich, aber stattdessen überkam mich das schrecklichste Gefühl, das ich jemals in meinem Leben hatte. Ich litt wie ein Hund, weil Nippy wütend auf mich war. Ich wusste, dass ich das Richtige getan hatte, aber ich war nicht zu ihr durchgedrungen. Noch nie hatte ich eine dermaßen tiefe Kluft zwischen Nippy und mir gespürt. Ich wusste, dass sie mir diese Sache noch lange, lange Zeit übel nehmen würde. Aber ich hatte das getan, was nötig war, um meine Tochter zu retten, und nur darum ging es. Ich hatte meine Tochter retten müssen.

Nippy blieb eine Woche lang im Krankenhaus. Die Ärzte sorgten dafür, dass sie die richtige Ernährung und Pflege bekam, um ihren Gesundheitszustand so weit zu verbessern, dass sie in die Entzugsklinik konnte. Ich nehme an, diese Tage im Krankenhaus waren nicht leicht für sie, aber ich bekam sie dort nicht zu Gesicht. Sie war so wütend, dass sie den Krankenschwestern befahl, mich nicht zu ihr zu lassen – und sie weigerte sich auch, mit mir zu telefonieren.

Ich konnte ihren Groll ja verstehen, denn in gewisser Weise war ich auch wütend auf mich selbst. Ich hätte niemals gedacht, dass ich eines Tages in Begleitung der Polizei vor dem Haus meiner Tochter aufkreuzen würde – das lag so jenseits von allem Vorstellbaren. Ich weiß nicht, wie ich das alles ohne Gary durchgestanden hätte. Obwohl ich wusste, dass ich richtig gehandelt hatte, waren die folgenden Wochen sehr schwer für mich.

Offensichtlich erzählte Nippy jedem, der sie besuchte, ich hätte sie »eingelocht«. Sie verfluchte mich immer und immer wieder, aber ich denke, sie hatte auch Angst. Und sie war unglücklich. Wie sie da so im Krankenhaus lag, umsorgt und gepflegt wurde, dachte sie vielleicht nicht darüber nach, was eigentlich mit ihr und ihrem Leben los war. Aber sie wusste, dass sie sich dieser Frage irgendwann stellen musste, und das kann einem schon Angst einjagen.

Aus dem Krankenhaus entlassen, begab sie sich in den Entzug, zuerst in Atlanta und dann im Crossroads-Behandlungszentrum in Antigua. Wir versuchten, auch Bobby dort unterzubringen, weil Nippy keine große Chance hatte, ihre Probleme zu überwinden, wenn ihr Ehemann weiterhin Drogen nahm. Bobby war eine Zeit lang dabei, aber er blieb nicht, weil er nicht musste. Wegen der gerichtlichen Verfügung hatte Nippy keine Wahl. Sie blieb ganze vier Wochen in der Entzugsklinik.

Sogar Krissi war bei Teilen der Behandlung dabei. Wahrscheinlich wollte Nippy, dass ihre Tochter verstand, womit sie zu kämpfen hatte – auch, damit sie eines Tages nicht auf dieselben Abwege geriet. Als ich davon hörte, war ich stolz auf Nippy, weil sie sich ihrem Problem stellte und so ehrlich damit umging. Ich konnte nur hoffen, dass es dieses Mal dabei bleiben würde und sie nicht in ihren selbstzerstörerischen Lebensstil zurückfiel.

Nach einer ganzen Weile ließ schließlich auch Nippys Wut auf mich nach. Sie sah ein, dass ich alles nur getan hatte, um sie zu beschützen, und später erzählte sie anderen Menschen, dass ich ihr Leben gerettet hätte. Aber ich bin mir nicht sicher, ob sie mir jemals wirklich vergeben hat. Ich denke, ein Teil von ihr konnte es nicht ertragen, dass ich sie in diesem Zustand gesehen hatte. Ich hatte sie gezwungen, mir ihre schlimmste Seite zu offenbaren – eine Seite, die sie mir sonst niemals gezeigt hätte.

Viele Male war Nippy in der Lage gewesen, mich um Hilfe zu bitten – immer dann, wenn es ihr passte. Aber die Drogen waren Nippys allergrößtes Problem, und aus irgendeinem Grund hatte sie sich damit nie an mich gewandt. Wenn es nach ihr gegangen wäre, hätte ich sie nie so zu Gesicht bekommen wie an diesem Tag in Atlanta. Ich bin mir nicht sicher, ob sie jemals über die Tatsache hinweggekommen ist, dass ich darauf bestanden hatte, einzuschreiten und ihr Leben zu retten.

KAPITEL 17

DAS COMEBACK

Being Bobby Brown wurde ab Juni ausgestrahlt, ein paar Monate nachdem Nippy ihren Entzug beendet hatte. Ich weiß nicht, was sie davon hielt oder ob sie sich die Sendung überhaupt angeschaut hat, denn sie redete damals nicht mit mir. Aber ich weiß, dass sie eine zweite Staffel ablehnte. Ohne sie waren die Produzenten auch nicht an einer Fortsetzung interessiert, also war es das Ende der Show.

Nippy blieb lange Zeit wütend auf mich. Für den Rest des Jahres 2005 wollte sie eigentlich nichts mehr mit mir zu tun haben. Die Entfremdung zwischen uns war noch nie so extrem gewesen, und es quälte mich sehr. Ich fand es schrecklich, nicht mit meiner Tochter reden zu können, zumal sie bei unserer letzten Begegnung in einer so furchtbaren Verfassung gewesen war. Ich wusste, dass es ihr besser ging, Gary und Pat erzählten mir davon. Aber es war nicht dasselbe, wie mit ihr zu sprechen, ihre Stimme zu hören.

2006 nahm sie zaghaft wieder Kontakt zu mir auf. Wir telefonierten ein- oder zweimal, und sie schien langsam nachzugeben. Ich wünschte mir Nippy von Herzen zurück, aber ich bedrängte sie nicht. Ich wollte ihr Zeit geben. Ich hoffte sehr, dass unser Verhältnis sich eines Tages wieder normalisieren würde, dass sie mir wieder vertrauen und zu mir kommen würde, wenn sie mich brauchte. Und im April 2006 war es dann so weit.

Nippy rief mich an, weil der *National Enquirer* im Begriff war, Fotos von ihrem Badezimmer abzudrucken. Ich bekam die Bilder nie zu Gesicht, weil ich solche Blättchen nicht lese, aber sie zeigten offenbar ein verdrecktes Waschbecken, voller Bierdosen und Zigarettenkippen und was weiß ich noch alles. Bobbys Schwester Tina hatte die Fotos wohl gemacht und der Presse angeboten. Nippy sagte mir, dass sie selber zu dem Zeitpunkt, als die Aufnahmen vermutlich entstanden waren, gar nicht in Atlanta gewesen wäre.

Für mich zählte aber nur eins: Meine Tochter hatte die Hand nach mir ausgestreckt, und sie brauchte mich. Nippy war aufgebracht, und zum ersten Mal seit ihrem Entzug bat sie mich, zu ihr zu kommen. Ich nahm gleich den nächsten Flug nach Atlanta.

Ich verbrachte das Wochenende im Haus von Gary und Pat, und Nippy kam vorbei, um Zeit mit mir zu verbringen. Sie sah besser und gesünder aus als seit Langem. Ich kam zu dem Schluss, dass die Badezimmerfotos wohl schon vor einer ganzen Weile gemacht worden waren, denn Nippy wirkte wirklich so, als würde sie wieder gut zurechtkommen. Alles, was passiert war, änderte aber immer noch nichts an der Tatsache, dass wir nicht über Bobby sprachen – stattdessen rätselten wir darüber, warum Tina so etwas getan hatte. Und wir redeten über Krissi.

Krissi war mit ihren 13 Jahren inzwischen alt genug, um alles mitzubekommen, was um sie herum vorging. Ich machte mir immer Sorgen um sie – nicht, weil Nippy keine gute und liebevolle Mutter gewesen wäre, sondern weil es für Krissi schwierig sein musste, dass die Situation bei ihnen zu Hause zeitweise instabil war. Wenn es nicht gut lief, schickte Nippy sie manchmal zu Gary und Pat. Und ich weiß, dass sie immer so gut auf Krissi aufgepasst hat, wie sie konnte. Immer.

Aber ich halte es Krissi gegenüber für unfair, darüber zu reden, was sie in dieser Zeit durchgemacht hat oder auch nicht. Manche Menschen waren der Meinung, dass Nippy wegen ihrer Stimme und ihrer Berühmtheit eine Art öffentliches Eigentum wäre. Aber

Krissi war das weder damals, noch ist sie es heute. Sie war ein junges Mädchen, das zusah, wie die eigene Mutter ein paar sehr harte Phasen durchlebte. Ich weiß, dass Nippy ihre Tochter über alles liebte. Und Krissi kann ihre Erlebnisse selber schildern, wenn sie sich jemals dafür entscheiden sollte. Dabei möchte ich es belassen.

Ich war einfach nur glücklich, wieder Zeit mit meiner Tochter verbringen zu können, und erleichtert, dass sie auf mich zugekommen war. Es war ein langes, schreckliches Jahr gewesen, aber wir hatten es überstanden. Ich konnte nur hoffen, dass das Schlimmste jetzt hinter uns lag und dass die alte Nippy für immer zurück war. Und in diesem Sommer stiegen meine Hoffnungen sogar noch, denn Nippy plante endlich, sich von Bobby zu trennen.

Nippy hatte ein Haus in Los Angeles, und ab dem Sommer 2006 hielt sie sich häufiger dort auf. Sie nahm Krissi mit und blieb für einen Monat, brachte nach und nach auch Sachen, die ihr wichtig waren, von Atlanta nach Kalifornien – ganz langsam, über einen längeren Zeitraum hinweg, sodass niemand etwas davon mitbekam.

Pat und Gary besuchten sie in Kalifornien, und sie besprachen mit ihr die Möglichkeit, Bobby zu verlassen. Sie wussten, dass Nippy ihn liebte, aber darüber redeten sie nicht. Es ging eher darum, ob sie und Bobby gut füreinander waren oder nicht, was eine ganz andere Frage ist. Und niemand, der ehrlich auf ihre Situation schaute, hätte sie bejahen können. Nippy und Bobby wussten einfach zu genau, wie sie sich gegenseitig provozieren konnten. Sie versuchten zwar verbissen, zusammenzubleiben, aber es war ein Kampf, und das schon seit Langem.

Und ähnlich wie bei den Drogen war auch das nicht ganz allein Bobbys Schuld. Egal, was die Leute sagten – es war nicht so, dass sie die perfekte Prinzessin gewesen wäre, und dann war er gekommen und hatte alles verdorben. Nippy konnte gemein sein und schwierig, und sie ging mit ihren Problemen nicht immer so um, wie es richtig gewesen wäre. Es ist ungerecht, Bobby die Schuld an allem zu geben, was Nippy passiert ist. Und weil er der Vater meiner Enkelin ist, der Mann, den meine Tochter geliebt hat, will ich wirklich nichts Schlechtes über ihn sagen.

Eins muss ich aber klarstellen: Ich denke, Nippy wäre nicht so tief in alles hineingeraten, wenn sie nicht mit Bobby verheiratet gewesen wäre. Ihr Leben hätte sich dann anders entwickelt, da bin ich mir sicher. Mit einer verantwortungsvolleren Person an ihrer Seite hätte sie es leichter gehabt, nüchtern zu werden und nüchtern zu bleiben. Stattdessen war sie an jemanden geraten, der feiern wollte – so wie sie. In meinen Augen schien Bobby ihr nicht die Hilfe gewesen zu sein, die sie eigentlich gebraucht hätte. Eltern wünschen sich für ihre Kinder einen Partner, der sie unterstützt, aber ich hatte nicht das Gefühl, dass Bobby Nippy beistehen konnte.

Aber man kann sich nicht aussuchen, in wen man sich verliebt, und Mütter und Väter können ihren Kindern die Partnerwahl ganz sicher nicht abnehmen. Nippy verliebte sich in Bobby, also heiratete sie ihn und setzte alles daran, mit ihm zusammenzubleiben. Und weil er der Mann war, den sie wollte, hätte ihr auch kein anderer Weg offengestanden.

Im September, nachdem sie heimlich eine Menge ihrer Sachen vom Haus am Tullamore Place nach Los Angeles verfrachtet hatte, trennte Nippy sich offiziell von Bobby. Später erzählte sie gerne, dass sie gesagt hätte: »Ich gehe nur kurz Milch und Zucker kaufen. Ich komme gleich zurück.« Und dass sie dann zum Flughafen gefahren und in den nächsten Flieger gestiegen wäre. Bobby hatte jedenfalls wohl nichts von ihren Plänen geahnt.

Krissi blieb zuerst noch bei Gary und Pat in Atlanta. Wahrscheinlich wollte Nippy sichergehen, dass sie stark genug war, die Trennung durchzuziehen, bevor sie das Kind entwurzelte. Sie mietete schließlich ein Haus in Orange County in der Nähe von Los Angeles, und sie arbeitete mit einer Art Drogenberater zusammen, während sie darüber nachdachte, ob sie sich von Bobby scheiden lassen sollte. Sie versuchte, ihrem Leben eine neue Richtung zu geben, und das macht man nicht mal eben so. Sie brauchte ein bisschen Zeit, um sich über alles klar zu werden.

Jetzt, wo sie nicht mehr in Atlanta wohnte, telefonierten Nippy und ich häufiger miteinander. Und obwohl wir immer noch nicht direkt über Bobby sprachen, konnte ich meine Einstellung deutlich machen. »Lass los, Kind«, riet ich ihr. »Lass einfach los.« Sie wollte all die Turbulenzen hinter sich lassen, und ich hoffte verzweifelt, dass ihr das gelang. Ach, wie ich zu Gott betete, dass Er ihr Kraft gab! Ich glaubte fest daran, dass ihr Leben endlich in Ordnung kommen würde, wenn sie den Mut und die Kraft hätte, diesen Schritt zu tun.

Im Oktober 2006 reichte Nippy die Scheidung ein. Als sie mir davon erzählte, dankte ich Gott, wie wohl noch nie ein Mensch Gott gedankt hat. Ich war extrem erleichtert – und ich denke, Nippy auch. Niemand konnte behaupten, dass sie nicht alles versucht hätte, um ihre Ehe zu retten. Aber jetzt konnte sie endlich neu beginnen. Sie hatte das Sorgerecht für Krissi, und der Rest ihres Lebens wartete auf sie.

Was ihr persönliches Leben und ihre Familie anging, war Nippy also wieder voll da. Und Clive Davis schlug vor, dass sie jetzt auch ihre Karriere fortsetzen sollte. Clive hatte inzwischen eine eigene Plattenfirma gegründet, J Records, und er rief Nippy an. Er fragte, ob sie bereit war, und sie sagte Ja – mehr war nicht nötig. Sie unterschrieb bei Clive für ein neues Album, und bald darauf ging es ins Studio. Es war der ideale Zeitpunkt.

Ich freute mich sehr, dass Clive und Nippy wieder zusammenarbeiteten. Er hatte sich stets um sie gekümmert, und er hatte immer noch ein sehr glückliches Händchen mit dem Musikgeschäft. Nippy schien wirklich bereit zu sein, wieder das zu tun, was sie am besten konnte – singen. Ihre Musik und ihre Stimme hatten eine tiefere Dimension hinzugewonnen. Sie hatte viel durchgemacht, und ihr Gesang hatte eine neue klangliche und emotionale Qualität erreicht. Nippy wollte das in ihr neues Album einbringen, und sie wollte, dass ihre Songs ihre Erfahrungen und Erkenntnisse widerspiegelten.

Clive hatte Diane Warren beauftragt, einige Songs für das neue Album zu schreiben, und einer der Titel passte perfekt zu Nippy: »I Didn't Know My Own Strength«.

Survived my darkest hour, my faith kept me alive
I picked myself back up, hold my head up high
I was not built to break …

Nippy erzählte später, sie hätte ihren Ohren nicht getraut, als sie den Text hörte – es war, als hätte Diane Warren in Nippys Seele geblickt und ihre Geschichte aufgeschrieben. Der Song erzählte davon, wo sie im Leben stand – und was sie erlebt hatte.

My faith kept me alive – mein Glaube hielt mich am Leben – damit stimmte Nippy vollkommen überein. All die Jahre über war ihr Glaube stark und beständig geblieben. Sie ging nicht oft in die Kirche – sie war der Überzeugung, dass die Kirche immer da war, wo man selber war, wenn man sich Zeit nahm für ein Gebet. Und sie betete immer, selbst in ihren dunkelsten Momenten. Später erzählte sie, es hätte Zeiten gegeben, in denen sie sich in ein Zimmer einschloss und für eine Weile nicht wieder herauskam, aber was auch immer sie in diesem Zimmer machte – sie hatte immer eine Bibel bei sich.

Das mag vielleicht komisch klingen, und ich bin sicher, dass einige Menschen es nicht glauben werden. Aber ich schon. Ich war viele Male vor ihren Auftritten bei Nippy hinter der Bühne, und sie bat immer alle, sich für ein gemeinsames Gebet im Kreis zu versammeln. Sie machte das nicht mir zuliebe, es war auch niemand von dieser Bitte überrascht, denn das Gebet gehörte einfach dazu. Sie hörte vor ihren Auftritten außerdem gerne Gospelmusik, Aufnahmen von BeBe und CeCe Winans, Donnie McClurkin, Andraé Crouch und natürlich auch von mir.

Als sie noch ein Mädchen war und in der Kirche sang, hatte ich zu Nippy gesagt: »Lass die Leute erst aufspringen und dann hinknien.« Und dazu war sie wahrhaftig in der Lage. Es besteht eine enge spirituelle Verbindung zwischen Glaube und Musik, und Nippy wusste das. Während ihrer gesamten Karriere sang sie bei jedem ihrer Auftritte ein oder zwei Gospellieder, und es war eine Freude zu sehen, wie ihr Gesicht leuchtete, wenn sie ihren Glauben auf diese Weise zum Ausdruck brachte.

Alle meine Kinder waren mit der Kirche aufgewachsen, und auch wenn sie vom rechten Weg abwichen, blieb diese Verbindung ihnen ihr Leben lang erhalten. Michael meint immer, dass ich ihn an Gott herangeführt hätte, aber nahegekommen sei er Ihm erst durch Nippy. Als Kind hatten ihn die Kirchenbesuche oft verängstigt, denn es wurde dort viel geschrien und geweint, wie es in vielen schwarzen Gemeinden üblich ist. Angst vor der Kirche führte zu Angst vor Gott, aber Nippy sprach mit ihm ganz in Ruhe über den Herrn und erzählte ihm Geschichten aus der Bibel. Sie sagte, Michael würde sie an David erinnern, denn auch er war ein Kämpfer. Und das gab Michael Kraft.

Nippy vertraute auf Gott, und obwohl sie nicht viel darüber redete, zeigte es sich doch in bestimmten Momenten. Eines Nachmittags war ein lieber Freund unserer Familie, Pastor Joe Watkins, vor einem ihrer Auftritte hinter der Bühne. Nippy bat ihn, ein Gebet für alle zu sprechen, und als er es tat, musste sie weinen. »In Ordnung, Joe, danke«, sagte sie und entschuldigte sich, um in ihre Garderobe zu gehen. Sie betrat die Bühne an diesem Tag später als sonst, denn sie hatte ihr komplettes Augen-Make-up erneuern müssen. Der Herr hatte sie berührt, und das geschah viele Male. Was auch immer sonst passierte – diese Gewissheit tröstet mich heute noch.

Im Juli 2009 – Nippy hatte gerade begonnen, Werbung für ihr neues Album *I Look to You* zu machen – willigte sie ein, sich von Oprah

Winfrey interviewen zu lassen und auf Oprahs Bitte hin Diane War-rens »I Didn't Know My Own Strength« zu singen. Alles sollte ge-filmt werden und im Rahmen einer zweistündigen Sondersendung im Herbst ausgestrahlt werden.

Clive hatte für den 21. Juli eine Albumpräsentation in New York organisiert, und ich fuhr auch hin. Das Ganze fand im Allen Room im Lincoln Center statt, und dort herrschte Revivalstimmung. Es war Nippys erstes Album nach sieben Jahren Pause, und man spürte einfach, wie sehr jede einzelne Person im Raum sie verehrte. Ich denke, alle waren erleichtert und glücklich, dass Nippy es hierher geschafft hatte – an einen Ort, an dem sie ihr einzigartiges Talent zum Ausdruck bringen konnte. Es war eine Rückkehr zu dem, was sie am besten beherrschte.

Clive präsentierte neun Songs von dem Album, und Alicia Keys begann zu tanzen, als der Titel gespielt wurde, den sie geschrieben hatte: »Million Dollar Bill«. Nippy war inzwischen fast 46 Jahre alt, ihre Stimme und ihr Auftreten waren reifer geworden – aber auch sie stand auf und tanzte, weil die Atmosphäre im Raum so gut war. Clive bat Nippy, ein paar Worte zu sagen, und sie verkündete, wie dankbar sie war, dass er sie angerufen und wieder zum Singen ge-bracht hatte. Dann reichten sie sich die Hände, Clive und Nippy, diese zwei alten Freunde.

Und Nippy sagte etwas, das alle zum Lachen brachte, obwohl es auch ein wenig traurig war. Sie erzählte, dass sie vor Clives Anruf überlegt hätte, mit Krissi auf irgendeine Insel abzuhauen, dort in einer Hütte zu leben und einen Obststand aufzumachen. Die Leute lachten, aber ich bin mir nicht sicher, ob es ein Witz war. Schon nach Krissis Geburt hatte Nippy sich gewünscht, den Verrückthei-ten des Musikgeschäfts entfliehen zu können. Sie wusste, was ihr jetzt bevorstand, all die Interviews und die langen, harten Monate auf Tour. Ich konnte nur hoffen, dass sie stark genug war, den Ver-suchungen zu widerstehen, denen sie unterwegs sicher begegnen würde.

Am Tag nach der Plattenpräsentation flog Nippy nach Chicago, um Oprah zu treffen. Sie wusste wahrscheinlich schon vorher, dass es sich bei diesem Gespräch nicht einfach nur um ein weiteres Interview handeln würde. Ich spürte, dass sie bereit war, alles offenzulegen. Aber mir war nicht klar, wie viel von dem, was Nippy preisgab, selbst mich überraschen und schockieren sollte.

Das Interview wurde an zwei Abenden ausgestrahlt, am Montag, dem 13., und am Dienstag, dem 14. September. Ich war alleine zu Hause und schaute es mir an, und es gab Momente, da konnte ich einfach nicht glauben, was ich hörte. Nippy hatte immer versucht zu verhindern, dass ich das Schlimmste mitbekam. Als sie Oprah gegenüber also offen über alles sprach, waren die Einzelheiten mir genauso neu wie all den Menschen da draußen, die in ihren Wohnzimmern vor dem Fernseher saßen.

Nippy erzählte eine Menge erschütternder Dinge. Aber das Schrecklichste war, ihr zuzuhören, als sie über die Nacht sprach, in der Bobby sie angespuckt hatte. Ich hatte so etwas noch nie gehört, und Bobby wusste ganz bestimmt, was ich, Gary oder Michael ihm angetan hätten, wenn wir davon erfahren hätten, als sie noch verheiratet waren. Ich hätte vor Wut beinahe den Fernseher zerlegt, als meine Tochter schilderte, wie Bobby sie behandelt hatte.

Ich weiß noch, er hatte Geburtstag, und ich hatte eine Party im Buckhead für ihn organisiert, einem Club in Atlanta. Er trank an diesem Abend sehr viel. Sehr viel. Und aus irgendeinem Grund richtete sich alles, was ich tat – oder zu tun versuchte –, um ihn glücklich zu machen, am Ende gegen mich.

Als wir also nach Hause kamen – und es gefällt ihm ganz sicher nicht, wenn ich das erzähle –, da spuckte er mich an. Meine Tochter kam gerade die Treppe herunter, und sie sah es. Das war ziemlich heftig. Mit so was bin ich nicht aufgewachsen, und ich habe nicht verstanden, warum das passiert war. Aber in seinem Blick lag ein solcher Hass auf mich.

Nein, mit *so was* war Nippy ganz sicher nicht aufgewachsen. Selbst wenn John und ich wütend aufeinander waren, hatten wir immer den Respekt voreinander bewahrt. Und er hatte mich niemals auch nur ansatzweise körperlich bedroht. Ich kann mir vorstellen, dass dieses Verhalten ein Schock für Nippy war. Und natürlich war sie wütend, dass sich das Ganze vor Krissis Augen abspielte – was für ein Vorbild sollte sich ihre Tochter denn daran nehmen? Ich war fassungslos, aber es kam noch schlimmer.

> *Ich war sehr verletzt. Sehr wütend. Und ich wusste: Gleich fliegt hier was in die Luft. Ich rief einen Freund an. »Hol mich ab«, sagte ich. »Das ist jetzt der Wendepunkt.« Und ich war schon aus der Tür. Ich war bereit zu gehen.*
>
> *Ich bat also meinen Freund, mich abzuholen, und Bobby stieß mich gegen die Wand. Ich ging wieder rein und nahm das Telefon und zog es ihm einmal über den Kopf. Er fiel zu Boden. Es war ein Drama.*
>
> *Meine Tochter kam die Treppe runter. »Daddy?«, fragte sie. »Mom, was hast du …« Und ich sagte: »Ich hab ihm gesagt, er soll das nicht machen.« Ich wiederholte es immer wieder. »Ich hab ihm gesagt, er soll das nicht machen. Ich hab ihm gesagt, er soll das nicht machen.« Es war halt einer dieser Momente. Einfach hasserfüllt. Hässlich.*

Seit sie ein kleines Mädchen war, hätte Nippy alles getan, um Streitereien aus dem Weg zu gehen. Aber sie war kein Feigling – wenn man es zu weit mit ihr trieb, musste man sich in Acht nehmen. Denn dann ging sie auf einen los. Ich fand es schrecklich, dass diese Dinge überhaupt passiert waren, aber ich war zumindest froh darüber, dass Nippy für sich selbst einstehen konnte, wenn eine Situation außer Kontrolle zu geraten schien.

Es war sehr seltsam, dabei zuzusehen, wie meine Tochter im Fernsehen über all das redete. Wegen der furchtbaren, erschütternden Momente wie der Sache mit dem Anspucken war das Interview für mich schwer zu ertragen. Aber als die Sendung vorbei war, überwältigte mich ein Gefühl der Erleichterung. Nippy sah gut aus, und sie sprach ehrlich über ihre Probleme und die Prüfungen des Lebens. Ich nehme an, sie wollte, dass die Leute endlich die Wahrheit erfuhren. Ich konnte nur hoffen, dass ihr das auch helfen würde, die kommenden Monate zu überstehen.

In gewisser Hinsicht schien Nippy ihren Frieden gefunden zu haben. 2002, bei dem Interview mit Diane Sawyer, hatte sie das Ausmaß ihres Drogenproblems noch abgestritten. Aber jetzt, sieben Jahre später, hatte sie es akzeptiert und redete offen darüber. Sie versuchte, die innige Beziehung zu ihrer Tochter aufrechtzuerhalten, sie arbeitete mit Clive Davis zusammen und sang wieder. Es schien, als würde Nippy alles tun, was in ihrer Macht stand, um sich das Leben zurückzuerobern.

Aber bei alldem lag eine Traurigkeit in ihren Augen. Ich sah es beim Interview mit Oprah, und ich hörte es, wenn wir miteinander telefonierten. Ich konnte immer genau sagen, ob Nippy gerade traurig war, selbst wenn sie für die Welt da draußen ein fröhliches Gesicht aufsetzte. Ich hätte ihr so gerne geholfen, ihre Traurigkeit zu überwinden, aber ich wusste nicht, wie. Ich sagte ihr einfach, dass ich sie liebte. Und ich hoffte und betete, dass das Schlimmste nun wirklich hinter uns lag.

KAPITEL 18

I LOOK TO YOU

Ein paar Wochen, bevor das Interview mit Oprah ausgestrahlt wurde, sollte Nippy ein paar Songs im Central Park singen, um ihr Album in der ABC-Sendung *Good Morning America* vorzustellen. Fünf Jahre waren vergangen, seit sie 2004 das Publikum bei den World Music Awards zum Toben gebracht hatte. Und in der Zwischenzeit waren viele Dinge geschehen, die ihrer Gesundheit und ihrer Stimme nicht gerade gutgetan hatten.

Aber Nippy schien bereit zu sein, wieder ins Rampenlicht zu treten. Ich kam auch zu ihrem Auftritt nach New York. Viele Leute hatten sich im Park versammelt, und sie fragten sich wahrscheinlich alle, was sie erwartete. Nippys Probleme waren allgemein bekannt – inzwischen wusste wohl jeder Mensch auf Erden, was sie durchgemacht hatte. Die meisten Zuschauer waren vermutlich gekommen, weil sie Nippy singen hören wollten. Aber bestimmt waren auch ein paar dabei, die einfach nur wissen wollten, ob sie es überhaupt noch konnte.

Ich war ein wenig nervös, denn ihr letzter Auftritt war eine Weile her und dieser hier sollte im Fernsehen gezeigt werden. Aber ich wusste auch, dass meine Tochter eine hohe Arbeitsmoral hatte, wenn es um ihre Auftritte ging. Sie wollte ihr Publikum nie enttäuschen, und seit 25 Jahren hatte sie auf der Bühne immer alles gegeben.

Es zahlte sich aus, dass ich sie in jungen Jahren unterrichtet hatte. Ich hatte Nippy nie etwas durchgehen lassen, denn sie sollte verstehen, wie wichtig es war, dass sie jedes einzelne Mal ihr Bestes gab. Einmal kam sie in den Achtzigern, als sie für mich im Background singen sollte, zu spät in den Club. Es war schon Zeit, auf die Bühne zu gehen, aber Nippy war soeben erst hereingeschneit.

»Mommy«, sagte sie. »Ich brauche einen Moment, um mich umzuziehen. Warte zwei Minuten, ich bin noch nicht fertig.«

»Tja, das ist aber schade«, sagte ich. »Dann musst du wohl in deiner alten, zerrissenen Jeans raus auf die Bühne.« Sie schaute mich an, als hätte ich den Verstand verloren. Sie konnte wohl nicht glauben, dass ich es ernst meinte, aber ich wandte mich ab, ging hinaus, und die Show begann.

Ich konnte mir keinen besseren Weg denken, um ihr beizubringen, wie wichtig es war, rechtzeitig bereit zu sein. Sie vergaß diese Lektion nie – danach war sie stets pünktlich und gut vorbereitet. In den 25 Jahren ihrer Karriere war sie nur wenige Male nicht in der Lage gewesen, 100 Prozent zu geben. Ich glaubte fest daran, dass sie bereit war für *Good Morning America* – ich hoffte nur, dass ihre Stimme auch mitspielte.

Der 1. September war ein herrlicher Spätsommertag, sonnig und warm, und die Menschen im Central Park waren begeistert, ein Konzert von Whitney Houston besuchen zu können. Eltern hatten ihre Kinder mitgebracht, Schilder mit Nippys Bild darauf wurden durch die Luft geschwenkt, und alle hielten ihre Handys bereit, um Fotos zu machen und das Konzert mitzuschneiden. Als sie auf die Bühne kam, flippten die Leute aus. Sie hatten so lange auf diesen Moment gewartet.

Ich stand an der Seite, dort, wo Nippy mich sehen konnte, und als sie den Song »I Look to You« ansagte, hatte sie eine Überraschung für mich. »Das ist meine Mom!«, rief sie dem Publikum zu und deutete auf mich, ein breites Lächeln auf dem Gesicht. »Das ist meine Mutter! Ich liebe dich so sehr.« Ich hielt den Atem an, als die ersten Takte erklangen und mein Schatz dann anfing zu singen.

Sie war ein wenig heiser, und ihre Stimme hatte vielleicht nicht mehr denselben Tonumfang wie früher, aber Nippy sang so schön, mit so viel Gefühl. Man konnte spüren, dass alle ganz ergriffen waren. Und der Songtext hätte nicht besser zu unserer Beziehung passen können. Falls ich mich jemals gefragt hatte, was Nippy von meinem Einschreiten damals in Atlanta eigentlich hielt, musste ich nur auf diese Worte lauschen:

> *After all that I've been through*
> *Who on earth can I turn to?*
> *I look to you*

Während sie sang, deutete Nippy immer wieder in meine Richtung. Sie ließ sogar das Wort *Mama* in den Text einfließen, um ganz klar zu machen, wen sie meinte. Gegen Ende des Lieds, bei der Zeile *»You didn't leave me«* – du hast mich nicht verlassen –, zitterte ihre Stimme ein wenig. Und zu dem Zeitpunkt zitterte ich schon am ganzen Körper. Dankbarkeit, Liebe, alle möglichen Gefühle überwältigen mich. Wir hatten so viel durchgestanden, aber gemeinsam hatten wir alles gemeistert. Nippy beendete den Song mit weit ausgebreiteten Armen, sie blickte hoch zum Himmel, auf ihrem Gesicht lag ein Ausdruck purer Freude. Und genau das fühlte ich auch – Freude. Meine Tochter war zurück.

Im Februar 2010 startete die Welttournee zu *I Look to You*. Es war Nippys erste Konzertreise seit zehn Jahren, mit Stationen in Korea, Japan, Australien, Deutschland und England. Es war, als wollten die Veranstalter die verlorene Zeit wieder aufholen, indem sie Nippy einmal rund um den Globus schickten. Die Leute hatten lange darauf warten müssen, Whitney Houston live zu erleben, und die Konzerte waren beinahe überall ausverkauft.

Ich wusste, dass diese Tour eine Herausforderung für Nippys Stimme sein würde – eine Herausforderung auch für sie selbst. Ich wollte sichergehen, dass sie zurechtkam, also flog ich für ein paar Tage nach England, um nach ihr zu schauen. Sie schien in einer guten Verfassung zu sein, als ich sie traf, aber die restliche Tour verlief nicht so erfolgreich.

Nippy hatte zur Vorbereitung mit einem Gesangscoach gearbeitet, aber eine Tour ist extrem anstrengend. Es ist schon hart, jeden Abend für zwei oder drei Stunden auf der Bühne zu stehen, wenn man gerade mal 20 ist, aber Nippy war inzwischen 46 Jahre alt. Keine Stimme bleibt über 30 Jahre hinweg unverändert – selbst unter den besten Bedingungen nicht. Und wie jeder weiß, hatte Nippy auch nicht immer für die besten Bedingungen gesorgt.

Auf Anraten von einem ihrer Ärzte nahm sie Steroide, um ihre Stimme zu stärken. Das half zwar, aber bei der Einnahme von Steroiden kann es passieren, dass man zunimmt. Auch Nippy hatte unter dieser Nebenwirkung zu leiden. Sie war immer schlank gewesen, und als sie nun ein paar Kilos zulegte, wussten die Leute nicht, was sie davon halten sollten. Manche Menschen verurteilen andere sehr schnell – vor allem, wenn es sich um eine öffentliche Person handelt, die einen Comebackversuch unternimmt.

Leider gab es auch Kritik, die durchaus berechtigt war. Nippys Stimme konnte den Anforderungen von so vielen Auftritten nicht gerecht werden, aber weil Eintrittskarten verkauft und Versprechungen gemacht worden waren, versuchte sie trotzdem, auf die Bühne zu gehen und zu singen. Sie hatte sich immer viel auf die Qualität ihrer Auftritte eingebildet, und es muss eine Tortur für sie gewesen sein. Die Menschen beschwerten sich, einige verließen die Konzerte, manche verlangten sogar ihr Geld zurück. So etwas war Nippy noch nie passiert, und ich mag mir gar nicht vorstellen, welche Auswirkungen das auf sie gehabt haben muss.

Nippy kehrte zu ihrem alten Verhalten zurück – sie wollte nicht, dass ich etwas mitbekam, wenn es bei ihr nicht gut lief, also erzählte sie mir nichts von alldem. Aus heutiger Sicht muss man wohl davon ausgehen, dass ihre Frustration – darüber, nicht so singen zu können, wie sie wollte, und darüber, ihr Publikum zu enttäuschen – sie einen Schritt zurückgeworfen hat. Denn ich weiß zwar nicht genau wann – aber in dieser Zeit fing Nippy offensichtlich wieder an, Drogen zu nehmen.

Man kommt nicht umhin, sich zu fragen, was aus Nippy geworden wäre, wenn sie die Tour nicht angetreten hätte. Bis sie sich diesem Druck aussetzte, hatte sie sich ja ganz gut gehalten. Was, wenn sie wirklich mit Krissi auf irgendeine Insel abgehauen und nie wieder aufgetreten wäre? Wäre es ihr gelungen, stark zu bleiben und der Versuchung zu widerstehen? Wäre sie in der Lage gewesen, ein ruhiges Leben zu führen, abseits vom Wahnsinn des Musikgeschäfts?

Es gibt darauf keine Antworten. Aber eins kann ich sicher sagen: So, wie es nicht Bobby Browns Schuld war, dass Nippy Drogen nahm, war es auch nicht die Schuld der Musikindustrie, dass Nippy während und nach ihrer letzten Tour dermaßen zu kämpfen hatte. Ja, es ist ein hartes und manchmal hässliches Geschäft. Ja, es war anstrengend, all den Verpflichtungen nachzukommen. Aber Nippy war eine erwachsene Frau, und ihr war immer beigebracht worden, selbstständig zu denken.

Nippy traf ihre eigenen Entscheidungen, und an dem, was daraufhin passierte, kann niemand mehr etwas ändern. Und man darf nicht vergessen, dass Gott Seine Hand über sie hielt. Alles geschieht nach Seinem Plan, egal, ob uns das Ergebnis gefällt oder nicht.

Nippys Tour endete im Juni 2010, und nach so vielen Monaten auf Reisen muss sie ziemlich ausgebrannt gewesen sein. Aber wenn wir telefonierten, tat sie immer so, als ginge es ihr gut. Sie zwitscherte mir mit ihrer Kleinmädchenstimme etwas vor, und in meinen Ohren klang es, als wäre alles in Ordnung. Und ich wusste, dass sie auch ein paar Dinge zu tun hatte, also machte ich mir keine Sorgen.

Sie erzählte mir von ihren Plänen für ein neues Album, für das sie mit Will.i.am von den Black Eyed Peas zusammenarbeiten wollte. Und sie war mit einem jungen Rapper namens Ray J liiert, dessen Schwester Brandy in den späten Neunzigern an Nippys Seite in dem Film *Cinderella* mitgespielt hatte. Ich wusste nichts über Ray J, aber einige Leute regten sich offenbar über die Tatsache auf, dass er 17 Jahre jünger war als Nippy. Ich hingegen hatte daran rein gar nichts auszusetzen. Was will man auch mit einem älteren Mann, wenn man einen jüngeren kriegen kann?

Nippy und ich telefonierten miteinander und trafen uns hin und wieder. Sie lebte wieder in Atlanta im Haus am Tullamore Place, und es war für mich einfacher, nach Georgia zu kommen als nach Kalifornien. Aber ich kann nicht behaupten, dass ich sie häufig sah – jedenfalls nicht so häufig, wie ich es mir gewünscht hätte.

Manchmal hörte ich seltsame Geschichten über sie – sie hatte auf einem Konzert von Prince irgendeinen Mist angestellt, und die Leute meinten, sie hätte bei einem Auftritt auf der Grammy-Party von Clive Davis gar nicht gut geklungen. Über solche Dinge redete Nippy nie mit mir, und ich bedrängte sie nicht. Aber wenn ich eins an unserer Beziehung bedaure, dann das: Aus irgendeinem Grund konnte sie mit mir nicht darüber sprechen, was sie beschäftigte, es sei denn, sie hatte wirklich Ärger. Ich wünschte, wir hätten einen Weg gefunden, besser miteinander zu kommunizieren, bevor es jeweils wieder zur Krise kam.

Ich weiß nicht – vielleicht war es zum Teil auch meine Schuld. Ich war in gewissen Punkten sehr kritisch, und wenn mir etwas nicht gefiel, sagte ich das immer sofort. Wenn Nippy mir ähnlicher gewesen wäre, hätte sie das nicht weiter gestört. Sie hätte einfach gesagt: »So ist es eben. Dein Pech, wenn es dir nicht passt.« Aber Nippy war nicht so wie ich, kein bisschen. Sie war kompliziert, und sie konnte sehr empfindlich sein. Sie verschwieg mir schlechte Neuigkeiten lieber, als sich meine Meinung dazu anhören zu müssen.

Niemand findet es toll, wenn die eigene Mutter wütend auf einen ist, und ich war immer mal wieder wütend auf Nippy. Vielleicht hatte sie Angst davor, mit mir zu sprechen – davor, dass ich sie anschnauzen würde. Ich wollte, dass sie stark war. Aber wenn sie nicht stark sein konnte, dann wollte ich, dass sie mich um Hilfe bat. Manchmal war sie zu beidem nicht in der Lage. Und die traurige Wahrheit ist: Je mehr ich mir wünschte, dass sie auf mich zukam, desto weniger war sie dazu wahrscheinlich bereit. Sie wollte nicht, dass ich Knall auf Fall in ihr Leben trat, um ihre Probleme zu lösen, also versuchte ich, mich zurückzuhalten und ihr Raum zu geben. Aber das Schlimme daran war, dass ich oft keine Ahnung hatte, was überhaupt mit ihr los war. Und das habe ich nie für richtig gehalten – darüber werde ich wohl niemals hinwegkommen.

Im Mai 2011 erfuhr ich, dass Nippy an einem ambulanten Entzugsprogramm teilnahm. Ich fand es schrecklich, dass sie wieder einen Entzug machen musste, aber ich war froh, dass sie sich ihren Problemen sofort stellte. Wer selber einmal von Drogen oder Alkohol abhängig war – oder jemanden liebt, der abhängig ist –, der weiß, dass es ein lebenslanger Kampf ist. Ich betete einfach, dass Nippy nach ihrem Entzug stark bleiben und nach vorne schauen würde. Natürlich hilft es, wenn man sich dabei auf etwas freuen kann, also hoffte ich auch, dass sie ein neues Arbeitsprojekt finden würde. Und so war es.

Im Herbst gab Nippy bekannt, dass sie sich als Schauspielerin und Produzentin am Remake des Films *Sparkle* von 1976 beteiligen würde. Dieses Projekt wollte sie seit Langem in Angriff nehmen. Sie hatte als Jugendliche das Original gesehen, war vor lauter Begeisterung gleich mehrmals ins Kino gegangen. Der Film handelt von drei Schwestern, die in den 60er-Jahren als Gesangsgruppe berühmt werden, und Nippy inspirierte diese Geschichte sehr.

Sie hatte die Rechte für die Neuverfilmung schon Mitte der Neunziger erworben. Für die Hauptrolle hatte sie die hübsche, junge R&B-Sängerin Aaliyah vorgesehen, aber als Aaliyah bei einem

Flugzeugabsturz im Jahr 2001 starb, wurde die ganze Sache erst einmal auf Eis gelegt. Zehn Jahre später hatte sich nun ein neues Produktionsteam zusammengefunden.

Nippy sollte Emma spielen, die Mutter der drei Sängerinnen. Jordin Sparks bekam die Hauptrolle, und im Oktober 2011 begannen die Dreharbeiten in Detroit. Nippy hatte eine tolle Zeit mit den Leuten vom Film. Sie mochte Jordin Sparks, und weil Krissi beim Dreh nicht dabei sein konnte, genoss Nippy es wohl, wenigstens Jordin ein wenig bemuttern zu können.

Wir telefonierten ein paarmal miteinander, und es schien, als würde sie sich amüsieren. Es war ihr erster Film seit *Rendezvous mit einem Engel,* und ich denke, sie genoss es sehr, zur Schauspielerei zurückzukehren. Michaels Frau Donna hatte sie nach Detroit begleitet, und wenn ich sie fragte, wie die Dinge so standen, sagte sie immer, dass es Nippy gut ging.

Gegen Ende der Dreharbeiten lud Nippy mich ein, sie für ein Wochenende in Detroit zu besuchen. Ich war überglücklich – ich hatte Nippy schon seit einer Weile nicht mehr gesehen, und ich wäre auch nicht einfach so nach Detroit gefahren, wenn sie mich nicht gefragt hätte. So aber begann ich sofort mit der Planung. Vor dem fraglichen Wochenende hatte ich in Chicago zu tun, und von dort aus war es leicht, nach Detroit zu fliegen.

Als ich meine Angelegenheiten in Chicago erledigt hatte, packte ich also meine Sachen und rief mir ein Taxi, das mich zum Flughafen bringen sollte. Und in diesem Moment rief Donna mich an.

»Cissy«, sagte sie, »Nippy hat beschlossen, nach Atlanta zurückzukehren. Sie ist müde und hat sich schon auf den Weg nach Hause gemacht.«

Ich wusste nicht, was ich dazu sagen sollte. Ich hatte mich auf meine Tochter gefreut, und natürlich war ich enttäuscht. Sie hatte mich eingeladen, alle Flüge waren schon gebucht, und jetzt hatte sie es sich einfach anders überlegt? Ich nehme an, aus irgendeinem Grund wollte sie mich nicht treffen. Aber ich habe sie nie danach gefragt. Ich flog einfach zurück nach New Jersey und hoffte, sie bald einmal wiederzusehen.

Wir zogen und zerrten damals wohl beide ein wenig aneinander herum, denn das nächste Mal, als Nippy mich um einen Besuch bat, sagte ich ihr, dass sie sich nun gedulden müsse. Das war Weihnachten 2011 – Nippy war plötzlich mit Krissi in New York aufgetaucht und lud mich ein, dazuzukommen. Aber ich hatte ja schon andere Pläne mit meiner Freundin Nell in Sparta gemacht. Am 26. Dezember fuhr ich schließlich doch nach Manhattan zum New York Palace Hotel und traf dort nicht nur Nippy und Krissi, sondern auch Gary und Michael mit ihren Familien.

Den ganzen Tag über wirkte Nippy so glücklich wie schon lange nicht mehr. Wir unterhielten uns und lachten und machten Quatsch wie damals in unserem Haus in der Dodd Street in East Orange. Es war wunderschön, von meinen Kindern und Enkeln umgeben zu sein, und dann gab es diesen Moment, als Nippy zu mir kam und ihren Kopf auf meinen Schoß legte. Ich strich ihr über die Haare, wir redeten und redeten – dieser Moment war für mich das schönste Weihnachtsgeschenk.

Ich versuchte immer, Nippy zu einem Besuch bei mir in New Jersey zu bewegen, und sie versprach mir, bald zu kommen. »Im Februar muss ich nach L.A. zu den Grammys, aber danach komme ich dich besuchen«, sagte sie.

»Warum so lange warten?«, fragte ich. »Mach dir keine Gedanken wegen L.A. – komm doch schon früher!«

»Nein, Mommy«, sagte sie. »Ich muss auf Clives Party gehen. Das mache ich noch, und dann komme ich dich besuchen.« Und ich sagte ihr, dass ich mich darauf verließ.

Gegen Abend verabschiedete ich mich.

»Es wird Zeit, dass ich gehe«, sagte ich und suchte meine Sachen zusammen, und Nippy sagte: »Wir bringen dich noch runter. Komm, Michael.«

Wir gingen zu dritt in die Lobby, und sie kamen sogar noch mit raus. Nippy hatte nur einen dünnen Trainingsanzug an – sie trug so gerne Trainingsanzüge – und ich sagte: »Kind, du erfrierst noch! Geh wieder hoch!« Aber sie lachte nur. »Mir geht's gut, Mom«, sagte sie. Glücklicherweise wurde mir dann schnell mein Auto gebracht, und ich umarmte Nippy und Michael und stieg ein. Ich fuhr fort, Nippy winkte noch zum Abschied. Es war das letzte Mal, dass ich sie sah.

Zwischen Weihnachten und Februar telefonierten wir ein paarmal miteinander, und ihr letzter Anruf kam dann aus Los Angeles. Ich erinnere mich nicht mehr, worum es in unseren Gesprächen ging. Ich weiß nur, dass Nippy mir noch einmal sagte, sie würde mich bald besuchen kommen. Sie wusste, wie sehr ich mir das wünschte, und sie versprach es mir.

Und dann, am Samstag, dem 11. Februar 2012, bekam ich diesen furchtbaren Anruf von Gary. Und das war das Ende des Lebens, wie ich es kannte.

KAPITEL 19

MEINE TOCHTER KEHRT HEIM

Gleich nachdem ich das Telefonat mit Gary beendet hatte, kamen Menschen in meine Wohnung, um mir beizustehen. Meine Nichte Diane war die Erste; Gary hatte ihr Bescheid gesagt. Als die Nachricht sich verbreitete, wurde die Wohnung immer voller, alle weinten und umarmten einander und waren fassungslos. Wie konnte Nippy bloß tot sein? Es war so sinnlos. Ich konnte einfach nicht akzeptieren, was passiert war – mein Verstand ließ sich nicht dazu bewegen, es einzusehen. Ich muss wohl unter Schock gestanden haben, denn ich saß wie betäubt auf meinem Stuhl, zerschmettert von der Last der Trauer, als ich plötzlich jemanden schreien hörte. Und dann erst begriff ich, dass die Schreie von mir kamen.

Ich konnte es nicht ertragen, darüber nachzudenken, was in diesem Hotelzimmer passiert war. Durch den Schleier meiner Trauer sendete ich meinen Dank an Gott, dass ich nicht in Los Angeles war. Normalerweise hätte ich Clives Grammy-Party auch besucht, aber aus irgendeinem Grund hatte ich mich dieses Mal dagegen entschieden. Ich hätte es wohl nicht überlebt, vor Ort zu sein, als Nippy starb. Ich war mir so schon nicht sicher, ob ich es überleben würde – 3000 Meilen entfernt.

Mehr und mehr Menschen kamen, wir hielten einander an den Händen, weinten und beteten. Manche brachten Essen mit, aber ich bekam nichts runter. Manche erzählten mir von ihren Erinnerungen an Nippy, aber ich konnte nicht zuhören. Ich klammerte mich an Tante Bae, als könnte sie mich davor bewahren, immer tiefer in den bodenlosen Abgrund meiner Trauer zu stürzen. Aber das konnte sie nicht – niemand konnte das.

Ich hatte meine Tochter verloren, mein kleines Mädchen. Nach allem, was wir durchgemacht hatten, war sie mir nun doch entglitten. Ich war traurig, aber ich war auch wütend und verletzt. Eine Welle von Gefühlen überflutete mich, und ich bekam manchmal kaum noch Luft.

Ich hatte keine Ahnung, wie ich die nächsten fünf Minuten überstehen sollte – geschweige denn den Rest des Abends oder die Tage und Nächte, die noch vor mir lagen. Ich verstand nicht, wie andere Menschen derartige Trauer und Schmerzen bewältigen konnten. Und dann legte irgendjemand Musik auf. Ich hörte die Stimme von Marvin Winans, der den großartigen Song »Let the Church Say Amen« von Andraé Crouch sang:

God has spoken, so let the church say – Amen!

Ich kann nicht behaupten, dass dieser Song alles wieder in Ordnung brachte, denn nichts hätte in diesem Moment alles wieder in Ordnung bringen können. Aber die Botschaft dieses wunderschönen Lieds – dass wir uns Gott überlassen müssen und darauf vertrauen, dass Er weiß, was Er tut – war Balsam für meine Seele. Ja, Gott hatte gesprochen. Und obwohl mir nicht gefiel, was Er bestimmt hatte, war die Botschaft klar und unmissverständlich: »Wenn du an Gottes Wort glaubst, stimme mit ein: Amen!« Und ich stimmte mit ein: *Amen*. Es hätte mir ganz sicher nicht gutgetan, an Gott zu zweifeln. Ich hatte keine andere Wahl, als an Gottes Plan zu glauben und ihn zu akzeptieren.

Ich war von so vielen Menschen umgeben, die weinten und miteinander redeten, und ein Teil von mir wollte allein gelassen werden, um in Ruhe um meine Tochter zu trauern. Aber ich weiß, dass ich ohne die Liebe meiner Freunde und Familie weder diesen Abend überstanden hätte, noch die vielen furchtbaren Nächte, die darauf folgten. Denn es sollte nicht leichter werden. Nein, noch nicht.

Diese ersten paar Tage verschwimmen in meiner Erinnerung zu einem grauenhaften Nebel. Nachts fiel ich in einen unruhigen Schlaf, und nach ein oder zwei Stunden wachte ich wieder auf, nur um festzustellen, dass mein größter Albtraum Wirklichkeit geworden war. Die Tatsache, dass Nippy tot war, traf mich jedes Mal wieder wie ein Hammerschlag.

Die Leute waren wunderbar, schickten mir Karten und Nachrichten und Blumen. Viele schickten Essen – von Diane Sawyers Sendung wäre eine kleine Armee satt geworden. Ich schätzte es sehr, wie jedermann sich um mich sorgte, denn ich selbst hätte zu dem Zeitpunkt nicht für mich sorgen können. Ich konnte nicht aufhören zu weinen und war noch längst nicht in der Lage, mein Leben fortzuführen. Ich existierte nur, machte alles ganz mechanisch.

Aber dann geschah etwas, das völlig unerwartet dazu führte, dass ich mich wieder besser fühlte. Als die Leiche meiner Tochter nach New Jersey überführt wurde, fand ich zum ersten Mal, seit ich von ihrem Tod erfahren hatte, echten Trost.

Nippys Leiche war in Los Angeles zunächst in die Gerichtsmedizin gebracht worden, und es dauerte ein paar Tage, bis wir die Überführung vorbereiten konnten. Tyler Perry, ein guter Freund von Nippy, stellte großzügigerweise sein Privatflugzeug zur Verfügung, und eine Gruppe von Freunden und Familienangehörigen, darunter Gary und Pat, Dionne Warwick und die Bestatterin Carolyn Whigham, begleiteten Nippys Leiche nach Hause.

Ich machte mich ins Bestattungsinstitut auf, um die Leiche meiner Tochter in Empfang zu nehmen. Gott sei Dank begleitete mich Tante Bae, denn ich war seit Garys Anruf in einer sehr schlechten Verfassung. Ich war niedergeschmettert und immer noch nicht in der Lage, mit der Realität fertigzuwerden. Und ich fürchtete mich davor, Nippys Leiche zu sehen. Ich war mir nicht sicher, ob ich damit umgehen konnte.

Aber in dem Moment, als ich meine geliebte Tochter in ihrem Sarg liegen sah, spürte ich seltsamerweise zum ersten Mal inneren Frieden. Sie war direkt vom gerichtsmedizinischen Institut hergebracht worden, trug ein Nachthemd und eine kleine Haube auf dem Kopf. Ihr Gesicht wirkte so ruhig, als würde sie schlafen. Ich streckte meine Hand aus und berührte ihr Gesicht, ihren Arm, ihre Hand. Auch Bae berührte sie, aber Michael stand nur da und schluchzte und schluchzte.

Die Trauer überwältigte ihn, und er konnte den Tod seiner wunderschönen Schwester einfach nicht hinnehmen. »Nip, hör auf zu spielen!«, sagte er, die Tränen liefen ihm übers Gesicht. »Wach auf. Wach auf!« Er umfasste ihr Gesicht, drückte seine Wange gegen ihre Stirn, klagte und weinte. Schließlich musste jemand ihn vom Sarg wegziehen. Er wäre sonst wohl nicht von ihrer Seite gewichen, hätte weiterhin gehofft, dass sie die Augen wieder öffnete.

So sehr der Anblick von Nippys Leiche Michael auch aufwuhlte – bei mir bewirkte er das Gegenteil. Ihr Gesicht war so friedlich, so ruhig, dass ich endlich akzeptieren konnte, was geschehen war. Meine Tochter zu sehen – selbst dann noch, als sie tot war –, gab mir Kraft.

An diesem Abend versammelten wir uns alle in meiner Wohnung, um die Trauerfeier und die Beerdigung zu planen.

Es war schon die Rede von einem großen Gottesdienst an einem öffentlichen Ort wie dem Prudential Center, einer Multifunktionsarena in Newark, in die Tausende von Leuten hineinpassten. Manche Menschen hielten Nippy ja für ein Nationalheiligtum und meinten, sie hätten deswegen irgendeine Art von Anrecht auf sie. Viele wollten sich von ihr verabschieden, und die beste Möglichkeit dafür wäre vielleicht eine Massenveranstaltung gewesen.

Aber ich lehnte das ab. »Nein«, sagte ich, »die Beerdigung findet in New Hope statt. Ich habe meine Tochter lange genug mit der Öffentlichkeit geteilt. Jetzt bringen wir sie heim!« Ich wollte keine Beerdigung für den Star Whitney Houston planen. Ich wollte mein kleines Mädchen zur ewigen Ruhe betten, meine Tochter, die ich so sehr liebte. Ich wollte sie dorthin bringen, wo sie hingehörte – nach Hause.

Curtis Farrow und Ron Lucas von der Agentur Irving Street verbrachten viele Stunden damit, mir bei der Planung der Trauerfeier zu helfen. Curtis und Ron verstanden, auf welche Weise ich Nippy ehren und verabschieden wollte. Sie unterstützten mich dabei, das Schlimmste zu bewältigen, was von einer Mutter verlangt werden kann: festzulegen, wie das eigene Kind beerdigt werden soll. Ich weiß nicht, was ich ohne die beiden getan hätte, denn sie schafften es irgendwie, alles und jeden für den Gottesdienst zu versammeln.

Am Sonntag, dem 18. Februar 2012, genau eine Woche nach Nippys Tod, fand die Trauerfeier statt. Die New Hope Baptist Church war voll von Freunden und Familienangehörigen, die Nippy ins Herz geschlossen hatten – egal, wer sie war oder wie sie sang. Es waren Menschen, die Nippy gekannt und geliebt hatten, und das gab mir Kraft. Die sollte ich an diesem Tag auch brauchen.

Ich betrat die Kirche erst kurz bevor der Gottesdienst begann, also bekam ich nicht mit, was es mit Bobby Brown und seiner Familie für einen Ärger gab. Bis heute weiß ich nichts darüber, und ich will auch nichts wissen. Ich hätte mir an diesem Tag als allerletztes irgendeine Art von Streit gewünscht – weder mit ihm noch mit jemand anderem. Er ist der Vater meiner Enkeltochter, ich habe ihm immer Respekt entgegengebracht, und das hätte ich an diesem Tag sicher auch getan. Er tauchte auf und verschwand dann aus irgendeinem Grund wieder – und zwar, bevor ich die Kirche überhaupt betreten hatte. Also kann ich dazu wirklich nichts weiter sagen.

Ich setzte mich dann in die vorderste Reihe neben Michael und Gary. Und ich weiß, dass die nächsten vier Stunden eine bewegende, traurige und wunderschöne Feier zu Ehren meiner Tochter waren. Aber ich war so tief in meine Trauer versunken, dass vieles auch einfach an mir vorbeiging.

Ich war allen dankbar, die eine Rede hielten, sangen oder beteten, und ich zwang mich, aufzustehen und jeden Einzelnen zu umarmen und mich für die Anteilnahme zu bedanken. Aber ich konnte nicht alles aufnehmen, und nach einer Weile schien wieder alles zu verschwimmen.

Bis auf den letzten Moment.

Ich hatte es irgendwie geschafft, mich während der Trauerfeier zusammenzureißen. Aber nachdem alle Lieder gesungen, alle Reden gehalten und alle Gebete gesprochen worden waren, wurde es ganz still in der Kirche. Und dann durchschnitt die kristallklare, perfekte Stimme meiner geliebten Tochter die Luft:

> *If I should stay ...*
> *I would only be in your way*
> *So I'll go, but I know*
> *I'll think of you every step of the way ...*

Die Sargträger kamen, und als Nippys Stimme die gesamte Kirche ausfüllte, hoben sie den Sarg bis auf Brusthöhe. Die Leute standen auf, weinten und winkten, und die Sargträger hoben den Sarg auf ihre Schultern. Alle in der Kirche rangen nach Luft, als hätte sie ein Schlag in die Magengrube getroffen. Und in diesem Moment gaben meine Beine nach.

Ich weiß nicht, woran es lag – der Sarg wurde hochgehoben, die Sargträger schauten geradeaus, und plötzlich war alles ganz real. Nippy war wirklich fort. Gott sei Dank standen zwei Frauen vom Bestattungsinstitut neben mir und fingen mich auf, denn ich konnte mich nicht mehr halten. Ich stützte mich auf ihnen ab und verließ die Kirche, durchstochen von einem Schmerz, der keine Grenzen kannte.

Nach der Trauerfeier sollte ein gemeinsames Essen im Newark Club stattfinden, aber ich wollte nicht hin – ich wollte einfach nur nach Hause und für eine Weile allein sein. Alle wollten mit mir reden und mich umarmen, das belastete mich in dieser Situation nur zusätzlich. Aber ich wusste, dass ich das noch durchstehen musste, also setzte ich mich im Newark Club auf einen Stuhl und sprach mit jedem, der zu mir kam. Mir wurde gesagt, dass das Essen sehr gut gewesen wäre, und die Leute schienen dankbar dafür zu sein, aber all das spielte sich etwa eine Million Meilen von mir entfernt ab.

Und das Schlimmste war noch nicht einmal vorbei. Meine Tochter musste noch beerdigt werden.

Am Sonntagvormittag fuhr ein goldglänzender Leichenwagen vor dem Bestattungsinstitut Whigham vor, und Nippys letzte Reise begann. Ich fuhr in einem anderen Auto hinterher, und unser Weg zum Fairview-Friedhof in Westfield, New Jersey, war gesäumt von Menschen, die uns zuwinkten und weinten und Schilder für Nippy in die Höhe hielten. Einige versuchten sogar, neben dem Leichenwagen herzulaufen. Mein Augenstern, meine Tochter, die sich von klein auf gewünscht hatte, von anderen gemocht zu werden, wurde am Ende von Menschen auf der ganzen Welt verehrt.

Die Beerdigung fand im privaten Rahmen statt, nur unsere Familie war dabei, niemand sonst durfte den Friedhof betreten. Wir fuhren langsam den Hügel hinauf, bis wir Nippys Ruhestätte erreicht hatten; ein Grab an der Seite ihres Vaters. Ich war mir nicht sicher, wie viel ich noch ertragen konnte, aber glücklicherweise dauerte die Zeremonie nicht lang. Als der Sarg in die Erde hinabgelassen wurde, bekam das Ganze eine Endgültigkeit, die einfach zu viel für mich war. Es war wie auf der Trauerfeier, und ich brach beinahe zusammen. Erde wurde auf den Sarg geworfen, und dann war mein kleines Mädchen, meine einzige Tochter, für immer fort.

EPILOG

Am Tag von Nippys Geburt, als ich sie in meinem Krankenhausbett in den Armen hielt, sagte mir eine innere Stimme, dass ich nicht viel Zeit mit ihr haben würde. Aber ich ignorierte das. Ich dachte, ich wäre übermüdet oder die Schmerzmittel würden mir einen bösen Streich spielen. Ich habe Nippy natürlich nie etwas davon erzählt. Tatsächlich habe ich auch nie wieder daran gedacht – bis zu diesem schrecklichen Tag im Februar, als sich herausstellte, dass es die Wahrheit war.

Ich hatte so lange auf eine Tochter gewartet, und dann hatte sie mich so früh wieder verlassen müssen. Nippy und ich verbrachten nur 48 Jahre gemeinsam auf Erden.

Viele Menschen meinen, dass sie zu früh gestorben ist, aber ich bin mir da nicht mehr so sicher. Ich denke, Gott hatte lange genug mit angesehen, was sie alles durchmachte, also hat Er entschieden, sie zu sich zu holen.

Manchmal frage ich mich, ob der Herr einem ein Zeichen gibt, bevor man stirbt. Ich habe nämlich das seltsame Gefühl, dass Nippy es vorher wusste. Michael geht es genauso, denn bei ihren letzten Gesprächen sagte Nippy Sachen wie: »Ich bin immer bei dir, Michael. Das weißt du doch?« Oder: »Michael, pass gut auf dich auf, und auch auf Mommy.« Und in der Nacht, bevor sie starb, hob sie bei ihrem letzten Auftritt in einem Club in Los Angeles ihre Hände in die Luft und sang: »Jesus Loves Me.«

Trotz allem, was Nippy zugestoßen war, hatte ich nie um ihr Leben gefürchtet. Es war mir niemals in den Sinn gekommen, dass sie früher sterben könnte als ich. Ich hatte gedacht, sie würde alles überstehen. Aber Gott hatte seine eigenen Pläne, und ich glaube fest daran, dass es das Schicksal meiner Tochter war, zu diesem Zeitpunkt zu gehen. Mir tat das zwar sehr weh – und doch liegt alles in Gottes Hand. Mein Schmerz ist tief, aber mein Glaube ist stark, und ich bin überzeugt, dass der Herr einfach gesagt hat: »Komm zu mir, mein Kind.« Diese Gewissheit hält mich am Leben: Gott hat die Macht.

Und ich stimme mit ein: *Amen.*

Nippy gehörte vors Publikum – von der Sekunde an, als die Schwestern auf der Entbindungsstation sie mitnahmen, um sie überall herumzuzeigen. Sie war nicht bloß eine Entertainerin oder Sängerin. Sie war ein Mensch, dessen Leben und Stimme Millionen von Menschen berührt hat. Ich bin so stolz auf meine Tochter, wie man es als Mutter nur sein kann, und ich bin dankbar, dass sie in der Lage war, der Welt etwas Größeres zu hinterlassen. Aber ich würde alles das hergeben, um mein Mädchen zurückzubekommen.

Nach allem, was Nippy über die Jahre passiert ist, nach all den Gerüchten und Geschichten, die über sie im Umlauf waren, möchte ich einfach, dass die Leute wissen, was für eine Person sie wirklich war. Sie war großzügig, liebevoll und ein Mensch wie jeder andere auch. Sie war Tochter, Mutter, Schwester – und für so viele eine Freundin. Sie lächelte schnell, aber wenn man sie verletzte, dann tat ihr das weh. Wenn sie wollte, konnte sie gemein sein, aber die allermeiste Zeit war sie die Liebenswürdigkeit in Person.

Viele wunderbare Menschen sind schon den Drogen zum Opfer gefallen – Nippy auch. Ich hatte das nicht erwartet, und ich habe es nie verstanden. Aber wer weiß schon, was andere Menschen antreibt? Alle haben ihr eigenes Innenleben, ihre eigenen Beweggründe. Und ich denke, die Menschen werden von Drogen auf eine Art und Weise übermannt, die sie selber nie erwartet hätten. Man kann sich vielleicht dafür entscheiden, Drogen zu nehmen – aber niemand entscheidet sich dafür, abhängig zu werden.

Seit meine Tochter gestorben ist, habe ich mit so vielem zu kämpfen. Ich bin immer noch wütend – auf Nippy, auf die Welt, auf mich selbst. Es gibt Tage, da fressen mich die Zweifel einfach auf. Hätte ich anders handeln sollen? War ich eine gute Mutter? War ich zu streng mit ihr? Und die schlimmste Frage von allen: Hätte ich sie irgendwie retten können?

In meinen dunkelsten Momenten zweifle ich daran, ob Nippy mich geliebt hat. Sie hat das zwar immer beteuert, aber auf der anderen Seite hat sie mich nur selten angerufen. Sie hat mich nie so oft besucht, wie ich es mir gewünscht hätte. Manchmal hatte ich den Eindruck, dass andere Menschen mir häufiger sagten, dass sie mich liebte, als sie selbst. Diese Menschen scheinen sich in dem Punkt ganz sicher zu sein. Und ich glaube wohl auch daran. Aber an manchen Tagen überkommen mich die düsteren Gefühle, und dann stelle ich mir halt solche Fragen.

Es gibt aber auch Momente, da meine ich ganz deutlich zu spüren, dass sie bei mir ist. Diese verdammte Türklingel, die an dem Tag, als Nippy starb, schon verrücktgespielt hat, klingelt immer noch manchmal, und niemand steht vor der Tür – jedenfalls niemand, den ich sehen kann. Ich bete immer wieder zu Gott, dass er mich von ihr träumen lässt, doch das geschieht nie. Aber es klingelt an der Tür, oder eine Vase wechselt ihren Platz, während ich draußen bin, und ich frage mich, ob das meine Tochter ist.

Ich vermisse sie so sehr. Jeden Tag hadere ich mit der Tatsache, dass ich sie in diesem Leben nicht noch einmal sehen werde. Aber ich glaube daran, dass der Tag kommen wird, an dem wir uns wieder treffen, und deswegen gebe ich nicht auf. Einzig und allein die

Überzeugung, dass Gott einen Plan hat und wir wieder vereint sein werden, hält mich davon ab zusammenzubrechen.

Manchmal wache ich mitten in der Nacht weinend auf, und ich brauche immer einen Moment, bis mir wieder klar wird, wo ich bin und was geschehen ist. Und dann stehe ich einfach auf, wische mir die Tränen weg, wasche mir das Gesicht und lege mich wieder hin. Das ist alles, was ich tun kann. Ich bin so dankbar, dass Gott mir 48 Jahre mit meiner Tochter geschenkt hat. Und ich akzeptiere, dass Er wusste, wann es an der Zeit war, sie zu sich zu nehmen.

Und ich stimme mit ein: *Amen.*

DANKSAGUNG

Über die Jahre hinweg waren meine Familie und ich mit der Liebe und der Unterstützung von so vielen Menschen gesegnet. Einigen von ihnen möchte ich gesondert danken:

Bae – ich finde keine Worte dafür, wie viel du Nippy bedeutet hast und wie viel du Krissi und mir bedeutest. Danke, dass du dich immer so bemüht hast, auf uns drei achtzugeben.

Laurie, Shelley – ich weiß, dass ihr Nippy geliebt habt, seit sie ein kleines Mädchen war, und diese Liebe hat sich in allem offenbart, was ihr für sie getan habt. Danke.

The Sweet Inspirations – ohne euch drei unglaubliche Frauen wäre mein Leben ganz anders und so viel ärmer gewesen. Sylvia, Myrna, ruhet in Frieden. Estelle, pass gut auf dich auf. Unsere gemeinsamen Erinnerungen helfen mir dabei weiterzumachen. Wir haben fantastische Musik gemacht und hatten eine wunderbare Zeit miteinander; das werde ich nie vergessen. Ich liebe euch und vermisse euch.

Toni Chambers – du hast Nippy immer vertraut, und ich hatte eine Geschichte, die es sich zu erzählen lohnte. Du hast mich ermutigt, sie für uns beide zu erzählen. Mit deiner Hilfe, Lisas wunderbarer Begabung und Gottes Gnade haben wir es geschafft. Du bist mit uns durch dick und dünn gegangen, hattest jederzeit eine helfende Hand und ein gutes Wort für mich. Ich weiß nicht, wie ich dir für all das danken soll, was du über die Jahre für mich getan hast. Du gehörst für mich zur Familie, und das wird immer so bleiben.

Monique Arceneaux – meine liebe Freundin, du kümmerst dich um mich, schaust nach mir, tust alles für mich. Danke für deine Großzügigkeit und Anteilnahme, deine liebevolle Art und deine Bereitschaft, uns in jederlei Hinsicht zu unterstützen, während wir dieses Buch geschrieben haben. Ich weiß nicht, was ich ohne dich tun würde.

A. Curtis Farrow und Ron Lucas – meine lieben Freunde. Ihr habt mich durch gute Zeiten und durch meine dunkelsten Stunden begleitet. Ich weiß nicht, wie ich die Beerdigung meiner Tochter ohne euch hätte planen sollen. Ihr habt Nippy nicht gekannt, aber ihr kennt mich und wisst, wie sehr ich sie liebe. Danke.

CeCe Winans – Nippys Brautjungfer, Krissis Patentante und in erster Linie Nippys Freundin. Sie hat so gerne mit dir gesungen. BeBe Winans – du und CeCe, ihr habt Nippy so viel bedeutet. Pastor Marvin Winans – danke, dass du die Zeremonien bei Nippys Hochzeit und ihrer Beerdigung geleitet hast. Sie hat an das geglaubt, was du tust. Die gesamte Winans-Familie – Nippy hatte euch alle in ihr Herz geschlossen.

Mein Dank geht außerdem an:

Nippys frühere Manager Gene Harvey, Seymour Flics, Danny Gittelman – danke euch allen, besonders Gene, der sowohl versucht hat, Nippy geistiges Futter zu verschaffen, als auch ihre Karriere voranzutreiben. Joe Roth – du hast ihr die Chance gegeben, eine Produktionsfirma zu gründen, erst bei 20th Century Fox und dann noch einmal bei Disney. Danke. Debra Martin Chase, die Brownhouse Productions geleitet hat – danke. *Cinderella* war ein wunderbarer Film.

Keith Naisbitt, unser Kreativagent, »Retter des Deals« und langjähriger Freund. Wir lieben dich. Steve Fisher, unser Literaturagent, unser neuer Freund und »Hüter des Deals«. Danke. Das Team von der APA-Talentagentur. Nicole David, Nippys Filmagentin. Ben Bernstein, Nippys erster Musikagent. Das Team von der Agentur WME. Und Sheldon Platt, brillanter Anwalt, Visionär und langjähriger Freund. Ihr wart alle Teil von Nippys großartiger Karriere.

Clive Davis, »Music Man« und guter Freund von Nippy. Roy Lott, leitender Vizepräsident bei Arista, als Nippys Karriere auf dem Höhepunkt war. Gerry Griffin, der Clive zu Nippy geführt hat. Und das gesamte Team von Arista.

Die verstorbene Lois Smith vom Publicityunternehmen PMK. Nancy Seltzer, eine wunderbare Publicitymanagerin. Lynne Volkman, eine Anwältin, loyale Publicitymanagerin und langjährige Angestellte bei Nippy Inc.

»Big Bob« Fontenot, der sich großartig um Nippy und Krissi gekümmert hat. Billy Evans und Ray Watson. David Roberts, der Engländer. Und all die anderen Sicherheitsleute, die sie über die Jahre beschützt haben.

Tourmanager Tony Bulluck. Roadmanager Jimmy Searle. Ihr beide habt euch unzählige Male für sie eingesetzt. Instrumententechniker Don Juan Holder. Und alle anderen, die mit Nippy auf Tour waren und ihr Bestes für sie gegeben haben.

Bette Sussman, Nippys »blonde Schwester«. Rickey Minor, ihr musikalischer Leiter. Paul Jackson Jr. und Kirk Whalum. Bashiri Johnson. Michael Baker. Ob ich euch persönlich kenne oder nicht – ich bin dankbar, dass ihr so hart daran gearbeitet habt, dass Nippys Musik einen guten Klang hatte. Sie hat sich auf euch verlassen, und ihr habt sie oder ihr Publikum nie enttäuscht.

Donnie Harper, mein Begleiter, mein Freund, mein »kleiner Bruder«. Ouida Harding, für dein musikalisches Können. Danke.

Pastor Joe A. Carter – danke für deine großartige Unterstützung, deine Freundschaft und deine spirituelle Führung in der New Hope Baptist Church.

Die Platzanweiser von New Hope, die Chöre, die bei Nippys Trauerfeier gesungen haben, die Diakone und Diakoninnen von

New Hope, Donna, Tina und ihr Team; Leila Hayes und die Betreuungseinheit, Tina Spears und alle, die im Büro des Pastors arbeiten, alle, die an der Trauerfeier teilgenommen haben, und alle, die jeden Sonntag da sind und mir ihre Verbundenheit zeigen – ihr wisst, wie viel mir das bedeutet. Meine Kirche und die Gemeinde bilden seit mehr als 60 Jahren das Zentrum meines Lebens. New Hope ist mein Zufluchtsort. Ich danke euch allen.

Ellin Lavar, die immer dafür gesorgt hat, dass Nippy kein »Haar-Trauma« erleiden musste. Danke für die schönen Fotos, die du über die Jahre von Nippy und Krissi gemacht hast. Ich freue mich schon darauf, mehr davon zu sehen, wenn du die Arbeit an deinem Buch beendet hast.

Carolyn Ensminger – Ruhe in Frieden, wir vermissen dich alle. Tommy Watley – ich bezweifle, dass es einen besseren Fahrer gibt als dich. Du weißt, wie gerne Nippy Zeit mit dir verbracht hat.

Jerome List – Ruhe in Frieden, Jerry, ich weiß, dass du sie geliebt hast. Cindy, die sich um unsere Buchführung gekümmert hat. Maria Padula und Kim Leon. Firoz Hasham, John Houstons Fahrer und Leibwächter. Nippy hat dich geliebt, weil du besser auf ihren Vater aufgepasst hast, als er auf sich selbst.

Forest Whitaker und die Frauen von *Warten auf Mr. Right* – Loretta Devine, Angela Bassett, Lela Rochon – Nippy hatte eine tolle Zeit mit euch, und sie hätte gerne noch die Fortsetzung gedreht.

Perri »Pebbles« Reid – Nippys Brautjungfer, Krissis Patentante und Nippys liebe Freundin.

Kim Burrell – danke für die Freundschaft zu Nippy.

Kenneth »Babyface« Edmonds und L. A. Reid – ich weiß, wie gerne Nippy mit euch zusammengearbeitet hat und dass ihr beide Freunde für sie wart. Danke.

David Foster, Diane Warren, R. Kelly, Alicia Keys und Dolly Parton – danke für die schönen Songs, die ihr Nippy geschenkt habt.

Tyler Perry – danke für all die Liebenswürdigkeiten, die du meiner Tochter während ihres Lebens und nach ihrem Tod entgegengebracht hast. Danke für die Liebe, die du meiner Enkelin und meiner Familie gezeigt hast. Und danke, dass du den Leuten gesagt hast, dass Nippy Gott wirklich liebte.

Bischof T. D. Jakes – deine Worte auf Nippys Trauerfeier haben mich berührt. Du hast mich inspiriert.

Kevin Costner – Kevin, wir kennen uns nicht, aber ich weiß, dass Nippy dich zu ihren Freunden gezählt hat. Und ich weiß, wie dankbar sie war, dass du ihr beim Drehbeginn von *Bodyguard* geholfen hast. Danke, dass du dich um sie gekümmert und dir die Zeit genommen hast, sie kennenzulernen – und für deine liebevollen Worte auf ihrer Trauerfeier.

Denzel Washington – ich weiß, wie sehr Nippy das Zusammensein mit dir und Pauletta genossen hat. Mit euch hatte sie Spaß und konnte entspannen. Danke dafür.

Präsident Nelson Mandela, Winnie Madikizela Mandela, Zindzi Mandela – ihr habt uns »zu Hause« in Südafrika willkommen geheißen. Danke, dass ihr mitgeholfen habt, die unvergesslichste Zeit unseres Lebens zu gestalten.

Michael Zager – was soll ich sagen, Michael? Wir haben gemeinsam eine Menge Musik gemacht. Du bist mein lieber Freund, und ich danke dir.

Tawanna, Fatima und Tiffany, meine Patenkinder, ich liebe euch alle und bin so froh, dass ihr zu meinem Leben gehört.

Reverend Joe Watkins – egal wo, egal wann, du warst immer für uns da. Danke für all deine Mühen und deine Gebete.

Gouverneur Chris Christie – trotz aller Kritik, die du dafür einstecken musstest, hast du das Leben meiner Tochter geehrt, indem du am Tag ihrer Beerdigung die Flagge am Regierungsgebäude auf Halbmast gesetzt hast. Ich schätze diese Geste mehr, als du denkst. Danke für deinen Besuch, bei dem du als Vater und Ehemann zu uns gesprochen und meine Familie und Freunde in dieser schwierigen Zeit zum Lächeln gebracht hast.

Bürgermeister Cory Booker – danke für alles, was du für mich und meine Familie während der schlimmsten Tage meines Lebens getan hast.

Die Polizei von Newark – danke euch allen. Ich werde nie vergessen, wie ihr einer von euch, einem Mädchen aus Newark, die Ehre erwiesen habt.

Lisa Sharkey von HarperCollins – danke, dass du immer versucht hast, unsere Perspektive einzunehmen und uns in vielerlei Hinsicht entgegengekommen bist. Matt Harper – du bist großartig. Du hast uns den nötigen Raum gegeben, damit Lisa Dickey und ich die wahre Geschichte finden konnten. Danke für alles, was du getan hast, um dieses Projekt auf Kurs zu halten. Lisa Dickey – danke, dass du dich eingebracht hast, als wir dich brauchten. Das gesamte Team von HarperCollins – ihr wart alle so wunderbar. Danke für eure Hilfe beim Erzählen dieser Geschichte.

Vy Higginsen, Mama Foundation, Gospel for Teens – danke für eure Unterstützung und eure wunderbare Arbeit. Nellie und Herbert Thomas Jr., danke für alles, was ihr tut.

Mel Watkins.

Anna MacDiarmid und die Leute vom W Hotel Hoboken – danke für das Gefühl, etwas Besonderes zu sein, und dafür, dass ihr uns in der entscheidenden Phase der Arbeit an diesem Buch ein Zuhause geboten habt.

Familie bedeutet mir alles. Ich möchte meinen Eltern danken, Delia und Nicholas Drinkard; auch meinen Geschwistern, William, Lee, Hank, Marie, Annie, Nicky und Larry – die der Herr alle schon zu sich genommen hat. Ich liebe euch, und ich vermisse euch. Ich weiß, dass ihr mir einen Platz frei haltet. Ich sehe euch dann dort.

John Houston – danke für die gemeinsamen Jahre, die Liebe, für unsere schönen Kinder … Zusammen waren wir wunderbar, bis wir es nicht mehr waren …

Ich danke meiner Nichte Dionne Warwick für ihre Unterstützung in all den Jahren und für das Vorwort zu diesem Buch.

Meine Nichten Diane Whitt und Mickey Drinkard – danke, dass ihr immer für mich da wart. Ihr habt euch um mich gekümmert und wart mir eine Unterstützung in der schlimmsten Zeit meines Lebens.

Ich möchte sowohl meinen Familienangehörigen danken – Johnnie Houston, Felicia und Gregory Moss, Barry Warrick, Gerard Drinkard, David Elliott und Damon Elliott – als auch meinen Enkelkindern Gary Michael, Aja, Blaire, Jonathan, Raya und Jordan.

An meine Söhne, Gary und Michael: Ich liebe euch mehr, als ich es sagen kann. Ihr seid so wertvoll für mich, und das wart ihr natürlich auch für Nippy. Ich bin immer für euch da.

Pat Houston und Donna Houston – danke für eure Liebe und eure Loyalität Nippy, mir und unserer Familie gegenüber, dafür, dass ihr meine Söhne liebt und die Mütter meiner Enkelkinder seid. Ich liebe euch.

Und meiner Enkeltochter Krissi möchte ich sagen: Ich weiß, wie sehr du deine Mutter vermisst. Sie hat dich geliebt, und deine Großmutter liebt dich auch. Ich bete für dich um Kraft und Trost ... und ich bin für dich da, wann auch immer du es dir wünschst oder mich brauchst.

Cissy Houston
November 2012

DISKOGRAFIE CISSY HOUSTON

SOLOAUFNAHMEN

Jahr	Album	Plattenlabel
1969	*Midnight Train to Georgia*	Janus Records
1970	*Presenting Cissy Houston*	MajorMinor
1977	*Cissy Houston*	Private Stock Records
1978	*Think It Over*	Private Stock Records
1979	*Warning – Danger*	Columbia Records
1980	*Step Aside for a Lady*	Columbia Records
1996	*Face To Face*	House of Blues
1997	*He Leadeth Me*	A&M Records
2001	*Love Is Holding You*	Neon
2005	*Cissy Houston Collection*	Intersound
2012	*Walk on By Faith*	Harlem Records

KOOPERATIONEN

Jahr	Titel	Künstler
1957	*A Joyful Noise*	The Drinkard Singers
1975	*Waterbed*	Herbie Mann, featuring Cissy Houston
1976	*Surprises*	Herbie Mann, featuring Cissy Houston

SOUNDTRACKS

Jahr	Film	Song
1996	*A Time to Kill*	»Take My Hand Precious Lord«
1996	*The Preacher's Wife*	»The Lord Is My Shepherd«
2007	*Daddy's Little Girls*	»Family First«

BACKGROUNDGESANG

Jahr	Album	Künstler
1965	*Wilson Pickett*	Wilson Pickett
1967	*Blowin' Your Mind!*	Van Morrison
1967	*Electric Ladyland*	The Jimi Hendrix Experience
1968	*Lady Soul*	Aretha Franklin
1969	*Dusty in Memphis*	Dusty Springfield
1970	*Taking Care of Business*	James Cotton
1970	*Doin' What We Wanna*	Clarence Wheeler
1970	*Moondance*	Van Morrison
1970	*This Girl's in Love with You*	Aretha Franklin
1970	*Turning Around*	Dee Dee Warwick
1971	*Blacknuss*	Rahsaan Roland Kirk
1971	*Paul Simon*	Paul Simon
1971	*Quiet Fire*	Roberta Flack
1971	*Donny Hathaway*	Donny Hathaway
1971	*Second Movement*	Eddie Harris and Les McCann
1971	*T. B. Sheets*	Van Morrison
1971	*Homeless Brother*	Don McLean
1972	*The Divine Miss M*	Bette Midler
1973	*Laid Back*	Gregg Allman
1974	*The Doctor Is In ... and Out*	Yusuf Lateef
1974	*Heart Like a Wheel*	Linda Ronstadt
1974	*I've Got the Music in Me*	Kiki Dee
1974	*Young Americans*	David Bowie
1976	*Boys in the Trees*	Carly Simon
1976	*Locked In*	Wishbone Ash

1976	*We're Children of Coincidence and Harpo Marx*	Dory Previn
1977	*Garden of Love Light*	Narada Michael Walden
1977	*Monkey Island*	The J. Geils Band
1978	*Chaka*	Chaka Khan
1980	*Aretha*	Aretha Franklin
1980	*Clouds (Naughty)*	Chaka Khan
1980	*Naughty*	Chaka Khan
1981	*Freeze Frame*	The J. Geils Band
1982	*Forever, for Always, for Love*	Luther Vandross
1982	*Silk Electric*	Diana Ross
1982	*Diana's Duets*	Diana Ross
1985	*The Night I Fell in Love*	Luther Vandross
1985	*Whitney Houston*	Whitney Houston
1987	*Whitney*	Whitney Houston
1990	*Some People's Lives*	Bette Midler
1991	*Power of Love*	Luther Vandross
1995	*This Is Christmas*	Luther Vandross
2003	*Dangerously in Love*	Beyoncé
2006	*Elvis Lives: The 25th Anniversary Concert*	Elvis Presley

MUSIKALISCHE ARRANGEMENTS

JAHR	TITEL	ALBUM
1977	*»Angels«*	*Cissy Houston*
1996	*»The Lord Is My Shepherd«*	*The Preacher's Wife*

KOMPOSITIONEN

JAHR	TITEL	MITARBEITER
1976	*»Endless Waters«*	David Forman
1996	*»Deep River/Campground«*	Donny Harper
1997	*»Count Your Blessings«*	

DISKOGRAFIE
WHITNEY HOUSTON

SOLOAUFNAHMEN

Jahr	Album	Plattenlabel
1985	*Whitney Houston*	Arista
1987	*Whitney*	Arista
1990	*I'm Your Baby Tonight*	Arista
1998	*My Love Is Your Love*	Arista
2002	*Just Whitney*	Arista
2009	*I Look to You*	Arista

SOUNDTRACKS

Jahr	Film	Plattenlabel
1992	*The Bodyguard*	Arista
1995	*Waiting to Exhale*	Arista
1996	*The Preacher's Wife*	Arista

COMPILATION-ALBEN

Jahr	Album	Plattenlabel
2000	*Whitney: The Greatest Hits*	Arista
2001	*Love, Whitney*	Arista
2004	*Artist Collection: Whitney Houston*	Sony BMG Europe/Arista

2007	*The Ultimate Collection*	Sony Music/Arista
2011	*The Essential Whitney Houston*	Sony Music/Arista
2012	*I Will Always Love You:*	RCA
	The Best of Whitney Houston	

HOLIDAY-ALBUM

JAHR	ALBUM	PLATTENLABEL
2003	*One Wish: The Holiday Album*	Arista

BOX-SETS

JAHR	ALBUM	PLATTENLABEL
2000	*Whitney: The Unreleased Mixes*	Arista
2001	*Love, Whitney*	BMG Taiwan
2009	*The Collection: Whitney Houston*	Sony Legacy
2010	*Triple Feature*	Sony Music Special Products

REGISTER

Ein Verlag der Edel Germany GmbH

Copyright © 2013 Edel Germany GmbH
Neumühlen 17, 22763 Hamburg
www.edel.com

Published by arrangement with Harper, an imprint of HarperCollins Publishers, LLC

Übersetzung: Hanna Gabe
Projektkoordination: Dr. Marten Brandt
Lektorat und Satz: lektorat plus, Berlin
Foto Umschlag Vorderseite: © Randee St. Nicholas/Getty Images
Layout und Umschlaggestaltung: Groothuis.
Gesellschaft der Ideen und Passionen mbH | www.groothuis.de

Druck und Bindung: optimal media GmbH, Glienholzweg 7, 17207 Röbel / Müritz

Printed in Germany

ISBN 978-3-8419-0232-0